财政促进脱贫攻坚的
体制机制与政策研究

段炳德　等著

中国发展出版社

图书在版编目（CIP）数据

财政促进脱贫攻坚的体制机制与政策研究/段炳德等著．—北京：中国发展出版社，2018.10

（国务院发展研究中心研究丛书．2018／李伟主编）

ISBN 978－7－5177－0929－9

Ⅰ．①财…　Ⅱ．①段…　Ⅲ．①扶贫—财政政策—研究—中国　Ⅳ．①F124.7　②F812.0

中国版本图书馆CIP数据核字（2018）第217838号

书　　名：财政促进脱贫攻坚的体制机制与政策研究
著作责任者：段炳德　等
出 版 发 行：中国发展出版社
（北京市西城区百万庄大街16号8层　100037）
标 准 书 号：ISBN 978－7－5177－0929－9
经　销　者：各地新华书店
印　刷　者：河北鑫兆源印刷有限公司
开　　本：710mm×1000mm　1/16
印　　张：16.5
字　　数：220千字
版　　次：2018年12月第1版
印　　次：2018年12月第1次印刷
定　　价：55.00元

联 系 电 话：（010）68990625　68990692
购 书 热 线：（010）68990682　68990686
网 络 订 购：http：//zgfzcbs.tmall.com
网 购 电 话：（010）68990639　88333349
本 社 网 址：http：//www.develpress.com.cn
电 子 邮 件：121410231@qq.com

“财政促进脱贫攻坚的体制机制与政策研究”课题组

课题负责人

段炳德　国务院发展研究中心研究员

课题组成员

张　亮　国务院发展研究中心社会发展研究部副研究员

刘生龙　清华大学公共管理学院副教授

倪建明　上海国家会计学院高级经济师

蒋　震　中国社会科学院财经战略研究院副研究员

王　磊　中国社会科学院社会发展战略研究院助理研究员

赵福军　国务院发展研究中心对外经济研究部副研究员

课题研究助理

姚玉祥　中国社会科学院研究生院博士生

孙　琛　中国社会科学院研究生院硕士生

郑项一　中国社会科学院研究生院硕士生

张述航　北京工商大学经济学院硕士生

总 序

充分发挥高端智库作用，努力推动经济高质量发展

李伟

进入2018年以来，我国经济运行总体保持平稳发展态势，同时，国际国内形势出现了一些明显变化。从国际看，美国单方面挑起的贸易摩擦呈升级之势，经济问题政治化倾向加重，各国经济复苏步伐分化，外部环境不确定性明显增加。从国内看，短期总需求面临一定的下行压力，部分地区正在经历转型阵痛，经济处在转向高质量发展的关键时期。

面对错综复杂、稳中有变的形势，必须看到我国经济基本面总体平稳、稳中向好的大局，必须认识到只要各地区各部门坚持以习近平新时代中国特色社会主义思想为指导，坚持稳中求进工作总基调，贯彻新发展理念，落实高质量发展要求，以供给侧结构性改革为主线，坚决贯彻落实党中央去杠杆、控债务、严监管、控房价、强环保等战略政策，充分发挥好我们自身的优势，灵活高效运用宏观经济政策，做好政策协调，我国就完全有能力有条件妥善应对各种风险挑战，继续保持良好发展势头，稳步推进高质量发展。

变化是当前时期经济发展的突出特征。中国经济能否适应变化、

驾驭变化，使其朝着有利的方向发展，以此为契机加快推动经济由高速增长向高质量发展转变，是我们必须高度关注的问题。总体看，我国经济结构正在加快重塑，存量问题和风险隐患正在逐步化解，新一轮改革开放举措正在加快落地，国际经济秩序正在加快调适，发展方式转变和新旧动能转换已经进入承上启下、不进则退的关键时期。2018 年前三季度的情况显示，我国经济发展保持平稳，供需关系更趋平衡，质量和效益明显提升，去杠杆取得积极成效，创新驱动作用持续增强，补短板也有重大进展。综合判断，我国经济在结构深度调整的过程中，延续了过去几年稳中向好、稳中有进的局面，为转向高质量发展创造了稳定的宏观环境。

从长期看，世界经济大变革大分化大调整的趋势还将持续相当长一段时间，这是我国推动高质量发展的世界背景与时代背景。国际上，保护主义明显抬头，政治经济环境更加复杂多变，可能对我国转向高质量发展的进程造成干扰；在国内，结构转型、动能转换过程中经济也可能面临下行压力，存量问题集中处置的阵痛难以避免。但更要看到，变化带来风险，同时也孕育着机遇。经过 40 年改革开放，中国的综合实力大大增强，在国际事务中的代表性和发言权大大增加，经济发展的基础更加牢固，内需空间广阔，政策回旋有余地，抵御冲击的韧性明显提高，完全有能力有条件长期保持高质量发展的良好态势。

具体而言，我国经济增长内生动力增强。一是需求拉动强劲。当前我国拥有约 4 亿中等收入人群，是全球最大的商品消费市场之一。随着消费结构不断升级，高品质产品的需求，医疗、教育、文化、保健、养老、旅游等服务消费需求，都将释放巨大潜力。二是产业升级持续发力。新技术新产业层出不穷，新业态、新模式不断涌现，新零售、共享经济、体验经济等方兴未艾。三是深化改革拓展新空间。全面深化改革破除旧的体制机制约束，清除不适应经济社会发展的制约因素，改善营商环境，提高资源配置效率，激发市场主体活力，将极大增强我国经济增长内生动力。

我国宏观政策回旋空间较大。近年来，面对经济下行压力，我们保持战略定力，坚持不搞“大水漫灌”式强刺激，而是创新宏观调控思路和方式，有针对性地进行预调微调，实现了经济社会持续稳步发展，也为今后一段时期宏观政策预留了空间。2017年，政府负债率为36.2%，较上一年下降了0.5个百分点，政府债务规模相对GDP而言增速较低，财政政策空间潜力较大。2018年，我国主动将赤字率调低到2.6%，财政预算安排地方专项债券1.35万亿元。在去杠杆、控债务、严监管的背景下，资金流动性客观上会出现结构性偏紧，我国广义货币增速一定程度偏低，货币政策也有调整的空间。

我国具有孕育新一轮产业革命的土壤。目前正在孕育的新一轮产业革命，主要以信息技术为基础，信息技术与智能制造、新能源、新材料等领域创新融合发展，提高产品质量和生产效率，提供多样化、智能化、个性化产品，从而满足消费升级需求，甚至创造新需求。催生新一轮产业革命有两个重要条件，一个是强大的市场需求，另一个是信息技术的高度普及。我国是全球最大的商品消费市场之一，2017年我国社会消费品零售总额已与美国大体相当。同时，我国互联网普及程度高，信息技术应用广泛。2017年底，中国网民规模达7.72亿人，互联网普及率达到55.8%，超过全球平均水平4.1个百分点。这都为我国孕育新一轮产业革命培育了肥沃土壤，提供了广阔空间。新旧动力的接续和融合，正在释放出源源不断的动能。

我国具有应对重大挑战的制度优势。几十年来，依靠社会主义集中力量办大事的制度优势，我国取得了经济社会建设的巨大成就。新中国成立初期，我们集中有限的物力、财力和技术力量，集中开展重大项目建设，奠定了社会主义工业化的初步基础。改革开放以来，我们又集中力量完成一大批举世瞩目的项目建设，有效应对了1997年亚洲金融危机和2008年国际金融危机的冲击。当前，我们仍然需要也更有能力发挥集中力量办大事的优势。一是加强宏观政策协调，努力克服部门和地方政策分散、冲突、空白等问题，形成互补有效的政策体系，有效应对内外部冲击。二是集中优势兵力打好防范化解重大风险、精准脱贫、污染防治攻坚战。三是集中资源突破核心技术，打破经济发展的技术瓶颈，增强经济发展的自主性。

高质量发展是一场耐力赛，需要一步一个台阶的推进。面对各类风险挑战，我们既要坚持底线思维，做最坏的打算，做最充分的准备，牢牢守住不发生系统性风险的底线，有序排除风险隐患，有效应对外部不确定性冲击，为高质量发展创造有利条件；也要坚定信心，任何困难都阻止不了中国人民对美好生活的向往，任何外部阻力和遏制都不能削弱中华民族实现伟大复兴的决心。

国务院发展研究中心作为直接服务党中央、国务院的政策咨询研究机构，2015年底被确定为首批国家高端智库建设试点单位后，全面启动实施质量提升、人才优化、国际交流合作、成果传播、支撑保障和党的建设六大工程，积极探索中国特色新型智库的组织形式和管理方式，加快建设国际一流高端智库。去年以来，我们牢牢把握为中央决策服务的根本方向，紧紧围绕党的十九大作出的一系列重大决策部署，深入扎实地开展调查研究，形成了一批政策价值较高、社会影响较大的研究成果。现将其中部分适于公开发表的成果，结集成“国务院发展研究中心研究丛书2018”正式出版。这是该丛书自2010年面世至今连续第九年出版。

今年的丛书共包括13部著作，其中，《百年大变局——国际经济格局新变化》《“一带一路”经济走廊：畅通与繁荣》两部著作是国务院发展研究中心重大研究课题报告，《国际比较视角下的中国发展经验与理论研究》《新工业革命的中国战略》《面向未来的创新型人才发展：制度与政策》等11部著作是各研究部（所）的重点研究课题报告。

在此，我们真诚感谢中央和地方各级领导同志以及各界读者多年来给予我们的肯定和鼓励，同时也热切希望继续得到领导、专家、读者们的关心、支持和帮助，尤其是期待听到对于这套丛书的批评与建议。

推进高质量发展，是实现“两个一百年”奋斗目标的必然选择。紧密团结在以习近平同志为核心的党中央周围，依靠广大人民群众，坚定不移地走高质量发展道路，为实现中华民族伟大复兴的中国梦而不懈奋斗，是时代赋予我们这代人的光荣使命。我们愿与社会各界一道，脚踏实地、努力开拓，共同投身于这一伟大的历史进程。

2018年11月

（作者为国务院发展研究中心主任、研究员）

前言

本书是在国务院发展研究中心2017年年度重点课题《完善财政促进脱贫攻坚的体制机制和政策研究》课题报告的基础上完成的。2015年12月底至2018年5月17日，我在国务院发展研究中心定点扶贫县河北省大名县挂职担任常委、副县长，在扶贫一线亲历脱贫攻坚，对县域财政和财政扶贫资金的使用有了直观的感受和认识，获取了大量的第一手资料。2017年7月，本课题在中心获批。在挂职阶段的后期我与课题组成员共同研讨，分头写作，完成对微观财政扶贫资金运行机制和大名县案例、省级财政资金数据的面板数据分析和近3000个县的县级数据的计量分析，完成盐池案例写作，以及宏观财政扶贫问题的写作。本书是课题组共同努力的结晶。受能力和时间所限，本书从内容到文字还有诸多不足之处，请读者海涵。我们将继续对本课题的关注和研究，不断更新数据，不断深化对财政扶贫问题的认识，争取在本书再版时提供给读者更多的营养。

本书具体的写作分工如下：段炳德研究员完成引论、第二章、第六章和第八章的写作以及全文统筹；刘生龙老师完成第三、四章；倪建明老师完成第五章；蒋震老师完成第七章；王磊老师完成第一章。四名实习生承担了大量的数据和文献查询工作。

另外还要感谢国务院发展研究中心领导和同事们的大力支持，感谢河北省委省政府、邯郸市委市政府和大名县委县政府相关领导和同志在我挂职期间对我的关爱和帮助，以及对本课题研究提供的热忱相助。感谢河北省政府研究室和赞皇县的同志，感谢黑龙江省人民政府发展研究中心和延寿县、抚远市的同志，以及众多中央与国家机关在各定点扶贫县挂职的“挂友”，在此恕不一一具名。

段炳德

2018年10月15日

目录

第七章

促进脱贫攻坚的财政体制问题

第八章

政策建议

附　录

1986～2017 年中央部门出台的财政扶贫资金管理文件

引论

在我国的扶贫事业中，财政资金一直在其中发挥主渠道作用。改革开放以来，财政部门不断完善扶贫的体制机制设计，将有限的财政资金发挥最大的效应，有力地促进了中国扶贫减贫事业，取得了突出的成绩。特别是2015年以来，脱贫攻坚事业进入决胜期，财政扶贫也实现了量的飞跃和质的提升。首先是政府不断加大对扶贫的投入力度；其次是管理体制机制不断完善，分配、使用、管理机制更加优化，出台了专门的资金管理规定和绩效考核办法；再次是随着脱贫攻坚事业的不断深入，财政扶贫的监测和绩效评价机制也在不断完善。

根据《中国农村扶贫开发纲要（2010～2020年）》，国家将中西部扶贫任务艰巨、贫困人口相对集中的地区，按照贫困人口数量、农民收入水平和基本生产生活条件，适当兼顾人均国内生产总值、人均财政收入等标准，确定了592个国家级扶贫工作重点县；以2007～2009年三年的人均县域国内生产总值、人均县域财政一般预算性收入、县域农民人均纯收入等指标低于同期西部平均水平的地区划分出11个集中连片特困地区，加上长期实施特殊扶持政策的西藏、四省藏区、新疆南疆三地州地区，共14个集中连片特困地区，680个县。这些地区主要是以收入标准为依据界定的贫困县，是农村财政扶贫资金的主要支持地区。

本轮脱贫攻坚是全面建成小康社会目标下的重要战略举措，其最大特点是精准扶贫。精准扶贫是粗放扶贫的对称，是指针对不同贫困区域环境、不同贫困农户状况，运用科学有效程序对扶贫对象实施精确识别、精确帮扶、精确管理的治贫方式。中央提出“六个精准”，指的是扶贫对象精准、项目安排精准、资金使用精准、措施到户精准、干部选派精准、脱贫成效精准。这“六个精准”具有一脉相承的逻辑关系，只有摸清扶贫对象，才能有针对性地安排项目，只有项目到位、及时、准确，资金保障才能做到精准使用；要因户施策，针对不同致贫原因有的放矢、对症下药，才能发挥政策的精准滴灌作用；再加上过硬的扶贫队伍，才能实现脱贫成效最大化。

一、财政扶贫资金的规模变化

1986～2000年，这一时期我国的扶贫工作主要采取了有计划、有组织、大规模的扶贫开发行动，确定了以政府为主导的扶贫方式；农村贫困问题从普遍性、区域性、绝对性的贫困向点状分布和相对贫困开始演变；财政扶贫资金投入与运行机制也逐渐趋于规范、完善发展的阶段。

中央财政专项扶贫资金（包含发展基金、以工代赈、少数民族发展基金、“三西”资金、扶贫贷款贴息资金）投入力度不断加大。2001年以来中央财政累计投入扶贫资金4854亿元。2011～2014年，中央财政预算安排财政专项扶贫资金累计约1430亿元，年均增长16.87%。2015～2017年，中央财政预算安排财政专项扶贫资金累计约 1982. 8 亿元。2018 年，中央财政专项扶贫资金已经达到 1036 亿元，且在 5 月之前都已经提前下达。

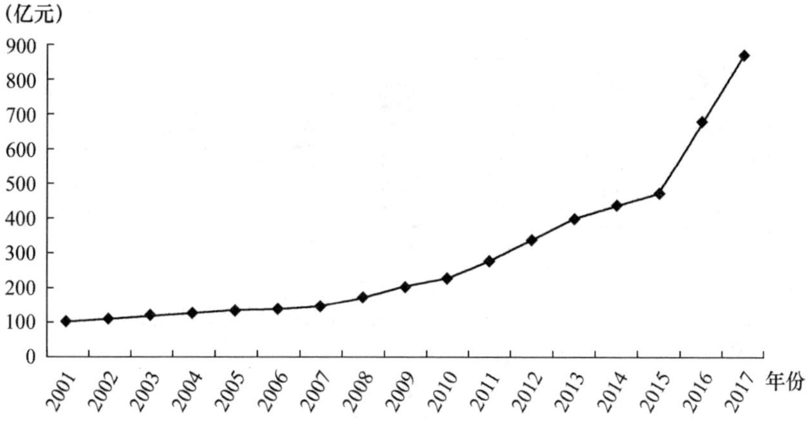

图 1　中央财政专项扶贫资金

二、财政资金的减贫效应

财政扶贫取得了重要成就。在中央利好政策推动下，财政扶贫投入力度不断加大，中国的扶贫减贫事业取得了举世瞩目的成就。据国家统计局数据，按当年价现行农村贫困标准衡量，1978 年农村居民贫困发生率为 97. 5%，农村贫困人口规模 7. 7 亿；2014 年农村贫困人口规模为 7017 万，贫困发生率为 7. 2%。从 1978 ~2014 年，农村贫困人口减少 7 亿，年均减贫人口规模 1945 万人；农村贫困发生率下降 90. 3 个百分点，农村贫困人口年均减少 6. 4%。2015 ~2017 年，年均减少农村贫困人口 1325 万人，贫困发生率从 5. 7% 下降到 3. 1%。贫困地区内部的收入差距缩小，贫困地区与非贫困地区的发展差距在缩小。贫困地区农村居民生活条件不断提高，贫困地区农村基础设施不断改善。

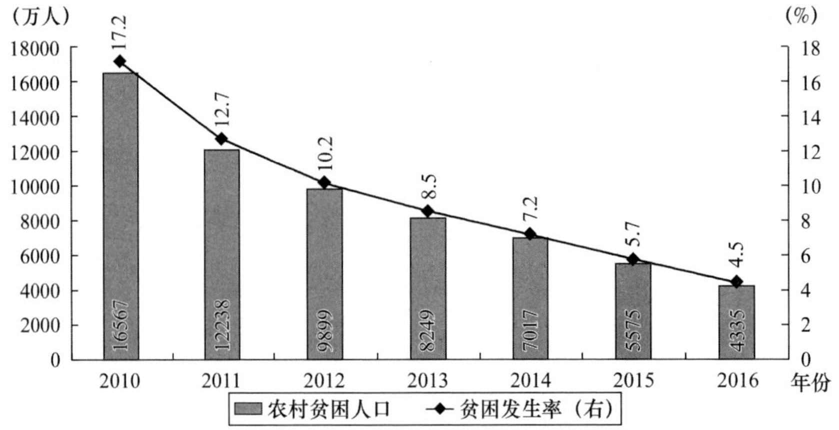

图 2　2010～2016 年我国农村贫困人口数量及贫困发生率

三、财政扶贫遭遇的挑战

（一）从微观机制上来看

财政扶贫资金的效应发挥一定程度上受到不完善体制、机制的制约。

首先是扶贫资金使用不够精准。精准扶贫要求对建档立卡户精准施策、精准帮扶，而如果贫困户底数不清、数据不实，就容易造成资金使用的不精准，财政资金起不到扶危济困的作用，还有可能帮富不帮穷。

其次是扶贫资金效益不佳。扶贫资金在一些农业、畜牧行业中，虽然投入很大，却收效甚微，造成财政扶贫资金的浪费。其根源在于缺乏精心谋划的扶贫产业。

再次是财政资金的分配、拨付管理等环节存在机制障碍。有些贫困县财政资金相对充裕，成为富裕的贫困县；有些贫困地区人均财政支出排名靠后，成为资金分配的易忽视区域。在拨付方面，因为有的资金下达较晚，受季节变化影响，产业项目难以实施，造成资金的严重滞留。在资金管理方面，有的地区管理方式僵硬。例如财务报账制导致一些扶贫产业出现资金垫付现象，本身财务脆弱的贫困户难以垫付，只能依赖大户或者企业，人为增添了资金传导成本，形成一部分资金分流。在资金监管监测方面，存在较大漏洞，资金的挪用、浪费、贪污时有发生，资金成效监测手段缺乏或不足，扶贫资金效益的情况不透明、不清楚，难以对政策做出有效评估，不利于政策的改进提升。

（二）从宏观体制来看

一是有利于收入分配。缩小城乡差距和农村内部收入差距的财政体制尚不完善。国家对农村、农业的投入虽然一直在增长，但是农业竞争力提升缓慢。中央提出的脱贫方略“五个一批”中，要求通过社保政策兜底脱贫一批。

二是社会保障体制与扶贫战略的磨合尚不够充分。有的地区存在以兜底代替扶贫的简单化作为，有的地区存在该纳入低保没有纳入的情况。

三是资金整合取得重要成就，但是财政转移支付体制改革还有待迈出实质性步伐。一般性转移支付须继续提高比重。

四是县域财政能力提升缺乏制度保障，离真正实现良性循环、内生造血还有较大的差距。

（三）建议措施

我们认为应采取以下措施，完善财政促进脱贫攻坚的体制机制。

一是优化财政扶贫资金微观运行机制，实现扶贫资金效益最大化。完善瞄准机制，财政投入更加聚焦；完善资金分配机制，提升扶贫资金使用效率和效益；加快推动财政涉农资金改革，为脱贫攻坚提供资金保障；完善资金使用机制，做好扶贫产业发展顶层设计；完善撬动机制，催生脱贫内生动力；建立多方合作、协力攻坚的财政扶贫投入体制；技术创新与制度创新相结合，不断完善资金监管机制；以绩效评价结果为核心，建立财政扶贫资金使用激励机制。

二是从财政宏观体制改革入手，建立防贫减贫长效机制。厘清社会救助政策和扶贫机制的功能差异；科学制定政府间事权和支出责任划分，促进脱贫攻坚；不断完善转移支付制度，正确发挥各级政府的积极性；构筑加快城乡发展一体化的财政政策框架，有效减少制度协调成本；完善生态扶贫体制机制，实现生态保护、脱贫攻坚双重红利；建立对贫困地区交通基础设施的长效投入机制，以互联互通促脱贫减贫。

四、文献综述

（一）国内研究综述

1. 贫困概念界定

对于“贫困”一词的概念，1990 年国家统计局“中国城市居民贫困问题研究”课题组和“中国农村贫困标准”课题组一致认为：“一般而言，贫困与物质生活的匮乏紧密相关，当个体或家庭的收入水平不足以支持其享有该区域被认可的最低生活标准时，贫困逐渐形成。”童星、林闽钢（1993）指出，贫困一般表现为基本物质资源的匮乏和发展机会的缺失，是由于经济、社会、文化等多方面的因素共同作用而导致的综合现象。汪三贵（1994）、赵冬缓等（1994）也认为，在一定的政治、经济、文化环境下，当收入无法维持社会公认的最基本的生活水准或因劳动力和生活资料的不足而缺乏必要的物质条件，贫困逐渐形成。康晓光（1995）在《中国贫困与反贫困理论》一书中，将贫困定义为由于长时间的物质匮乏和社会融入缺失而造成的一种不能维持生理需求和社会普遍认可的基本生活水准的生存状态，且贫困具有多元性、社会性、不完整性和脆弱性的特点，不会随着时间的推移而自发得到改善（黄承伟等，2010）。

2. 财政对扶贫的重要性

程丹峰等（1998）通过分析财政扶贫具有资源配置、收入分配、经济与发展的职能作用，指出政府财政扶贫有力地改变了贫困人口的教育、卫生和营养状况，对反贫困进程发挥了直接的影响。刘冬梅（2001）建立生产函数模型，对 1990～1997 年国家 592 个贫困县的扶贫资金投入效率进行了分析，发现财政扶贫资金在促进农户人均纯收入、农业总产值和国民生产总值增长的作用一般要高于非扶贫资金，从而说明财政扶贫资金对改善贫困落后地区现状、缩小贫困地区与发达地区差距方面发挥了极大作用。为了明确公共财政的重要性，肖鹏（2006）通过分析比较世界范围内反贫困经验后指出，财政扶贫作为一种综合性的财政措施体系，对于缩小贫富差距、提高贫困群众生活水平、促进区域均衡发展发挥了重要的正向作用，且财政投入力度越大，对区域均衡发展的推动力越强。倪志良等（2007）在评价我国财政对扶贫的重要性时，运用计量模型说明增加财政对少数民族地区的转移支付规模和增加财政的支农支出，对贫困人口的减少都会产生显著性影响，且财政对少数民族地区的转移支付比财政的支农支出对减少贫困人口的影响更显著。闫坤等（2008）在《中国农村减贫财税政策研究》一书中认为，其他宏观减贫手段不能独立运用，而财政可发挥作用的工具最多，减贫能力最强，加之我国是以财政扶贫为主的政府主导型扶贫模式，所以，减轻和消除贫困是公共财政的职能所在。阎坤、于树一（2013）指出，政府和市场对贫困群体提供救助、社保与扶贫开发，分别满足贫困人口生存、预防、发展的需要，但是由于市场主体的趋利性，使得无利可图的反贫困领域成为市场失灵的领域，由此提出“两线一力”的理论框架，其中的“一力”即为政府主导力。政府主导下的财政减贫是中国模式反贫困的核心要素。徐爱燕（2017）以我国29个省区农村地区为对象，从资金投入总量和结构的角度科学评价财政支出减贫的收入效应，运用计量模型研究表明，经济性财政支出和社会性财政支出均对农村减贫产生正面效果，其中经济性财政支出的效果更加明显，说明财政支出的减贫效果显著。

3. 财政助力脱贫过程中出现的问题及解决方案

针对我国财政扶贫政策在实施过程中存在的实际问题，我国学者从资金绩效审计、资金投入机制、与各部门合作等方面分析存在的问题。汪三贵（1997）在研究中发现，1993年财政拨款55.4亿元，占扶贫资金的1/2。然而财政拨款的75.2%用于贫困县财政补贴、维持行政事业费开支和职工工资，即将近2/3的总扶贫资金没有落实到贫困户的生产与交换环节中。因此扶贫资金被贫困地方政府挪作他用，直接抵达贫困户比例低，无法准确瞄准穷人（李小云，2007）。张晓丽（2016）也认为财政扶贫资金管理不到位，造成扶贫资金泄漏，阻碍扶贫工作的进程，主要是公共支出占用扶贫资金，用于弥补单位经费不足等。邢成举（2013）认为从微观层面看，“精英俘获”现象的出现是财政扶贫项目目标偏离的关键原因。在扶贫项目的具体实施中，因为对规模偏好的追求，扶贫项目往往也向经济实力中等偏上农户倾斜。罗刚（2000）在《中国财政扶贫问题研究》一书中认为，财政扶贫过多地注重了对经济开发所需要的投资，忽略了提高贫困地区劳动者的整体素质，由于缺乏高素质人才，贫困地区经济不能得到有效发展。李小云等（2007）通过分析财政扶贫资金的投入、管理、分配、拨付和使用机制，发现扶贫资金管理上的不一致性和使用上的重复性，会带来扶贫资源的浪费；还发现中央到省区的拨付能按时到位，但从省到市、县的拨付有延迟现象，会降低资金使用效率。钟德涛（2017）、罗刚（2000）还认为，当前存在财政扶贫资金投入不足的问题，财政资金使用呈现边际效用递减的特征，而扶贫投入边际成本呈现递增的特征，从根本上造成脱贫攻坚阶段财政扶贫资金供求严重失衡，这些特点使财政扶贫投入不足的问题更加凸显。另外，王小琪（2007）认为，我国财政扶贫存在技术管理手段落后的问题，扶贫信息自动化建设严重滞后于需要，信息共享程度低，扶贫项目立项未经严格审核，轻率立项，良莠混杂，造成资金的巨大浪费。由于缺乏独立的、强有力的检测与评价机制，有的扶贫项目不仅未起到脱贫的作用，反而给贫困地区带来包袱。寇永红（2014）认为，现阶段，我国扶贫资金绩效审计工作还比较薄弱，存在重视不够、覆盖范围有限、审计力度和深度不够、资源整合不到位以及公开程度不高等问题，影响了国家审计作为公共资金守护者作用的有效发挥。欧阳煌等（2015）认为，财政扶贫工作经历救济式扶贫、开发式扶贫、攻坚式扶贫和综合式扶贫等阶段，虽极大地推进了减贫行动，但由于长期积累的制度缺陷和政策割裂，导致扶贫治理机制不完善、扶贫政策资源耗散、扶贫边际效益递减等问题日渐突出。

针对财政扶贫中出现的问题的解决方案，我国学者有以下几种观点。刘尚和等（1994）通过分析吉林省财政局从 1989 年进行扶贫的措施，认为提高认识、加强领导是搞好扶贫帮带工作的基础；加强贫困村党支部建设是搞好扶贫帮带工作的重要保障。吴国宝（2001）在

《扶贫模式研究》一书中认为，非政府组织和社会扶贫都在发挥着间接的扶贫作用，政府应扶持和引导这支力量去研究和认识扶贫的理念，这些组织也应该改革创新扶贫的管理模式。王小琪（2007）认为，应通过建立财政扶贫投入稳定增长机制，规范财政扶贫转移支付制度，加大转移支付力度，进一步调整、优化财政扶贫资金的投入方向和重点，实行税收优惠制度，逐步建立农村社会保障制度，充分发挥社会中介组织的作用等方面推进财政扶贫制度创新，提高财政扶贫的效率、效益和质量。徐俊（2012）从扶贫瞄准主体、扶贫瞄准对象、扶贫瞄准资金和资源的投放与管理、扶贫瞄准评估等4个方面进行分析，总结出公共部门对口扶贫的瞄准模式。对于扶贫瞄准，总的趋势是口径缩小，精度提高。精准扶贫可提升社会参与度，发挥贫困者的主观能动性。王亮等（2013）通过介绍国外财政扶贫成功经验，分析当前我国财政扶贫存在的问题，得出如下启示及借鉴之处：大力投入农田水利基础设施建设，大力完善税收政策设计，大力发展“政府出资，市场运作”补贴模式，大力发展农村信贷及农村小额保险。王善平（2013）认为，要健全反贫能力导向绩效审计的法律和制度保障，还要提升审计队伍的专业综合能力，建设功能强大的反贫能力培育的专家咨询与报告系统，以此来更好推行反贫能力导向财政扶贫绩效审计。郑瑞强等（2016）选择江西罗霄山片区18个县（市、区）为分析样本，运用DEA-Tobit模型科学测算扶贫资金配置效率，并在此基础上提出扶贫资金配置机制优化的政策建议：更新扶贫理念，实现包容性扶贫治理；消除路径依赖，开展分区分类扶贫；健全评价体系，关注大数据精准扶贫趋势。黄承伟（2016）认为，应全面推行公开公示制度，接受社会监督。各级审计、财政等部门要加大对贫困县的审计和监督检查力度。探索引入第三方独立监督，引导贫困人口主动参与，构建多元化资金监管机制。武靖州（2018）从三个方面对扶贫机制进行研究，认为在投入方面，应优化中央财政支持脱贫攻坚的体制机制，统筹整合财政涉农资金，在吸引社会资本投入的同时，盘活存量财政资金。在资金使用方面，应根据致贫原因选择有针对性的扶贫措施，优化财政扶贫资金投入结构，完善财政扶贫资金分配机制。在资金管理方面，应在做实项目库的基础上探索编制脱贫攻坚三年滚动预算，更加突出财政支出的绩效导向。

4. 财政扶贫资金绩效评价指标体系构建

黄萍等（2003）认为，在选取财政扶贫绩效评价指标时应重点关注贫困地区反贫困能力。付英等（2011）在评价兰州市扶贫绩效时指出，扶贫资金绩效评价指标应涵盖政策相关性、扶贫效果和可持续发展能力。高波等学者（2014）进一步强调，评价财政扶贫绩效的指标应包含两方面内容，即经济方面（贫困人口收入、产业结构等）和社会方面（贫困人口减少量、医疗卫生设施、基础设施、学龄儿童在校率等）。在财政扶贫资金的绩效评价中不仅要关注贫困群众当期经济增长，更要考虑到经济的包容性增长和可持续增长。张铭洪等（2014）也认为，贫困率降低、基本生活条件、医疗条件、教育条件等应被纳入扶贫指标中。陈小丽（2015）在以湖北民族地区为研究对象，运用层次分析法进行扶贫绩效评价时指出，构建绩效评价指标体系必须体现出发展基础、经济阶段、社会状况三方面情况。

5. 财政扶贫的机制体制问题

我国学者对财政扶贫机制问题的研究包括长期投入机制、资金使用机制、监管机制、资金分配机制、拨付机制等。李含琳等（1998）认为，同20世纪80年代初中期相比较，20世纪90年代初反贫困的资本供给是比较充足的，但由于管理和体制方面的原因，扶贫资金的使用效果不十分理想。扶贫资金管理体制机构庞大，手续繁杂，管理层次、环节多，扶贫资金经常被截留挪用，造成扶贫资金的低效率。扶贫贷款的期限与生产周期不相适应、资金被用于非贫困户和地区、扶贫贷款财政化现象严重，使其很难发挥脱贫的作用。王春华（2006）认为，以县为主的扶贫瞄准机制主要存在以下问题：扶贫资金的漏出增加；基于贫困县的扶贫瞄准使扶贫资金产生严重的渗漏和偏离；县、乡、村贫困标准受过多主观因素的影响，恶化了扶贫资金的漏出情况；项目选择与扶贫目标不一致，贫困者难以得到扶贫资金的支持；商业化行为使农业银行与扶贫资金实施要求存在严重矛盾。唐丽霞等（2006）通过分析资金拨付机制，发现目前保证财政扶贫资金及时足额到位的行政层层拨付方式缺乏高效率的技术措施，而且这种拨付资金方式本身效率很低且不合理。周宜强等（2016）、钟德涛（2017）认为机制设计上存在缺陷，扶助对象不精准。由于欠缺甄别和退出机制，财政扶贫资金配置出现错位，致使越扶越贫、争戴“贫困帽”、不以贫为耻反以贫为荣现象出现，扶贫在某种程度上演化成“扶懒”。钟德涛（2017）、李小云等（2017）认为，资金的多部门管理虽然可以鼓励政府各部门都能积极地参与到扶贫工作中，但是却带来资金管理成本的增加和效果的降低；同时由于缺乏有效的协调机制和沟通机制，各部门在资金管理和使用方面都从本部门利益出发制定了相应的管理规定和程序，从而造成了实际中财政扶贫资金管理上的混乱，同时也给资金的监测工作带来了很多不便。

我国学者对财政扶贫体制问题的研究涉及财政转移支付、中央与地方财政关系、税收体制等。吴国宝（1997）等指出，由于扶贫是由地方政府具体管理实施的，因而地方政府在目标上可能与中央政府设定的目标相冲突，加之政治体制的各种弊端、官僚主义，导致扶贫达不到理想效果。陈文胜等（2007）指出，1998～2003年，中央和地方财政累计投入财政扶贫资金774亿元，其中中央财政占76.7%，省级财政占15.28%，市县财政占8.02%。加之1994年分税制刚性比例分配税收增量规则导致税收增幅越大，中央财政和地方收入差距越大，而地方政府所负担的事权责任也越大，地方政府财权与事权越来越不匹配，很多政府被迫向农民伸手，加重了贫困。李丹（2013）以国定扶贫县为研究对象，发现政府间转移支付对国定扶贫县的财政收入产生了负向作用，地方政府并没有因为转移支付的增加而积极组织自有财政收入。因此，为了更好地发挥转移支付的作用，必须调整转移支付结构，完善转移支付激励机制，减少地方政府的“投机”行为。另外，李丹、刘小川（2014）还以民族扶贫县为研究对象，分析了政府间转移支付对民族扶贫县财政支出行为变化的影响。发现地方政府更希望将转移支付用于上级政府主要考核的教育支出和维护自身利益的行政管理支出，而很少用于更能促进经济发展的基本建设支出和老百姓较为关心的社会保障支出。李盛基（2014）认为，财政支出通过政府税收政策将高收入者的收益转移给低收入者，使贫困者在收入再分配过程中获得收益，缓解社会成员之间的收入不平等的程度，从而减少农村的贫困。陆汉文等（2017）在《中国精准扶贫发展报告（2017）》一书中指出，扶贫的顶层设计转化为具体实践的过程，反映了中央与地方的关系，地方政府在顶层设计的指引和规制下所呈现出的能动性和实现创新所反映的地方政府的行为规律及其对政策制定的启示，具有重要意义。

6. 财政精准扶贫

自2013年11月习近平总书记在湖南湘西考察时提出“精准扶贫”以来，极大推动了相关理论研究。在2015年中共中央公布的《中共中央、国务院关于打赢扶贫攻坚战的决定》，对打赢这场扶贫攻坚决战做了具体部署。黄承伟和覃志敏（2015）阐述精准扶贫的内涵、外延和理论基础，分析我国改革开放以来实现精准扶贫和大规模减贫所经历的扶贫治理体系变迁过程；提出扶贫治理体系围绕片区精准和个体精准建立了专项扶贫、行业扶贫和社会扶贫“三位一体”的扶贫战略格局。在经济新常态下，刘解龙（2015）分析新常态从宏观中观微观三个层次影响精准扶贫，提出要市场机制创新、主体之间协商机制创新、扶贫资源整合机制创新和可持续发展支撑机制创新。宫留记（2016）通过区分和考察新旧两种市场化扶贫模式“精准性”差异，首次对近年来的一些新型市场化扶贫模式进行了归纳和研究，发现新型市场化扶贫模式更加符合“精准扶贫”的要求，并提出了相关政策建议。葛志军和邢成举（2015）基于宁夏银川村庄的调查认为，当前面临的困境为贫困户参与不足，帮扶政策缺乏差异性和灵活性，扶贫工作遭遇上访困扰，扶贫资金有限，驻村扶贫工作队效果较差；需要处理好上下级扶贫部门的责权与事权关系，政策的严谨性与灵活性的关系，扶贫资金统筹使用与分割适应的关系，如此才能更好地推动精准扶贫工作。郑瑞强和王英（2016）基于扶贫主体意识回归、扶贫资源供需对接、扶贫工作业务流程再造等视角，剖析精准扶贫实施过程中的关键问题，并提出未来的政策走向：把握结构性贫困特征，增进精准扶贫推进需要系统思维；促进农村产权制度的改革深化，提高贫困人口资产性收益。李棉管（2017）认为，中国“精准扶贫”的理论研究和战略制定一方面需要综合考虑技术手段、政治因素和文化因素，另一方面需要在政治过程考察和文化因素分析两方面建构本土性解释框架。“政治过程”视角从“扶贫的社会福利诉求和国家治理的政治性诉求不完全一致的矛盾”出发，“文化结果”视角则从“扶贫及社会救助的文化相容性”出发。周冬梅（2018）认为，当前精准扶贫资源在配置的过程中存在着资源的项目化与社会生活的不规则性、政策执行的科层逻辑之间的张力。这一巨大的张力使极具科学性和合法性的程序受到非正式制度的倒逼，从而产生“反科层”的逻辑，进而使精准扶贫资源的配置面临实践的困境。宋海（2017）认为，金融支持精准扶贫具有比较优势和不可替代的独特作用，应完善及明确国家金融支持扶贫的制度和政策，建立国家级的政策性农业保险机构，将金融扶贫的主要职能落实到具体金融机构，高标准选定金融支持项目，创新农村金融产品和服务方式，大力推进贫困地区金融生态环境建设。周孟亮（2018）认为，要从思想认识与制度创新全面加强、政府作用与机构优势协同发力、资金供给与需求能力同步提升三个层面，把握普惠金融和精准扶贫协调的关键点。要从实现微型金融、合作金融与其他金融扶贫模式的有效结合等“四个结合”角度，实施二者协调的路径创新。王敏（2016）构建基于基层政府视角和目标群体视角的指标体系，从资金的分配、使用和监督三个方面对黔滇两省4县的财政专项扶贫资金管理机制改革进行第三方评估，结果表明，新的财政专项扶贫资金管理制度、监管体系在省县两级较为完善，黔滇两省均有各具特色的创新。

（二）国外研究综述

1. 贫困的内涵

最本源意义上的贫困应该指的是难以满足基本需要的生活状态。基本需要所涵盖的内容并不是一成不变的，随着经济社会的发展，基本需要的范围和标准也会不断扩大和提高，不再仅仅限于温饱的需要，还包括教育、医疗卫生、社会保障等方面的需要。

世界银行《1980年世界发展报告》指出："当某些人，某些家庭或某些群体没有足够的资源去获取他们在那个社会公认的，一般都能享受的饮食、生活条件、舒适和参加某些活动的机会，就是处于贫困状态。"这一定义强调了以消费水平为基础的物质条件。该报告将贫困线确定为人均年收入75美元。1990年世界银行根据其调查研究的结果，以及前5年内的世界物价及对应的货币购买力，确定了人均年收入275美元以下的"赤贫"标准和人均年收入370美元的"贫困"标准，即后来著名的"一天一美元"。1994年根据1993年的购买力平价将国际贫困标准修订为1天1.08美元。《2000/2001年世界发展报告》指出："贫困是指福利被剥夺的状态。"贫困不仅指物质的匮乏，而且还包括低水平的教育和健康；除此之外，贫困还包括风险和面临风险时的脆弱性，以及不能表达自身的需求和缺乏参与机会。2005年国际贫困标准修订为1天1.25美元，2015年国际贫困标准修订为1.90美元。

2. 从经济增长角度研究财政脱贫

世界银行《2000/2001年世界发展报告》明确指出，减贫有赖于经济增长，经济增长是减少收入贫困的强大动力，但是减贫程度并不完全依赖于经济增长，经济增长对脱贫的作用程度受多种因素影响。

（1）经济增长、收入分配与贫困问题研究

Bourguignon（2004）将贫困、增长、公平三者结合考虑，提出了PGIT（Poverty-Growth-InequalityTriangle）。三者之间的基本关系是：经济增长是减少贫困的重要手段，但不会影响社会公平，经济增长综合促进公平能够更有效率达到减贫目标，较高的初始社会不平等以及高贫困率都会阻碍脱贫。之后的经济学家进一步研究得出，任何贫困的变化都可精确地表示为增长和不平等变化的数学函数（Wan，2008），关于 PGIT 的研究主要是通过贫困的分解集中于定量地分析、研究经济增长和收入不平等对贫困的影响。目前关于贫困的分解方法主要由 Bourguignon（2004），Son（2004）等人提出。利用这些分解方法和其他的分析工具，经济学家们对经济增长、收入不平等和贫困之间的关系进行了广泛的研究。

（2）经济增长构成对脱贫影响

Ravallion&Datt（1996）研究了 1951～1991 年间印度贫困的演变，将贫困变化与三个主要经济活动部门的增值增长率联系起来。他们发现，农业和服务业的增长与城市和农村地区的贫困率下降相关，而工业增长与贫困无关。Suryahadi（2009）通过研究印度尼西亚增长和脱贫之间的关系时发现，农村服务业增长与农业增长与脱贫有关。NormanV. Loayza，&ClaudioRaddatz（2010）提出了一个劳动强度和部门增长的两部门理论模型，进行实证分析得出，生产增长对减贫的影响因行业而异，并且存在这种变化的系统模式，劳动密集度较高的部门（与其规模相关）倾向于对减轻贫困产生更大的影响。因此，农业发展脱贫效果最佳，其次是建筑业和制造业，而采矿业、公用事业和服务业本身似乎并没有对减贫产生帮助。

3. 财政对脱贫的影响

（1）财政和收入分配

经济增长对减贫的边际效应对每个国家都是特殊的，这证明经济、社会和政治制度的结构特征影响了国民收入增加分配给穷人的程度。因此，向穷人提供教育和医疗服务或保护他们免受收入波动影响的政策，会增加他们从经济增长中获得收益的能力，并减少在周期性衰退期间遭受的损失。这些政策通过增加获益机会和最大限度地减少穷人的风险来间接影响收入分配。

Dollar&Kraay（2002）发现，没有证据表明公共卫生和教育支出对穷人的收入有系统的影响。一种可能的解释是，通过公共支出和税收运作的贫困计划和再分配政策往往不能有效惠及穷人（Ravallion&Datt，1992）。但是贫困和不平等可以通过从大多数间接税或中性税转向累进税收（如个人所得税和公司所得税）来减少。因此可以通过税收结构转型提高经济增长的能力，来达到脱贫目的。DavidA. Robalino&PeterG. Warr（2006）建立了一个模拟税收和公共支出组成对收入分配影响的框架，并将框架应用于泰国，发现即使温和地、一次性地将税收负担主要重新分配给富人（包括个人和企业所得税），也会对贫困发生率产生重大影响。包括医疗、农业等方面的惠及贫困人口的支出对脱贫有显著作用，此外，税收和财政支出再分配相结合，可大幅提高经济增长的减贫能力。

（2）财政政策制度

反贫困政策往往与税收进行分开评估。国际货币基金组织（2013）和世界银行（2013）等有影响力的组织强调了有少量免税的有效税收的重要性。Keen & Lockwood（2010）认为，如果对贫困人口进行大规模的有目标转移支付，那么更高的税收负担是可以接受的。但是，如果税收抵消了贫困人口的转移支付的收益，那么一些穷人的税收比转移支付的收入更多，政策效益可能会受到影响。Ghatak（2015）提出，在一些制度中，贫困人口缴纳税款和接受转移收入后的收入低于个人特定的贫困门槛，因此这些政策将短暂的贫困人口推向慢性贫困。Sean H & Nora L（2016）使用17个发展中国家的数据进行分析，在其中的10个国家发现至少有1/4的贫困人口纳税比接受转移支付要多。因此对税收和转移支付一起进行分析的时候，通常将税前和转移支付前的贫困与税后和转移支付后的贫困进行比较。

Nora Lustig（2017）分析了2010年28个中低收入国家的财政政策对不平等和贫困的影响。通过采用财政发生率的方法，Lustig and Higgins（2013）希望发现从政府转移中的受益者以及经济中的税收负担的最终承担者这一问题。为了分析财政政策对收入不平等的影响，将“现金”部分（直接税、直接转移、间接税和间接补贴）与“实物”部分分开（货币化价值，使用政府教育和卫生服务）。现金部分，在某些国家，财政政策增加了贫困，这意味着穷人通过税收和转移支付而变得更穷。这一结果主要是对基本商品征收高消费税的结果。财政系统的实物部分，教育和健康的支出是均衡的，它对减少不平等的贡献相当大。

（3）财政分权

发展中国家普遍的财政分权改革必然会对减贫产生影响，主要表现在两个方面。首先，财政分权促进了经济增长，而经济增长又会对减贫产生影响，这样财政分权就会通过经济增长对减贫产生影响。其次，财政分权改变了中央政府和地方政府间的减贫制度安排，从而影响到政府减贫工作效率，进而也会对减贫产生影响。

Rao&Bird（1998）以越南为转型经济国家的样本，研究了政府间财政安排的减贫效率，主要分析了财政分权下转移支付的减贫作用，并据此提出了以减贫为目标的财政分权制度设计。在研究中，将政府间转移支付分为两类：一般性转移支付和特别转移支付，并且认为前者可以弥补既定价格水平下一揽子公共服务的成本和其税收收入之间的差额，使所有省份都可以提供最基本的公共服务；后者可以保证基层政府瞄准贫困人口，满足其最基本的生存需求。

Johannes Juttingetal（2004）对包括中国在内的19个国家的案例研究进行综合回顾的基础上发现，财政分权与脱贫之间的关系并不明确。如果一个国家制度基础较差，政治冲突严重，分权并不能对脱贫产生正面影响，甚至会加剧贫困的发生。分权对贫困的影响更多的是依赖于中央政府权力下放的意愿和能力。Johannes Jutting 等总结了两条政策经验：第一，如果一个国家的政府不能履行基本职责，则财政分权对减贫的效果较弱；第二，在政府可以较好履行职责的国家，分权的优势可以较好地发挥，例如改善贫困者的代表权以及服务传递方面更好地瞄准服务对象等。

Galasso&Ravallion（2005）通过模型和实证分析也研究了分权提供减贫服务时影响瞄准性的因素。通过对孟加拉国一个特定的减贫项目——粮食教育计划的实证研究，结果表明，较大的项目规模，较低的土地不均等程度、偏远程度，较少的经济冲击等，都有利于改善减贫项目的瞄准性。

（4）财政支出

公共支出在缓解贫困和调解收入分配中扮演重要的角色。联合国千年发展项目强调，发展中国家在公共投资方面需要“大推进战略”帮助贫困国家摆脱贫困陷阱。Kenworthy（1999）研究得出，政府的公共支出政策在促进经济增长、改善收入分配不平等的状况以及减缓贫困方面具有协同影响作用；政府可以运用转移支付等公共支出手段对收入再分配进行调节，进而实现减贫。Fan&Zhang（2008）的研究表明，政府公共支出可以通过加快经济增长、提升社会人力资本整体水平，提高个人的收入能力与经济机会，改善收入不平等状况，进而减轻个人乃至社会的整体贫困。

政府支出与收入贫困之间的关系很复杂，可能因多种原因而有所不同。首先，最明显的是它很可能取决于所考虑的支出类型。政府在转移和补贴方面的支出可以通过增加贫困家庭的实际可支配收入来直接减少贫困。它也可以通过改善贫困家庭的营养、健康和教育，进而导致产生更高的市场收入。Mosley et al.（2004），Paternostro、Rajaram & Tiongson（2007）也都认为，政府在基础卫生和教育服务和某些类型的基础设施（例如农村道路、水和卫生设施、住房）上的支出，是通过增加贫困家庭的生产率和盈利潜力来减少贫困。然而由于扶贫不够精准，政府在发展中国家的转移和补贴中的大部分支出没有到达贫困家庭。因此，支出对转移和其他“穷人”部门的实际影响将主要取决于支出如何针对贫困家庭，这在不同国家可能是不同的。Cox、Hansen & Jimenez（2004）认为，转移和补贴也会产生副作用，例如家庭劳动力供给，或私人转移收入，这会抵消他们对收入贫困的影响。由此可知，即使目标明确，转移和补贴对收入贫困的总体影响也是不明确的。

政府支出对贫困的影响也取决于它的方式。直接税被认为对贫困没有直接的影响，因为生活在贫困线以下的家庭是免税的，或者因为他们完全在直接的税收制度之外。然而在许多国家，税收的重要部分来自间接税（增值税、消费税）。例如在拉丁美洲，大约60%的税收来自增值税，而在经合组织国家（Goni，Lopez，& Serven，2011）中有40%的税收来自增值税。Easterly & Fischer（2001）认为，这种税收可以通过提高贫困家庭消费的商品和服务的价格来增加贫困。政府支出的货币融资也可能对贫困产生不利影响，造成更高的通货膨胀。

而在微观角度，部门公共支出对贫困也有不同程度的影响。Fan S & Hazell P.（2000）利用1970~1993年间的数据，调查了印度农村贫困率下降的原因，特别关注农村地区的公共投资作用。研究结果表明，政府在农业研发和灌溉、农村基础设施（包括道路和电力）等方面的支出，都有助于发展生产力、减少贫困人口。此外，政府在公路、农业研发和教育方面的支出，对农村减贫和农业生产力增长的影响最大。额外的灌溉投资对农业生产率增长农业和农村扶贫影响较小。其他的学者通过研究发现，农业补贴（Davisetal，2005）、交通部门投资（Gomanee&Morrissey，2002）、社会性支出（Caminada&Kees，2009）等方面的财政支出对于农村贫困具有显著的缓解作用。

4. 从金融发展角度研究财政脱贫

国外学者针对金融发展与脱贫研究相关的研究大概包括二者之间的关系以及影响机制和影响效应。

（1）金融发展与脱贫之间的关系

Jalilian & Kirkpatrick（2005）采用42个发展中国家的跨国面板数据，验证了金融发展、经济增长与减贫三者之间的关系。研究发现，一方面金融发展对以GNP表示的经济增长表现出显著的促进作用，另一方面经济增长率与贫困人口收入的增长率也表现为显著的正比例关系，同时金融发展对收入不平等的任何变化都会影响金融发展对减贫的效果。Akhter & Daly（2009）研究发现，金融发展有利于减少贫困，然而金融发展的不稳定性会产生负面效应。

Cihak etal.(2013）的世界银行研究将金融发展分为四类来衡量金融体系特征，分别为金融体系的规模、功能、效率和稳定性。在此基础上，Johan Rewilak（2017）研究金融发展是否有利于减少贫困的时候，利用最新的数据证明了金融深化对降低贫困线以下人群的比例是有益的。但是金融的不稳定性和低效率对减贫并没有直接负面影响。

（2）金融发展对贫困的影响机制

金融服务对脱贫的影响主要体现在穷人对金融产品和金融服务的参与及可及性，这方面的研究大部分围绕微型金融展开。

Gulli（1998）研究了微型金融促进脱贫的机制。研究认为，微型金融主要通过促进投资、改善生存条件、避免收入波动、构建社会资本和提高生活质量四种途径促进脱贫。Michael and Barr（2005）分析了金融服务缓减贫困的直接作用途径，认为金融服务能够直接增加穷人持续获得资金的机会和途径；同时，穷人依托金融中介将储蓄转化为投资，也带来了显著的脱贫效果，这间接增加和改善了穷人获得其他财富的机会和能力，从而有利于脱贫。Bakhtiari（2006）研究认为，小额信贷等微型金融机构一方面通过提高贫困人口规避风险的能力、帮助其构筑资产和发展微型企业等直接途径，提高穷人的创收能力，改善他们的生活质量；另一方面通过改善资源配置效率、培育市场环境以及加速新技术的使用等方式，促进经济增长进而间接促进脱贫。

5. 从区域精准扶贫角度研究财政脱贫

Ravallion et al. 研究表明，空间区域因素可能会减少家庭的贫困家庭消费，而不受家庭特征的影响，如教育程度、家庭规模、土地占有、资产以及易受经济冲击的影响。Gallup and Sachs（1999）认为，地理特征预测了国家和地区内经济发展水平的差异。在许多国家，某些地理区域的贫困率非常高。当劳动力和其他因素没有充分流动时，区位对贫困结果的重要性影响非常大。Ravallion and Jalan（1999）发现，中国农村地理贫困陷阱的证据表明，自有资本的边际产量随着自有资本而减少，但随着地理资本而增加。

各国政府已采取精准扶贫方案，主要是通过公共投资（如通过预算拨款、有针对性的贷款、农村综合发展项目）促进经济发展，而不是提供直接的消费补贴。如果这些项目想要使得成本效用最大化，就必须有效地瞄准贫困地区，改善农村家庭的条件。然而针对性干预的综合评估非常缺乏。为了达到公平和效率的根本目标，这些评估对于告知公共支出选择是至关重要的。Albert Parka et al.（2004）通过对1981～1995年间中国各县面板数据的分析，评价了1986年初开始的区域性目标在我国大规模扶贫开发中的有效性，并且介绍了区域精准扶贫计划伴随的一些问题。根据中国的经验发现，区域精准扶贫对实现脱贫来说效果并不是最优。结合Ravallion的发现，印度尼西亚的区域性支出模式目标很不明确，当目标区域在县级或更高级别时，政治限制可能会破坏精准扶贫计划的效果。

第一章

财政促进脱贫攻坚的体制机制：历史演进与现状

一、我国财政扶贫政策的历史演进

贫困问题是一个世界性的难题，伴随着人类社会的生存与发展。1949 年以后，我国分阶段进行了卓有成效的贫困治理工作，绝对贫困人口大幅减少。截至 2017 年底，全国农村贫困人口仅 3046 万人，为世界反贫困事业做出了巨大贡献。

梳理我国扶贫政策发展的历史脉络，最基本的经验就是在不同历史阶段制定了符合国情的政策措施，走出了一条具有中国特色的扶贫开发道路。

（一）我国扶贫开发的主要历程

1. 2000 年以前阶段

国务院扶贫办曾经将我国 2000 年以前的扶贫开发的历史进程分为三个阶段。

第一阶段：1978～1985 年。我国农村经济体制改革，推行家庭联产承包责任制，大幅度提高农产品价格，激发和调动了广大农民的生产积极性，农产品产量大幅度增加，农民收入迅速提高，大大缓解了农村的贫困问题。全国农村没有解决温饱的贫困人口从2.5亿人减少到1.25亿人，平均每年减少1768万人；贫困发生率从30.7%下降到14.8%。

第二阶段：1986~1993年。针对一些地区发展缓慢、一部分群众生产生活条件非常困难的情况，党中央、国务院决定在全国范围内开展有计划、有组织、大规模的扶贫开发工作。为此，国务院成立专门工作机构，安排专项资金，制定专门的优惠政策，并对传统的救济式扶贫进行彻底改革，确定了开发式扶贫的方针。到1993年底，全国农村没有解决温饱的贫困人口由1.25亿人减少到8000万人，平均每年减少640万人；贫困发生率由14.8%下降到8.7%。

第三阶段：1994年3月~1999年。该阶段以《国家八七扶贫攻坚计划（1994~2000年）》的公布实施为开始标志。该计划明确要求集中人力、物力、财力，用7年左右的时间，基本解决8000万农村贫困人口的温饱问题。由此，中国的扶贫开发进入了最艰难的攻坚阶段。1996年9月，党中央、国务院联合召开了中央扶贫开发工作会议，做出《关于尽快解决农村贫困人口温饱问题的决定》。1999年6月，在我国扶贫攻坚的关键时刻，党中央、国务院再次召开会议，做出《关于进一步加强扶贫开发工作的决定》。在两次中央扶贫开发会议上，江泽民总书记都发表了重要讲话，动员全党和全社会，切实做好扶贫攻坚决战阶段的工作，确保实现在21世纪末基本解决农村贫困人口温饱问题的战略目标。

2. 2000年以后阶段

进入21世纪，随着我国贫困规模的不断减少，农村贫困人口分布呈现出“大分散、小集中”的特点。更重要的是，随着之前几十年扶贫成果的彰显，贫困人口分布由以前的集中在扶贫开发重点县的区域集中向更低层次的村级社区集中。2013 年以来，中央更是提出“精准扶贫”，对贫困户要求识别到户。因此，2000 年以来的扶贫开发工作又可以分为两个阶段。

（1）整村推进扶贫开发阶段（2001 ~ 2012 年）

2001 年制定的《中国农村扶贫开发纲要（2001 ~ 2010 年）》把贫困人口集中的中西部少数民族地区、革命老区、边疆地区和特困地区作为扶贫开发的重点。2011 年出台的《中国农村扶贫开发纲要（2011 ~ 2020 年）》又提出建立健全扶贫对象识别机制，做好建档立卡工作，实行动态管理，并明确把连片特困地区作为主战场。

这一时期扶贫政策将瞄准目标降低到了村级。2001 年在全国确定了 14.8 万个贫困村作为扶贫工作重点，强调以村为单位调动农民的参与性进行农村扶贫综合开发。这些重点村占全国行政村总数的 21%，分布在全国 1861 个县（区、市），覆盖了全国 80% 的农村贫困人口。国务院扶贫办在总结各地实践经验，以贫困村整村推进扶贫规划为切入点，在全国范围开展“整村推进扶贫工作”。

国家根据减贫新形势在扶贫工作重心和扶贫资源下沉（进村入户），并据此建立以贫困村为重点的“一体两翼”扶贫治理体系，获得了较好的减贫效果。就整村推进而言，同一县域内，实施整村推进的贫困村农民人均纯收入比没有实施的增幅高出 20% 以上。就整体减贫效果而言，根据 2010 年 1274 元的扶贫标准衡量，农村贫困人口从 2000 年年底的 9422 万人减少到 2010 年的 2688 万人，农村贫困人口占农村人口的比重从 2000 年的 10.2% 下降到 2010 年的 2.8%。

（2）精准扶贫阶段（2013 年至今）

2013 年，习近平总书记在湖南考察时首次提出了“精准扶贫”这一概念，同年国务院制定出台了《建立精准扶贫工作机制实施方案》，由此在全国范围内拉开了精准扶贫工作的序幕。党的十八大以来，习近平总书记高度重视扶贫开发工作，提出了一系列扶贫开发的新思想新观点新部署新要求，形成了中国新时期扶贫开发战略思想。

以习近平总书记扶贫开发战略思想为指导，中国 2015 年做出“打赢脱贫攻坚战”的决定，明确“到 2020 年现行标准下贫困人口全部脱贫，贫困县全部摘帽，解决区域性整体贫困”的目标，全面实施精准扶贫精准脱贫方略。坚持分类施策、因人因地施策、因贫困原因施策、因贫困类型施策，通过扶持生产和就业发展一批，通过易地搬迁安置一批，通过生态保护脱贫一批，通过教育扶贫脱贫一批，通过低保政策兜底一批；广泛动员全社会力量，支持和鼓励全社会采取灵活多样的形式参与扶贫；围绕精准扶贫战略，创新扶贫开发机制，为贫困人口贫困村建档立卡，出台了一系列精准扶贫政策，我国扶贫工作进入攻坚阶段。

表 1－1　扶贫攻坚领域重要或纲领性文件（1984～2018 年）

年份	重要性	文件名称
1984.7	重要	中共中央和国务院发布《关于帮助贫困地区尽快改变面貌的通知》
1985	重要	《国民经济“七五”计划》
1987.1	重要	国务院发布了《关于加强贫困地区经济开发工作的通知》
1993	纲领	《国家八七扶贫攻坚计划（1994～2000 年）》
2001.6	纲领	《中国农村扶贫开发纲要（2001～2010 年）》
2011	纲领	《中国农村扶贫开发纲要（2011～2020 年）》
2014.1	重要	《关于创新机制扎实推进农村扶贫开发工作的意见》
2015.11	纲领	《关于打赢脱贫攻坚战的决定》
2016.11	纲领	《“十三五”脱贫攻坚规划》

（二）财政扶贫工作的演变

1. 不同时期的财政扶贫政策

新中国成立初期，我国经济发展水平极低，社会普遍贫困，40% ~50%的人口都处于生存贫困状态。基于此，我国开始实施以解决大多数人基本生存困境为目的的救济式扶贫。这一目标任务下的扶贫模式是典型的输血式救助，即以政府为责任主体，以国家财政为经济基础，通过财政补贴或实物救济等途径，保障贫困群体最低程度的生活水准。

改革初期，以消除绝对贫困为目标的输血式扶贫在赤贫人口生存困境中起到暂时性缓贫作用，却不能真正培养起贫困群体的自我“造血”的能力。一方面切实保障了普遍贫困状态下多数城市居民的临界生存需求，另一方面却严重阻碍了广大农村地区的发展。

从“七五”计划开始，扶贫开发工作被纳入国民经济和社会发展的整体布局，开始了生产救助与生活救助相结合的、以解决贫困人口温饱问题为主要目标的开发式扶贫。这一目标下的扶贫模式是典型的发展型援助。在扶贫方式上，仍然是以经济扶贫为主，但改变了单纯生活救济的办法，致力于在贫困地区进行基础设施建设，改造生产条件，帮助贫困地区形成新的生产能力。同时，改变了单纯由财政渠道拨款救济、扶贫资金无偿使用的方式，转向以财政支付和银行贷款相结合、无偿与有偿相结合的扶贫资金投资。

2001 年《中国农村扶贫开发纲要（2001 ~2010 年）》将扶贫工作的重点从以县级瞄准转向村级瞄准，在全国确定了 14.8 万个贫困村，以整村推进为切入点，以产业化调整农业结构，提高扶贫开发目标的瞄准性，实现了贫困地区基础建设、社会服务、文化培训等各方面的整体推进。2010 年，《中国农村扶贫开发纲要（2011～2020 年）》明确提出了“两不愁，三保障”（即到 2020 年，稳定实现扶贫对象不愁吃、不愁穿，保障其义务教育、基本医疗和住房）的扶贫目标任务。财政方面，除继续加大财税和信贷支持力度外，更加注重以金融服务体制的完善、金融产品和服务方式的创新、民间借贷的规范发展、征信体系的建设等为重点的金融服务环境的打造。

2. 财政扶贫资金的增长情况

在我国不同时期的扶贫开发过程中，以国家扶贫资金为主导的财政资金一直发挥了重要作用。从 1980 年开始，国家设立支援经济不发达地区发展资金，当年支出规模 5 亿元，重点支持老革命根据地、少数民族地区、边远地区、贫困地区的农业、乡镇企业、基础设施和文教卫生事业的发展。

从资金投入规模上看，我国财政扶贫资金在不同时期的扶贫方略下，一直保持高速增长，见表 1－2。

表 1－2　我国不同阶段财政扶贫资金增长情况

扶贫阶段	累计安排扶贫资金	年均增长
财政扶贫开发工作起步阶段（1980～1984 年）	29.8 亿	11.76%
制度化开发式扶贫起步阶段（1985～1993 年）	201.27 亿	16.91%
《国家八七扶贫攻坚计划》实施阶段（1994～2000 年）	531.81 亿	9.81%
《中国农村扶贫开发纲要（2001～2010 年）》实施阶段（2001～2010 年）	1440.34 亿	9.3%
《中国农村扶贫开发纲要（2011～2020 年）》实施阶段（2011 年至今）	1898.22 亿	14.5%

资料来源：胡静林，“加大财政扶贫投入力度支持打赢脱贫攻坚战”，《行政管理改革》2016 年第 8 期。

3. 对扶贫工作中财政作用的重新认识

在相当长的时间内，扶贫问题常被置于道德高地，消除贫困因此被简化为一个国家财政投入多少甚至财政出钱兜底的问题。但必须清醒认识到，贫困，尤其是在集中连片贫困地区，是一个深刻而复杂的综合社会现象，绝非单纯的“缺钱”问题。因此，要从根本和长远上消除贫困，需要采取多方面、长远的配套举措，不是仅靠增加投入尤其是财政投入能够解决的，只有方向正确、方式适当，财政投入才能发挥应有作用。

正是在这种背景下，习近平总书记2013年提出了“精准扶贫”方略，《中共中央、国务院关于打赢脱贫攻坚战的决定》对“十三五”脱贫攻坚作出全面部署，实施精准扶贫、精准脱贫，国家出台财政、金融、土地、交通、水利、健康、教育等一系列超常规政策举措。在扶贫主体上，强调调动全社会力量，构建大扶贫格局；在扶贫方式上，改变了以生活救济为主“输血式”扶贫，强调生活救助和能力扶贫的“两轮驱动”，并把社会保障作为解决温饱问题的基本手段；在扶贫资源的传导上，除继续加大财税和信贷支持力度外，更加注重以金融服务体制的完善、金融产品和服务方式的创新、民间借贷的规范发展、征信体系的建设等为重点的金融服务环境的打造。以习近平总书记2013年首次提出精准扶贫为起点，以党的十八届五中全会和中央扶贫开发工作会议决策部署为标志，我国扶贫开发进入脱贫攻坚新阶段。

二、我国财政促进脱贫攻坚的现状与特点

（一）财政促进脱贫攻坚的现状及困难

2013～2017年，我国现行标准下的农村贫困人口由9899万人减

少至3046万人，年均减少约1371万人；农村贫困发生率由10.2%下降至3.1%，年均下降1.42个百分点。与前几轮扶贫相比，不仅减贫规模加大，而且改变了以往新标准实施后减贫规模逐年大幅递减的趋势，每年减贫幅度都在1000万人以上。贫困地区群众收入增长较快，生产生活条件明显改善。贫困地区农村居民人均可支配收入连续保持两位数增长，年均实际增长10.7%。截至2016年，贫困地区居住在钢筋混凝土房或砖混材料房的农户占到57.1%，使用管道供水的农户达67.4%；自然村通电接近全覆盖、通电话比重达到98.2%，道路硬化达到77.9%；在自然村上幼儿园和上小学便利的农户分别达到79.7%、84.9%；拥有合法行医证医生或卫生员的行政村达到90.4%，91.4%的户所在自然村有卫生站。精准扶贫取得了巨大成效。

1. 当前财政扶贫资金的运作方式

目前，中央财政专项扶贫资金主要分为发展资金、少数民族发展资金、以工代赈资金、国有贫困农场扶贫资金、国有贫困林场扶贫资金、“三西”资金等六个使用方向，主要用于支持贫困人口发展特色优势产业、改善贫困人口基本生产生活条件、提高贫困人口就业和生产能力等方面。中央财政专项扶贫资金主要按因素法分配，以加大对贫困问题突出省份的支持。按照扶贫开发“中央统筹、省（自治区、直辖市）负总责、市（地）县抓落实”的工作机制，扶贫资金项目审批权限已全部下放到县，由地方自主统筹使用。

除了审批权的下沉，当前财政扶贫领域最大的创新是涉农资金的整合机制。2016年，国务院出台《国务院办公厅关于支持贫困县开展统筹整合使用财政涉农资金试点的意见》（国办发〔2016〕22号），贫困县涉农资金整合试点取得良好开局。统筹整合使用的资金范围是各级财政安排用于农业生产发展和农村基础设施建设等方面的资金。

中央层面的财政专项扶贫资金、农田水利设施建设和水土保持补助资金、现代农业生产发展资金、农业技术推广与服务补助资金、林业补助资金、农业综合开发补助资金、农村综合改革转移支付、新增建设用地土地有偿使用费安排的高标准基本农田建设补助资金、农村环境连片整治示范资金、车辆购置税收入补助地方用于一般公路建设项目资金（支持农村公路部分）、农村危房改造补助资金、中央专项彩票公益金支持扶贫资金、产粮大县奖励资金、生猪（牛羊）调出大县奖励资金（省级统筹部分）等20余项涉农资金用于整合。教育、医疗、卫生等社会事业方面资金，也被要求结合脱贫攻坚任务和贫困人口变化情况，完善资金安排使用机制，精准有效使用资金。在支付方式方面，加大对贫困地区的转移支付力度，扩大一般性转移支付规模和比例，提升贫困县财政保障能力。在分配方式方面，对具有地域管理信息优势的项目，主要采取因素法分配相关转移支付资金。2017 年全国 832 个贫困县计划整合资金规模3330 亿元，已实际整合3286 亿元，已完成支出 2935 亿元。

财政扶贫资金还通过政府和社会资本合作（PPP）、政府购买服务、贷款贴息、设立产业发展基金等有效方式，充分发挥财政资金引导作用和杠杆作用，撬动更多金融资本、社会帮扶资金参与脱贫攻坚。2018 年 1 月 25 日，国资委综合局巡视员刘源在《中央企业社会责任蓝皮书（2017）》发布会上透露，国资委组织了中央企业扶贫项目产业基金，目前基金完成了 41 个项目决策，涉及资金投入 86 亿元。中央企业在“三区三州”等深度贫困地区不断加大帮扶力度，结对帮扶、对口支援县达 79 个，2017 年实施各类扶贫项目 1500 余个，投入扶贫资金 5.9 亿元，引入社会资金超 40 亿元，有力促进了深度贫困地区脱贫攻坚。

表 1-3　　历年财政扶贫资金管理办法（1986～2018 年）

年份	文　号	文件名称
1987	财预〔1986〕226	《支援经济不发达地区发展资金管理办法》
1997	财地〔1997〕21 号	《支援经济不发达地区发展资金管理办法》
1999	财农字〔1999〕83 号	《支援不发达地区发展资金管理办法》
2001	财农字〔2000〕18 号	《财政扶贫资金管理办法（试行）》
2011	财农〔2011〕412 号	《财政专项扶贫资金管理办法》
2014	国开发〔2014〕9 号	《关于改革财政专项扶贫资金管理机制的意见》
2017	财农字〔2017〕8 号	《中央财政专项扶贫资金管理办法》

2. 财政扶贫资金投入规模

财政是国家治理的基础和支柱。近年来，中央和地方财政不断加大对扶贫资金的投入。2000～2014 年，中央财政累计投入专项扶贫资金 2966 亿元，年均增长 11.6%。2017 年中央和地方投入扶贫的财政专项资金超过 1400 亿元，其中中央财政安排补助地方专项扶贫资金 860.95 亿元，有扶贫任务的 28 个省（自治区、直辖市）省级财政专项扶贫资金规模达到 540 亿元左右。资金总量方面，贵州、云南、广东、河北、内蒙古、四川、广西等省份均超过 30 亿元，江西、甘肃、山东等省份也超过 20 亿元。财政已经成为脱贫攻坚的基础性和起支柱作用的重要力量。

第一，财政资金成为推动脱贫攻坚的基础性力量。2016 年中央财政安排专项扶贫资金 667 亿元，比上年增长 43.4%。在全国 961 个县（其中贫困县 792 个）启动实施贫困县涉农资金整合试点，纳入整合范围的各级财政资金规模共计 3200 亿元，惠及建档立卡贫困人口 3000 多万人。以河北省为例，2016 年全省共投入财政扶贫资金 56.1 亿元，其中省本级专项扶贫资金 21.6 亿元，同比增长 100%，实现两级安排扶贫资金 11.5 亿元。

第二，财政资金撬动的扶贫贷款规模不断攀升。截至2017年，贫困地区金融扶贫贷款余额24878亿元，当年新增8181亿元；累计发放扶贫小额信贷2833亿元，支持了802万贫困户，贫困户获贷率由2014年的2%提高到2016年底的26.7%；累计发放扶贫再贷款1127亿元；发行易地扶贫搬迁金融债726亿元。

第三，公共财政支出向农村地区和贫困人口投入的力度不断加大。2015年农村生活最低保障财政支出达到991亿元，较2009年的446亿元增长一倍多；2000~2012年，中央财政累计对西部地区财政转移支付8.5万亿元；2017年中央财政对老少边穷地区转移支付预算数为1832.9亿元，比2016年执行数增加19%。

3. 目前面临的主要困难和问题

随着精准扶贫战略的实施，我国脱贫攻坚取得决定性进展。截至2017年底，贫困人口减少至3000万左右。随着脱贫攻坚的不断深入，深度贫困地区和深度贫困问题越发突出，一些深层次矛盾和倾向性问题不断显现。2017年8月，国务院扶贫开发领导小组办公室主任刘永富在向全国人大常委会报告脱贫攻坚工作情况时指出，目前我国脱贫攻坚工作中的主要困难和问题集中在以下几个方面。

（1）脱贫攻坚任务依然艰巨

一是贫困人口总量大。截至2017年末，全国农村贫困人口还有3046万人，其中东部地区农村贫困人口300万人，中部地区农村贫困人口1112万人，西部地区农村贫困人口1634万人。到2020年还有不到三年时间，越往后脱贫成本越高、难度越大。

二是深度贫困地区攻坚任务重。西藏和四省藏区、南疆四地州、四川凉山、云南怒江、甘肃临夏等深度贫困地区，生存环境恶劣，致贫原因复杂，交通等基础设施和教育、医疗公共服务缺口大。

三是因病致贫占比高。建档立卡数据显示，贫困人口中因病致贫比例从2015年的42%上升到2016年的44%，医疗支出负担重，解决这些人的贫困问题，成本更高，难度更大。

（2）一些地方扶贫脱贫不够精准

在贫困识别上，有的地方贫困识别简单算收入、“搞摆平”，人为割裂低保和扶贫政策，导致一定数量符合条件的贫困人口未纳入建档立卡。有的地方未将因病因灾因残新增贫困人口及时纳入。在精准帮扶上，有的政策措施表面看帮扶到户到人，实质上不顾贫困户真实需求，是缩小版的“大水漫灌”。有的帮扶措施盲目跟风，贫困户受益不大。有的地方易地扶贫搬迁后续措施跟不上，搬迁户存在无业可就、回迁生产困难等问题。在贫困退出上，有的地方“三保障”未实现就宣布脱贫。有的地方算账脱贫、突击脱贫，脱贫基础脆弱，存在返贫风险。

（3）形式主义问题凸显

有的不从实际出发盲目发展产业，有的集中资源“垒大户”“堆盆景”，有的政绩观错位，层层加码患了“急躁症”，有的督促检查满天飞，基层苦不堪言。有的地方自认为脱贫任务不重，犯了“拖延病”。有的制作展板表册只为应付检查，有的驻村干部存在“挂名”“走读”现象，帮扶措施不到位。

（4）部分贫困群众内生动力不足

从帮扶工作来看，有的地方为图省事、赶进度，大包大揽、送钱送物，“干部干、群众看”，不注重提高贫困人口的自我发展能力。从贫困群众来看，有的安于现状，单纯依靠外界帮扶被动脱贫；有的习惯“等靠要”，依赖政策不愿脱贫。如果不能充分发动贫困群众，扶贫就只是治标不治本，帮扶效果很难持久。

（5）扶贫资金使用管理有待加强

随着扶贫投入逐年增多，使用管理权限下放到县，贪污、挤占、挪用等老问题仍时有发生，资金闲置滞留等新问题逐步显现。一些地方项目规划不科学不合理，接不住、整不动、用不好。资金使用不够公开透明，群众和社会不知晓。

（6）扶贫政策实施的针对性不强

一是对贫困县与非贫困县、贫困村与非贫困村的贫困人口在扶持政策上不一致，造成部分非贫困县非贫困村的群众不满意。

二是建档立卡贫困户得到的政策支持比较多，而接近扶贫标准的边缘户得到政策支持很少，造成部分农户心理不平衡。

三是部分脱贫户自我发展能力较弱，脱贫质量不高、稳定性不强，脱贫后扶持政策减弱，极易返贫。

（二）特征

改革开放以来，中国的扶贫开发使农村贫困人口减少了 6 亿多，成为全球首个实现联合国千年发展目标贫困人口减半的国家。进入扶贫开发的新阶段，贫困问题多是难啃的“硬骨头”，减贫难度激增。与此同时，随着经济发展的“减贫效应”逐年递减，与过去相比，同样的财政投入、同样的方法难以取得应有的“产出”，迫切需要国家贫困治理体系作出调整，摆脱过去主要依靠财政投入的“输血式”扶贫，借用综合性的政策“组合拳”，提升财政资金的效力，打赢脱贫攻坚战。在这种背景下，攻坚阶段的财政扶贫工作与以往相比，有了一些新的特点。

1. 扶贫范围的拓展：从绝对贫困到相对贫困

随着前期国家扶贫开发工作确定的目标和任务的全面完成，《中国农村扶分赋发纲要（2011～2020年）》将农民人均年纯收入2300元（2010年不变价）作为新的国家扶贫标准。新的扶贫目标的提出以及扶贫标准的相应调整，将绝对贫困人群和低收入人群都统一纳入了我国新时期扶贫开发的对象范围，表明新时期我国的扶贫不再仅仅局限于脱贫领域，而是要实现在脱贫基础上的稳步致富。这一方面为更多急需帮助的人群能够得到国家扶持提供了保证，另一方面也反映出我国扶贫任务核心向保障公平分配，以及给予贫困人口更有尊严的生活的转变，对我国今后10年的扶贫开发工作提出了更加严峻的挑战。

从20世纪80年代国家启动扶贫开发以来扶贫标准的变动也能看出，我国的扶贫开发工作经历了从消除绝对贫困到消除相对贫困、提高贫困户生活水准的转变。2008年以前，中国政府设定两个扶贫标准，即绝对贫困标准和低收入标准。1986年国家设定的绝对贫困标准为206元，2000年的低收入标准为865元；2007年的绝对贫困标准为785元，低收入标准为1067元；此后随着经济发展水平逐年提高（见表1-4）。

表1-4　不同时期的扶贫标准

年份	绝对贫困标准	低收入标准	合并后的扶贫标准
1986	206元		
2000		865元	
2007	785元	1067元	
2008			1067元
2009			1196元
2010			1274元
2011			2300元
2015			2800元
2016			约3000元
2017			3300元

2. 扶贫方式的转变：从“大水漫灌式”全面扶贫到“滴灌式”精准扶贫

在当前的脱贫攻坚阶段，扶贫工作的显著特点就是“精准”。党的十八大以来，我国持续推进扶贫的理念创新、模式创新和机制创新，深化精准扶贫、精准脱贫，从“大水漫灌式”的全面扶贫到“滴灌式”的精准扶贫转变，首先把“扶持谁”“谁来扶”“怎么扶”搞得一清二楚，才能做到扶真贫、真扶贫、真脱贫。

2014年，中国完成了规模浩大的贫困人口建档立卡工作，为推进精准扶贫奠定了基础。“滴灌式”扶贫开发让有限的扶贫资源更精准地指向真正需要的人，发挥出最大效益。例如，在宁夏固原市原州区贫困户情况登记册上，贫困户的家庭收入水平、劳动力数量和教育程度、致贫原因、帮扶措施等一目了然，原州区信用社针对每一户的家庭状况对其进行信用评级，并据此提供扶贫贷款和支持帮扶举措。对缺少资金的贫困户，将依据评级授信情况给予贷款支持；对文化程度不高的农户，将为他们提供职业教育培训机会；对找不到致富门路的，将引导他们发展当地特色种植养殖产业。

3. 扶贫机制的创新：扶贫先扶志，培育贫困地区自主“造血”能力

新中国成立以来到改革初期的相当长的时间内，我国扶贫工作的主要方式是以消除绝对贫困、实现温饱为目的。这一时期的扶贫方式因此带有典型的“输血式救助”的痕迹，即以政府为责任主体，以国家财政为经济基础，通过财政补贴或实物救济等途径保障贫困群体最低程度的生活水准。在这种情况下，不仅贫困地区缺乏经济自生能力，也给中央和地方财政带来了极大的压力。

进入21世纪以来，尤其是2013年习近平总书记提出“精准扶贫”

战略以来，我国持续推进扶贫的理念创新、模式创新和机制创新。在扶贫方式上，改变了过去以生活救济为主的“输血式”扶贫，强调生活救助和能力扶贫的“两轮驱动”。习近平指出：“扶贫先要扶志，要从思想上淡化‘贫困意识’。”在这一思想的指导下，新时期扶贫工作突出了“扶贫先扶志”“扶贫先扶智”的新思路，通过产业扶贫、资产收益扶持等方式，实现了从“输血式”的生活救济型扶贫向“输血和造血协同互动”的转变，最终目标是培育贫困地区的经济内生动力，实现贫困地区和贫困户自主“造血”。

4. 资金来源的多样化：撬动社会力量，推进资金整合

《中国农村扶贫开发纲要（2011～2020年）》明确提出了构建“专项扶贫+行业扶贫+社会扶贫+国际援助”的“三位一体”的大扶贫格局，并提出充分调动政府扶贫机构、政府所属各部门、社会非政府组织以及其他财富拥有者等力量共同参与。国务院扶贫办主任刘永富表示：“我们现在一年的专项扶贫资金400多亿元，平均下来一个人只有几百块钱，靠这脱贫显然不够。要把这笔资金放大，撬动金融的钱。”以财政资金股权量化为纽带，不断以金融资本撬动扶贫开发，将贫困群众与产业经营主体结成利益共同体，构建财政支农项目资产收益扶贫新模式，实现贫困户脱贫、贫困村摘帽目标，形成“多个渠道引水，一个龙头放水”的扶贫投入新格局。

2016年，国务院出台《国务院办公厅关于支持贫困县开展统筹整合使用财政涉农资金试点的意见》（国办发〔2016〕22号），鼓励对涉农资金进行整合，大力引进社会力量进入扶贫开发领域。财政扶贫资金还通过政府和社会资本合作（PPP）、政府购买服务、贷款贴息、设立产业发展基金等有效方式，充分发挥财政资金引导作用和杠杆作用，撬动更多金融资本、社会帮扶资金参与脱贫攻坚。截至2017年末，全国共整合各级财政涉农资金 3286 亿元，占计划整合规模的 98.7%，已完成支出资金规模 2935 亿元。

5. 扶贫手段的提升：积极利用信息技术，助力精准扶贫

从 20 世纪 80 年代我国扶贫开发工作启动以来，虽然取得了巨大成效，贫困人口大幅减少，但对于连片贫困地区和一些深度贫困户，一直缺少较好的脱贫办法，其中一个重要原因就是交通不便所造成的市场渠道匮乏，因而缺乏自主造血能力。近年来，随着互联网、大数据等信息技术的广泛普及，“互联网 + 精准扶贫”成为不少地区贫困治理的一个新思路、新方法。

互联网技术的发展，带来了两个可喜的变化。一方面，给扶贫工作带来了新的技术手段。一些地区已经在尝试利用大数据技术对贫困户建档，将贫困户数量、致贫原因、脱贫、返贫数据实时更新，实施动态管理，分类扶贫、个性化扶贫变得切实可行。另一方面，互联网平台的建设也促进了弱势群体自我发展能力的提高。在地方政府的支持下，农村电子商务发展迅猛，交易量持续保持高速增长，成为农村转变经济发展方式、优化产业结构、促进商贸流通、带动创新就业、增加农民收入的重要动力。一些地区在尝到了“互联网 +”的甜头之后，开始尝试品牌化经营，以农村电商为龙头，把电商经营与本地农产品品牌经营有机结合起来，从而带动本地农产品的品牌化销售，让更多缺乏信息技术能力的贫困群众也能搭上互联网经济的快车，实现增收脱贫。

6. 资金监管的加强：完善制度建设，为扶贫资金划上“红线”

作为国家扶贫工作的基础和重要支柱，财政事实上扮演着扶贫先锋和资金保障及监督的双重重要角色。一方面，财政部门需要与其他职能部门一起，综合考虑和制定脱贫攻坚的全面举措，为扶贫工作提供资金支持，主要用于当地的基础设施建设、产业、金融和基本公共服务等；另一方面，财政部门的另一项重要任务就是承担着扶贫资金保障及监督者的角色，不仅要监督资金的安全和运转及时、充足，还需要对扶贫资金的投向和资金使用效率进行监管。

十八大以来，财政部等涉农资金管理部门不断健全扶贫专项资金和项目管理制度，明确责任分工，将扶贫资金管理全面纳入制度的“笼子”，为扶贫资金划上“红线”，确保扶贫资金在监督之下运行。经过几年的努力，财政扶贫资金的监管力度得到大幅度加强，不仅推行了扶贫资金项目公告公示制，充分发挥社会监督的作用，还构建起一套常态化多元化的监督检查机制，开展了多次财政惠农资金专项检查，对财政扶贫资金使用管理中出现的违法违规行为，根据《预算法》等法规制度规定严厉查处，切实保障了扶贫资金的安全有效使用。

第二章

精准扶贫背景下的财政扶贫资金运行机制研究

加大财政扶贫投入是打赢脱贫攻坚战的根本保障，而灵活高效的财政扶贫资金运行机制能够使宝贵的资金物尽其用。财政扶贫资金运行机制是指财政扶贫资金运转链条上的各个环节能够上下联动、相互促进，有机地统一起来，助力实现脱贫攻坚政策目标，充分发挥财政资金效益，并实现资金管理使用成本最小化。财政扶贫资金运行机制顺畅，就会为打赢脱贫攻坚战提供坚强可靠的保障；财政扶贫资金运行机制不畅，就难以发挥财政资金的输血能力、放大机制和引导能力，从而拖慢脱贫攻坚的进程。在举国上下全力为打赢脱贫攻坚而艰苦奋斗的时候，应该加倍珍惜财政资金，最大化财政资金效益，为减贫增收提供切实保障。

财政扶贫资金机制研究的核心问题可以分为两大类：一类是资金管理，研究如何分配、拨付、报账、监督、评价；一类是资金使用，投入哪些项目，项目如何选择，资金效益如何最大化发挥。最关键的投入方向可以细分为基础设施、产业项目、兜底保障，基础设施和社保的管理相对完善，因此扶贫产业项目是研究的重点。本文涉及瞄准、分配、整合、使用、撬动、协作、监管、绩效八大机制。瞄准、分配、监管、协作属于第一类管理问题；整合、使用、撬动、绩效属于第二类使用问题。两类问题中，使用是核心，管理是保障，相互作用，相辅相成，共同促进脱贫攻坚任务的完成。

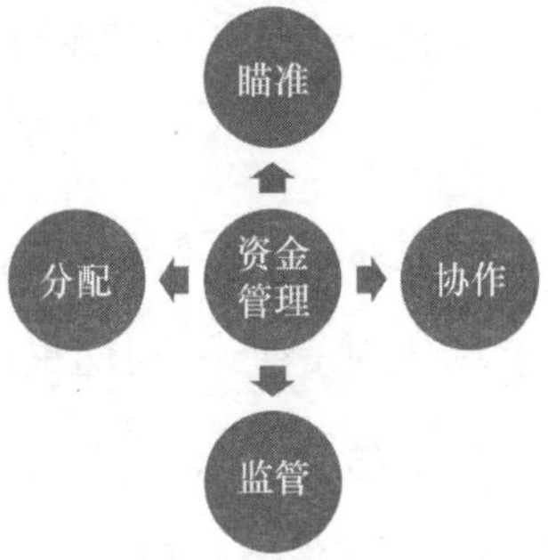

图 2－1　财政扶贫资金管理类机制

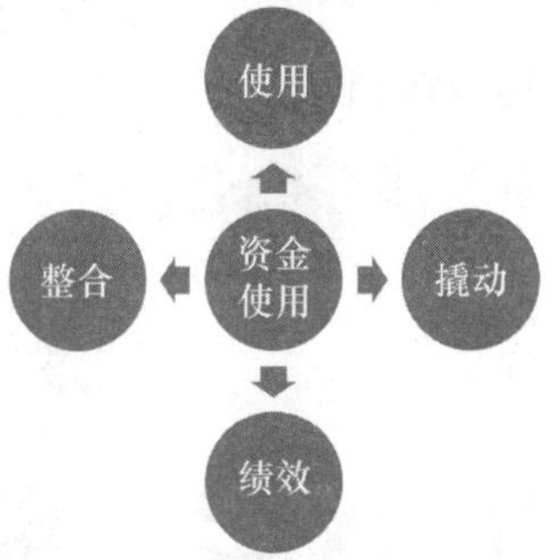

图 2－2　财政扶贫资金使用类机制

财政扶贫资金分配使用和监管机制的运转有效，适用机制设计理论。财政扶贫资金管理的目标是实现财政扶贫资金的有效利用，打赢脱贫攻坚战，到 2020 年全面建成小康社会。在此机制框架内，各级政府、各个部门和资金供给方、资金使用方、资金受益方分别根据个人信息追求利益最大化，并最终实现共同目标。

根据机制设计理论，一个经济机制（即制定什么样的方式、法则、政策条令、资源配置等规则）使得经济活动参与者的个人利益和设计者既定的目标一致，即每个人主观上追求个人利益时，客观上也同时达到了机制设计者的既定目标。在扶贫工作中，各参与方目标是一致的，都是为了打赢脱贫攻坚战，但是资金管理、使用都需要相关人员具备相应的人员数量和能力，实际上人员数量不足反映机构能力不足，人员素质不足反映工作人员能力不足。因此急需赋能式扶贫，对参与扶贫的机构和人员进行赋能，对扶贫对象进行赋能。

在扶贫资金使用中如何发挥好市场机制的作用至关重要。根据机制设计理论，私有竞争市场机制是唯一利用最少信息并且产生了有效配置的机制。政府的财政扶贫资金应该撬动市场行为和市场资金，应尊重市场规律，充分发挥市场机制的作用。

财政扶贫资金作为一种公共支出，正是通过上述一系列机制安排，达到脱贫攻坚的公共政策目标。

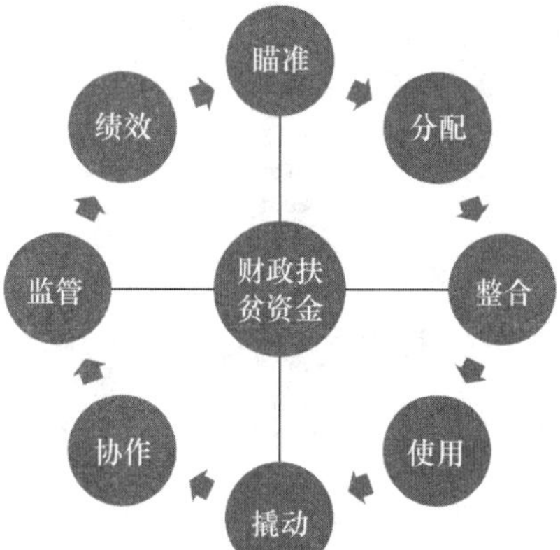

图2－3　财政扶贫资金运行机制

本章将用八个小节分析财政扶贫资金链条上的八种机制，以问题为导向，探讨财政扶贫最近运转机制的内在机理、面临的挑战以及需要采取的对策。最后对本章八大资金运行机制所针对的扶贫实践当中的问题进行总结。

一、财政扶贫资金的瞄准机制

扶贫瞄准是扶贫领域的核心概念，它强调对扶贫对象的聚焦，减少扶贫政策的误差率和漏损率。2013 年以来，针对扶贫工作，中央提出建立精准扶贫工作机制，要坚持精准扶贫、精准脱贫基本方略，并提出扶贫工作的六个精准，即扶贫对象精准、项目安排精准、资金使用精准、措施到户精准、因村派人精准、脱贫成效精准。其中之一是资金使用精准，其含义是财政资金要瞄准深度贫困县、扶贫工作重点县、扶贫工作重点村、建档立卡贫困户，改变传统大水漫灌的投入方式，精准投入扶贫项目，精准使用扶贫资金，从而推动贫困人口精准完成脱贫任务。

（一）瞄准机制的概念、理论与发展脉络

瞄准机制是指通过有效途径识别真正贫困人口及其致贫原因，然后有针对性地施以资金和项目帮扶的扶贫机制。瞄准机制是精准扶贫工作的基本要求。因此财政扶贫资金首先需要瞄准建档立卡贫困户精准安排信贷资金，用于精心设计的扶贫产业项目，并且能够因人、因户、因村施策，还要能够精准甄别财政扶贫资金成效。

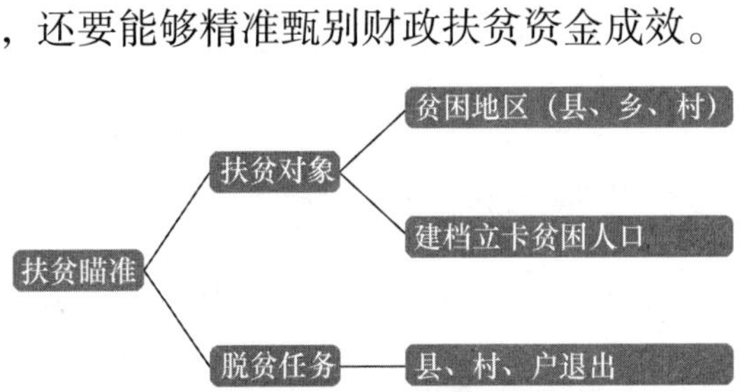

图 2－4　扶贫资金瞄准机制示意图

扶贫领域往往存在严重的信息不对称。农村贫困人口分布在广大

农村的各个角落，对这部分人的信息掌握最多的是同村的乡亲和干部。了解党和政府扶贫政策信息的是村里能人和村干部或各级干部的家属，而这些人往往不是贫困户，这就容易产生道德风险，即非贫困户可以通过信息优势，违规享有扶贫政策优惠。因此需要建立一套公开透明的瞄准机制。这也是扶贫领域重视瞄准机制，重视建档立卡工作的重要原因。

改革开放以来，我国财政扶贫资金的瞄准机制大概经历了三个发展阶段。第一是瞄准到县阶段。1986 年，政府部门从上到下正式成立了专门扶贫机构，确定了开发式扶贫方针，并划定了 258 个国家级贫困县。1993 年，"八七" 扶贫攻坚计划开始，国定贫困县的数量增加到 592 个。第二是瞄准到村阶段。2001 年开始尝试采用村级瞄准机制，在全国范围内识别贫困村，共确定 14.8 万个重点村，分布在 1861 个县（区、市），覆盖了全国 80% 的贫困人口。其中 82256 个重点村分布在重点县，占全国重点村总数的 55.6%。第三是瞄准到户、到人阶段。2011 年，《中国农村扶贫开发纲要（2011 ~2020 年）》提出建档立卡工作，扶贫资金逐渐向贫困户、贫困人口聚焦。

有研究者（姜爱华，2007）认为，扶贫瞄准机制存在偏差。一是财政扶贫资金的县级瞄准有问题。592 个扶贫开发工作重点县的全部贫困人口只占到全国农村贫困人口总数的 60% 左右。而且，财政资金并没有完全投入贫困重点县，离 70% 的目标相距甚远。二是扶贫资金的村级瞄准机制有问题。2001 年我国开始尝试采用村级瞄准机制（14.8 万个重点村），其中 82256 个重点村分布在重点县。实践证明，村级选择的结果基本上是公平的，但由省级根据目前扶贫资源的总量确定可以帮扶的贫困村数量，再给各县下达贫困村的指标数，这种贫困村确定方法使得部分贫困村被排除在外。另外调研中我们发现，有少部分贫困村身份是村集体领导班子争跑来的。有国际研究（Park等，2005）认为，中国扶贫瞄准贫困县带来人均收入年在1985～1992年间增长2.28%，在1992～1995年间增长0.91%。

（二）精准扶贫背景下的瞄准机制基本内涵

1. 瞄准贫困地区，向深度贫困地区聚焦

截至2015年底，中国有14个集中连片特殊困难地区，832个贫困县，12.8万个贫困村。财政资金向深度贫困地区倾斜的机制建立起来。“三区三州”（西藏、四省藏区、南疆四地州和四川凉山州、云南怒江州、甘肃临夏州）等深度贫困地区脱贫是打赢脱贫攻坚战的关键所在。“三州三区”贫困发生率达14.6%，334个深度贫困县达11.3%，有1.6万个深度贫困村贫困发生率超过20%。特殊连片贫困地区和“三区三州”成为全国意义上的深度贫困地区。

2. 瞄准建档立卡人口

摸清贫困人口底数是财政扶贫资金精准使用的基础。首先是贫困线的确定，以2010年价格每人年收入2300元为标准，到2015年达到2932元。2014年4月2日，国务院扶贫办印发《扶贫开发建档立卡工作方案》的通知，对全国建档立卡工作进行部署。以2013年农民人均纯收入2736元（以2010年2300元为不变价）的国家农村扶贫标准为识别标准。以国家统计局发布的2013年底全国农村贫困人口规模8249万人为基数，采取规模控制，各省将贫困人口识别规模逐级分解到行政村。考虑到满足农民基本健康水平的生活支出确立的贫困线，根据农民收入水平，国家统计局根据抽样结果确定2015年底的贫困人口数量7032万人。2016年，全国在以往工作的基础上，开展建档立

卡“回头看”，进村入户进行摸底排查。剔除识别不精准人口900多万，补录新识别贫困人口800多万。建档立卡工作采取走村入户，访问观察的方式识别贫困人口。有的基层政府将识别贫困人口的“两不愁三保障”标准形象归纳为“一看房、二看粮、三看有没有读书郎、四看劳动能力强不强、五看有没有病人躺在床”。

3. 财政扶贫资金到县、到村、到户

中央财政扶贫资金切块到省，中央省级财政扶贫资金切块到贫困县。资金分配根据贫困程度、脱贫任务的因素确定。在对贫困人口精准识别的基础上，有针对性地安排到户扶贫资金成为精准扶贫的重要内容。贫困县的通常做法是在识别建档立卡贫困人口的基础上，在增收减支方面，实施资金到户。增收是根据建档立卡人口，安排到户产业资金项目（见附录）。加上通过健康扶贫、教育扶贫投入的财政资金，使建档立卡贫困户的生活水平得到有效提升，因病、因学支出得到有效降低，从而逐渐脱离贫困行列。

4. 加大对深度贫困地区的投入力度

深度贫困地区是打赢脱贫攻坚战的关键，也是最难啃的硬骨头。财政部筹集资金，2018～2020年将增加安排深度贫困地区扶贫资金2140亿元，其中用于“三区三州”将达到1050亿元。比如，湖北省就对资金增幅、新增资金项目举措、分项支出做出规定：对纳入统筹范围内的中央财政资金，分配给国定贫困县及重点片区县的资金增幅不得低于该项资金的全省平均增幅。新增资金、新增项目、新增举措重点向深度贫困地区倾斜。以工代赈支出方向资金，向基础设施薄弱、项目前期工作完善和工程建设管理规范的国定贫困县（市、区）和重点片区县（市、区）倾斜。少数民族发展支出方向的资金，向民族地区和散居少数民族地区倾斜。

5. 瞄准脱贫摘帽任务

脱贫攻坚总体任务是在2020年现有标准下的贫困人口全部脱贫，现有标准下的贫困县脱贫摘帽。从户、村、县三级退出标准来看，贫困户退出根据“两不愁、三保障”的要求制定了6项标准，贫困村从贫困发生率、农村环境、基层组织等方面确定9项标准，其中都对产业脱贫标准进行考核。县摘帽标准重点考虑贫困发生率和落实脱贫攻坚政策情况（见表2－1）。

表2－1　“十三五”时期贫困地区发展和贫困人口脱贫主要指标

指　标	2015年	2020年	属性	数据来源
建档立卡贫困人口（万人）	5630	实现脱贫	约束性	国务院扶贫办
建档立卡贫困村（万个）	12.8	0	约束性	国务院扶贫办
贫困县（个）	832	0	约束性	国务院扶贫办
实施易地扶贫搬迁贫困人口（万人）	—	981	约束性	国家发展改革委、国务院扶贫办
贫困地区农民人均可支配收入增速（%）	11.7	年均增速高于全国平均水平	预期性	国家统计局
贫困地区农村集中供水率（%）	75	≥83	预期性	水利部
建档立卡贫困户存量危房改造率（%）	—	近100	约束性	住房城乡建设部、国务院扶贫办
贫困县义务教育巩固率（%）	90	93	预期性	教育部
建档立卡贫困户因病致（返）贫户数（万户）	838.5	基本解决	预期性	国家卫生计生委
建档立卡贫困村村集体经济年收入（万元）	2	≥5	预期性	国务院扶贫办

资料来源：《“十三五”扶贫规划纲要》。

（三）完善瞄准机制面临的问题与挑战

1. 精准识别任务艰巨，错报漏报依然存在

识别贫困人口，进行建档立卡，是一项工程浩大、费时费力的基础性工作。在有些地方，虽然经历多轮的建档立卡和建档立卡“回头看”，动员全县之力，依然有漏报、错报、瞒报现象。例如，某县2017年八九月份实施了全县建档立卡“回头看”，覆盖重点村与非重点村。根据全市扶贫预审计，该县共有101户通过瞒报信息取得贫困户资格，瞒报车辆信息68户，瞒报房产信息16户，瞒报个体户信息15人。另外，在实施的农户产业项目的14459人次中，不在贫困人口建档立卡户范围内的1904人，涉及扶贫资金1388.75万元。

2. 自上而下的贫困人口规模分解演化为下达贫困人口指标

建档立卡识别贫困人口也走过弯路。国家制定的扶贫人口规模分解到基层执行层面，已经异化为以定总量、下指标的方式来确定贫困人口，造成建档立卡工作的相对混乱。各县、乡镇、村根据分配的名额确定贫困人口，难免造成如下现象，即贫困程度深、指标不足的地方，有的困难家庭进入不了建档立卡人口；贫困程度相对较浅，指标宽裕的地区，高于贫困线的家庭进入了建档立卡贫困户名单。因为违背了实事求是的原则，容易造成农村基层的矛盾。因此，有些地区接续开展了建档立卡“回头看”，甚至是第二、第三次“回头看”。

国务院扶贫办在《贫困人口规模分解参考方法》中规定，贫困人口规模分解采用自上而下、逐级分解的办法，到市到县的贫困人口规模分解可依据国家统计局调查总队提供的乡村人口数和低收入人口发生率计算形成；到乡到村的贫困人口规模数由于缺少人均纯收入等数据支撑，可依据本地实际抽取易获取的相关贫困影响因子计算本地拟定贫困发生率，结合本地农村居民年末户籍人口数算出。

以安徽省建档立卡贫困户的确定为例。国家统计局公布安徽省2013年底农村贫困人口规模440万人。按照国务院扶贫办关于“省级统计数大于国家发布数的，可在国家发布数基础上上浮10%左右”的规定，确定安徽省建档立卡规模为484万人。省级将贫困人口规模分解到县（市、区）、县（市、区）将贫困人口规模分解到乡镇；各乡镇在原有贫困监测的基础上将贫困人口规模分解到各行政村。

3. 非重点县、非重点村的贫困人口值得关注

在脱贫攻坚的强大投入力度之下，重点县、重点村的脱贫形势得到根本改观，在有些地区，非重点县、非重点村的建档立卡贫困人口问题成为新的难点与重点。例如，2017年河北省邯郸市上述贫困人口占总数的91%。

（四）完善瞄准机制的基本途径

1. 压实精准识别责任，确保数据准确性

数据精准是实现精准扶贫的前提，是资金精准使用的前提。因此按照脱贫攻坚省负总责，市县负主体责任，针对建档立卡工作应该高度重视、压实责任，对数据不严不实问题严肃追责，以儆效尤。

2. 利用大数据方式监测建档立卡工作

互联网、移动互联网迅速普及，有些地区还把移动终端发放到贫困户手中，现代技术手段已经可以支撑以较低的成本监测贫困人口的减贫动态。通过对生产收入、生活消费支出等日常数据采集工作，结合定期入户调查和录入数据，建立动态跟踪的贫困监测模式，对贫困人口的减贫和脱贫工作做到实时跟踪。例如一些地方建立了扶贫对象收入财产与公安、民政、工商、税务等部门大数据比对机制，有效提高了贫困对象识别精准度。

3. 创新到户扶贫资金机制

初步统计，目前的建档立卡贫困人口中，因病致贫人数占到50%以上，其中部分人丧失劳动能力，因而通过资金入股方式实现资产收益扶贫成为合理选项。贫困人口通过资金或者土地入股合作社或扶贫企业，可以获得土地租金、工资收入和收益分红，即所谓三金脱贫。

4. 建立动态贫困识别机制，瞄准防贫返贫对象

贫困人口不是固定不变的，脱贫的有可能返贫，尚未列入贫困户范围的有可能因病、因灾、因学或者其他原因致贫。因此应该建立动态识别机制，对处于贫困户与非贫困户之间的边缘人群，进行重点跟踪，予以一定扶持。如河北省邯郸市把非贫低收入户和非高标准脱贫户定为精准防贫对象，防贫范围为因病因学等五大类致贫返贫问题，确定1.5倍防贫保障线，政府购买服务由保险公司为之承保，取得了显著效果。2017年新识别贫困户下降95.7%。因此为防贫返贫，瞄准机制应该盯紧底部低收入人群。

二、财政扶贫资金分配机制

（一）财政资金分配机制包括财政资金分配、拨付和报账环节

本章的财政扶贫资金分配机制不局限于狭义资金分配，而是根据资金运转特点，涵盖分配、拨付和报账几个环节。分配涉及数量，拨付涉及速度。把上级部门确定数量规模后下达的扶贫资金以较快的速度和规范的方式拨付，同样对开展扶贫工作具有重要影响。分配、拨付、报账，涉及扶贫资金运转的前中后三个阶段，越往前端，部门层级越高，属于顶层设计层面，问题解决更加快速有效；中端面对的是省级部门，问题开始增多，运转成效参差不齐，个别省份还存在贯彻中央政策不彻底，资金滞留问题；资金链后端面临的是1000多个贫困县，10多万个贫困村，数以千万计的产业项目，问题最多，解决难度最大，但是这是资金的最终投入环节，必须高度重视，报账环节的问

题牵动链条上其他环节运转。

图 2－5　财政扶贫资金分配机制示意图

（二）财政扶贫资金的分配方式不断优化

狭义的资金分配仅仅是指财政扶贫资金运转链条上的前端环节。资金分配的方式、方法、数量对扶贫工作有着直接的影响，这不但体现在对扶贫任务需求的匹配程度上，还体现在对扶贫工作的认可和激励方面。财政扶贫资金的分配要符合激励相容原则，即干得好，分配多；贫困深，支援多；既考虑需求，又考虑激励。扶贫资金应实施竞争性分配原则，引入结果导向的资金分配模式，真正做到兼顾公平与效率。良性的财政资金分配机制应该具有以下特点。一是关系稳定，指各财政要素之间保持稳定的作用关系，分配关系确立之后不依时间变化而有大的波动；二是程序规范，分配方式、分配范围要规范有序，规章健全；三是结果公平，指分配结果要实现公平；四是目标兼容，是指国家目标与分配者目标要相兼容，能够充分调动资金管理方和资金使用主体的积极性。

20 世纪 80 年代至 90 年代中期，财政扶贫资金的分配，主要采取两种方式：一是按项目分配，即根据某一地区项目的大小和多少分配扶贫资金；二是按“基数增量”法分配，上年分配数为基数，对增量部分进行分配，各地得到的资金数为基数与增量分配数之和。从 1997 年的《支援经济不发达地区发展资金管理办法》始，财政扶贫资金开始重视按因素法分配。按项目分配资金，容易出现资金分配寻租和地方向上争跑项目的问题。按基数法分配资金，则会出现平均主义，不利于调动起各级各方的工作积极性。按因素法分配资金的开始阶段，没有与扶贫成效的大小、扶贫责任落实的程度、扶贫资金使用绩效挂钩，导致产生棘轮效应，鞭打快牛。这些问题在2011年以来的财政扶贫资金管理办法中得以改进，结果导向的分配方式不断被强调，绩效挂钩机制逐渐建立。

表2-2　财政扶贫资金分配方法

分配方法	分配特点
按项目分配	根据某一地区项目的大小和多少分配扶贫资金。这一方式的特点：一是项目的多少在地区之间可能有比较大的差异，二是需要以项目的形式主动争取
按“基数+增量”分配	上年分配数为基数，仅对增量部分进行分配，各地得到的资金数为基数+增量分配数之和
按因素分配扶贫资金	考虑各省（区、市）贫困人口数量、农民人均纯收入水平、人均财力水平和政策性调整情况等因素，其中贫困人口数量因素占的比重最大。采用这种方式分配扶贫资金，可以保证最贫困的县、乡、村得到最大的扶持

2017年版的《财政扶贫专项资金管理办法》中规定，资金分配的因素主要包括三大内容：一是贫困状况，包括各省贫困人口规模及比例、贫困深度、农民人均纯收入、地方人均财力等反映贫困的客观指标。二是政策任务，包括国家扶贫开发政策、年度脱贫攻坚任务及贫困少数民族发展等工作任务。三是脱贫成效，包括扶贫开发工作成效考核结果、财政专项扶贫资金绩效评价结果、贫困县开展统筹整合使用财政涉农资金试点工作成效等。

现有资金分配方法并没有解决贫困县之间人均财力严重不均衡问题。在西部地区，一些传统的老少边穷地区，实际上县域财政实力已经大幅提升。以宁夏各县的人均财政支出水平为例。2016年宁夏人均财政支出水平达到1.86万元，东部省份河北省（国务院扶贫办文件将其列为中西部省份）同期该指标为 0.54 万元，前者是后者的 3.4 倍。对比本报告两个案例县的财政支出水平，2016 年宁夏盐池县的人均财政支出为 1.87 万元，而同期河北省大名县人均财政支出为 0.29 万元，前者是后者的 7.2 倍，也就是说东部贫困县人均享有的公共财政支持只有西部贫困县的 1/7。

（三）财政资金分配机制面临的重要挑战是资金滞留问题

扶贫资金滞留是扶贫领域的顽疾。截至 2016 年 3 月底，国家审计署抽查发现有 8.43 亿元扶贫资金结存 1 年以上未投入使用，其中 2.6 亿元闲置超过 2 年。以中部某省为例，截至 2015 年底，未报账资金 1000 万元以上的有 4 个县，扶贫资金因未报账被收回的有 20 个县。以某国家扶贫工作重点县为例。截至 2015 年底，2014 年以前的滞留资金尚有 1288 万元。2015 年资金 4000 万元尚未启动，2016 年的 2000 万元已经拨付到县财政账户，全年财政扶贫资金同比翻番。资金滞留严重影响扶贫资金使用效率，影响脱贫进程。根据甘肃省委办公厅通报，甘肃省 2017 年中央专项财政公益金支持贫困革命老区扶贫开发资金 4000 万元在省级滞留长达 146 天，对省财政厅和人社厅干部严肃问责。

资金滞留涉及分配、使用、监管等多个环节。从分配环节来讲，资金拨付滞后容易造成资金滞留。人民代表大会审议预算分配时间与年度预算分配和使用不匹配。作为财政部重要的机制创新举措，针对资金拨付不及时、到位晚，影响资金使用效果等问题，从 2005 年起，中央财政每年在人代会召开之前，预拨大部分扶贫资金，以便各地尽早实施扶贫项目，提高了扶贫资金的使用成效。省级财政年度预算面临同样问题，但是预拨机制与力度同财政部还有较大差距。

过于僵硬呆板的报账管理模式甚至成为造成资金滞留的重要原因。先施工再报账涉及垫资问题，贫困户往往缺乏垫资能力，有的东挪西凑，有人甚至去借高利贷。扶贫项目尤其是基础设施项目，要经过立项、审批、招投标、实施、验收等环节，时间跨度过长，当年资金往往要结转下年度使用，项目不能及时发挥作用。

（四）完善资金分配机制，提升扶贫资金使用效率和效益

1. 建立激励相容的资金分配机制

扶贫资金分配应联系财政扶贫资金绩效评价结果，统筹考虑脱贫任务与脱贫成效，包括扶贫开发工作成效考核结果、财政专项扶贫资金绩效评价结果、贫困县开展统筹整合使用财政涉农资金试点工作成效等，加大激励力度。

表 2－3　山西省试行以结果为导向的财政扶贫资金分配探索

“一因素三挂钩”分配办法	对因素分配法中的因素及所占权重进行充实完善，突出绩效考评和脱贫成效结果权重；突出与盘活滞留资金挂钩、与扶贫成效奖励挂钩、与脱贫攻坚重点任务挂钩。同时，对中央专项彩票公益金支持贫困革命老区扶贫开发资金采取竞争性分配
因素法与绩效奖励相结合的原则进行分配	因素法选择以贫困程度和脱贫任务为导向，向国家扶贫开发工作重点县、摘帽县和易地扶贫搬迁工作开展好的县倾斜，通过五个分配因素——扶贫对象规模、减贫任务、政策性因素、摘帽县和贫困村数，对扶贫成效显著、资金绩效评价好的县给予奖励

资料来源：《山西日报》，2016 年 8 月 20 日。

2. 加快财政扶贫资金拨付机制创新

2014 年《关于改革财政专项扶贫资金管理机制的意见》提出，要加快资金拨付进度。各地要结合推进省直接管理县（市）财政管理体制改革，简化资金拨付流程，盘活用好结余结转资金，加快财政专项扶贫资金拨付进度和扶贫项目实施进度。中央财政上一年度提前下达

的资金，省级财政应于每年 3 月底前下达完毕。其余资金，除少量须省级审批项目的以外，省级财政应于中央财政下达后 2 个月内下达完毕。县级政府要科学设计扶贫项目，做好扶贫项目可行性研究，加强扶贫项目库建设，及时把上级安排的资金落实到具体项目，项目原则上应在一年内实施完毕。

在省级层面建立起规范、高效的省级财政扶贫资金预拨机制，与中央的制度设计相吻合，将中央预拨资金与省级资金一同拨付至县，提升省级资金拨付进程，进而提高扶贫资金使用效率。例如四川省规定，为进一步加快转移支付预算下达进度，省直有关部门接到中央转移支付后，应在 30 日内正式下达到市、县级政府。省级预算安排对下级政府的一般性转移支付和专项转移支付，应分别在省人民代表大会批准预算后的 30 日和 60 日内正式下达。

3. 改进报账制度

报账问题是扶贫资金中使用的重要环节。有些地区实行扶贫项目验收自主权下沉，简化了农户补助报账程序，精简扶贫项目报账凭证材料，缩短了资金报账时间，扶贫项目启动资金预拨比例权力下沉。有的地方精简材料，实行新的报账制，将原扶贫项目报账所需提供的项目立项书、项目实施计划、工程概（预）算、竣工决算书等十几个大类报账凭证调减为项目实施合同、项目验收报告和相关税务发票几类。

4. 探索项目资金预拨机制，提高资金使用效率

针对垫资问题以及扶贫项目前期施工资金需求，有的地区探索扶贫项目资金预付制。财政扶贫资金支付到报账人后，其中预拨资金部分按照“先预付、后核销”的方式管理，其余资金按照实施进度进行报账。关于预付的比重，有些地区规定预付启动资金的限额为：工程类项目，预付扶贫资金计划数的 50%；种养业项目，预付扶贫资金计划数的 80%。

预付制便利了资金使用，但是如何管理成为新的难点和重点。预付资金承担了部分项目建设风险，为此，必须出台相关约束制度。如《甘肃省财政专项扶贫资金县级报账制实施细则》规定，预付资金严格按照规定进行申请、审批。报账人填报《财政扶贫项目预付资金审批表》，报送项目主管部门和财政部门审核后，按照国库集中支付流程拨付资金。报账人收到资金后，根据项目实施进度和有效报账资料申请核销报账。

三、财政涉农资金整合机制

根据财政部统计，2017 年全国 832 个贫困县计划整合资金规模 3330 亿元，已实际整合 3286 亿元，已完成支出 2935 亿元。全国扶贫重点县涉农资金整合规模大约是中央省级扶贫专项资金规模的 3 倍以上，为脱贫攻坚提供了强大的资金保障。而在 2006 年国家财政用于农业的全部支出规模亦仅为 3173 亿元。在全力打赢脱贫攻坚战的总形势下，贫困县涉农资金整合政策得到了自上而下和自下而上的高度支持和认可。本轮财政涉农资金整合力度可谓空前，其政策效果正逐步显现。

财政涉农资金整合是一场意义深远财政支出革命，它与我国总体的预算体制改革和转移支付制度改革一脉相承。涉农资金整合是我国财政事权与支出责任改革的重大步骤。一直以来基层政府财力薄弱，但财政事权比较集中，造成支出责任与事权的不匹配。通过资金整合使用，县级政府财力大大加强，特别是为贫困县打赢脱贫攻坚战提供了强大资金保障。

（一）前期财政涉农资金整合的实践奠定良好基础

长期以来，各部门多头支出造成到县财政资金的碎片化。权责边界不清、各自为政、资金分设、多头申报、交互重叠、相互推诿等问题很多。财政支农存在“重投入、轻管理”的倾向，资金使用效率偏低，缺乏全过程的监督惩罚机制。地方政府具有了解当地资金需求的信息优势，但是却没有资金管理使用权，供求不匹配的现象时有发生。

2004 年，中央 1 号文件第六项第十四条明确提出，要“按照统一规划、明确分工、统筹安排的要求，整合现有各项支农投资，集中财力，突出重点，提高资金使用效率”。此后，中央一直高度重视涉农资金整合工作。2006 年以来，财政部积极开展涉农资金整合工作，建立支农资金县级整合的奖励机制，鼓励县级政府通过合理规划统筹使用涉农资金，实现资金的集中投入和规模效应；鼓励省级围绕现代农业生产发展资金、小型农田水利设施建设补助资金、财政扶贫资金等重大支农专项，积极整合相关涉农资金，实行统筹安排、集中投入，并将省级整合涉农资金的情况作为绩效评价的重要内容，加大对省级涉农资金整合的奖励力度；加强预算管理，从预算编制环节整合涉农资金等等，取得了明显成效，积累了一些经验。广西壮族自治区是较早开展涉农资金整合试点的省份。自 2006 年广西选择武鸣和凌云两个县进行涉农资金整合试点，至 2010 年，开展涉农资金整合的县已扩大到 67 个，占全区县（市、区）一半以上。2015 年，江西探索通过整合涉农资金扶贫，由县级政府统筹安排使用，从 2014 年的 287 亿元增至 2015 年的 573 亿元，两年整合资金 800 多亿元，增量 90% 以上用于精准扶贫，有效解决了脱贫难题。

2014 ~ 2016 年的中央 1 号文件反复要求推行涉农资金整合改革。2015 年 3 月 19 日，财政部、发改委和农业部针对涉农资金管理联合

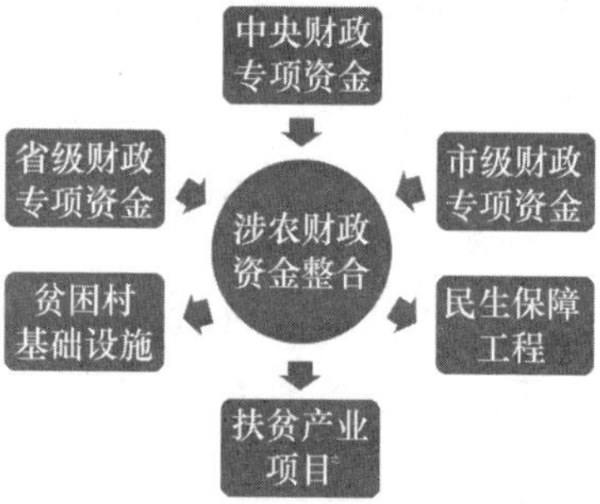

图2－6　财政涉农资金整合示意图

颁发了《关于开展涉农资金专项整治行动的实施意见》，在全国范围内开展了涉农资金专项整治行动。2016年中央1号文件《关于落实发展新理念加快农业现代化实现全面小康目标的若干意见》提出，要发挥规划引领作用，完善资金使用和项目管理办法，多层级深入推进涉农资金整合统筹，实施省级涉农资金管理改革和市县涉农资金整合试点，改进资金使用绩效考核办法。

（二）涉农资金整合实现资金管理使用权的下沉，也对县级政府的管理使用能力提出挑战

以浙江省宁海县为例，宁海县涉农资金整合工作领导小组办公室于2015年6月12日出台了《宁海县涉农资金整合项目管理办法（试行）》。

表2－4　浙江宁海县涉农资金整合项目“三合二分”的管理模式

“一合”联合明确方向	涉农主管部门根据县城乡发展规划、新农村建设规划和农业产业布局，制定年度项目申报指南，上报财政涉农资金整合工作协调小组，明确投入方向，经涉农资金整合领导小组审定，经县政府审议批准后发布
“一分”分口申报项目	各项目实施单位按《项目指南》申报项目，乡镇初审、部门复审后报协调小组，列入项目储备库
“二合”联合择优立项	对各申报项目实行联合评审，经竞争性立项，报领导小组办公室备案后，列入拟立项项目库，并向社会公示接受社会监督，对无异议的项目批准立项

续表

“二分”分口实施项目	立项后，由项目主管部门分头实施，落实项目责任主体，负责日常管理监督
“三合”联合项目验收	重点项目经项目实施单位自验，乡镇初验。由协调小组统一组织协调，落实牵头单位和配合部门，实行联合（委托中介）验收

资料来源：宁海县官网（www. nhnb. gov. cn/index. php? id =1176）。

宁海县财政涉农资金改革对全县涉农部门进行分类梳理，经撤销、归并、分类，最后将21个部门的69项支出项目整合为农田水利类、新农村建设类和农业产业化类三大整合平台的12大类项目，县级财政涉农整合资金共5.18亿元（见表2－5）。

表2－5　浙江省宁海县的财政涉农资金改革整合试点

新农村建设类平台	37项	3.05亿元	基础设施建设类、农村环境改善类、公共服务提升类、历史文化保护类、旅游产业发展类等五大类项目
农业产业化类平台	20项	0.62亿元	农业基础设施、社会化服务、科技创新、产业化经营等四大类项目
农田水利建设类平台	12项	1.51亿元	农田建设、水利建设、项目管护等三大类项目
总计（21部门）	69项	5.18亿元	12类

资料来源：宁海县官网（www. nhnb. gov. cn/index. php? id =1176）。

（三）涉农财政资金整合已经成为打赢脱贫攻坚战的关键举措

本轮贫困县财政涉农资金整合从2016年开始试点。2016年4月，国务院办公厅印发《关于支持贫困县开展统筹整合使用财政涉农资金试点的意见》，改革财政涉农资金管理使用机制，赋予贫困县统筹整合使用财政涉农资金的自主权，通过试点形成“多个渠道引水、一个龙头放水”的扶贫投入新格局。2017年扩展到832个国家级贫困县，两年来共整合各级涉农财政资金6064亿元。

1. 巩固涉农资金整合改革成果

统筹整合使用的资金范围是中央和省、市级财政安排用于农业生产发展和农村基础设施建设等方面的资金。涉农资金整合改革立意高远、着眼长远，在832个国家级贫困县全面铺开，占到全国接近1/3比重，加上其他试点县，全国已经有相当比例的县级政府实施了涉农资金整合工作。涉农资金整合为健全省以下财政体制以及县域财政改革夯实了基础。

2. 有效解决脱贫攻坚资金缺口问题

距离打赢脱贫攻坚战，全面建成小康社会的目标只有3年时间，时间短，任务重。资金需求规模巨大，整合涉农资金有利于保障地方政府打赢脱贫攻坚战的财力。但是开始阶段仍有一部分地区顾虑多、办法少，整合进度缓慢。为此，2016年5月，审计署办公厅出台《关于进一步加强扶贫审计促进精准扶贫精准脱贫政策落实的意见》，在扶贫审计重点部分强调，“对继续限定财政涉农资金具体用途或干扰统筹整合使用资金，继续以‘打酱油的钱不能买醋’‘专款专用’等为借口，造成资金长期趴在账上难以发挥效果的问题，要坚决查处、坚决曝光，促进各级各部门在资金统筹整合使用中积极作为、有效作为”，对贫困县开展试点起到了督促推动作用。

3. 贫困村基础设施得到极大提升

扶贫重点村，甚至是多数贫困县的村庄基础设施条件较差，联村路、田间路、通主干路缺乏，货不全，或没有联通，农村居民的生活、生产十分不便，发展现代农业交通设施障碍难以翻越，上学、就医困难。基础设施提升是最大的民生工程。基础设施的投入较大，以前的资金比较分散，统筹整合之后，用于贫困村基础设施提升，农村环境得到较大提升，发展后劲得以夯实。

表 2-6　河北省县级财政涉农资金整合专项资金

层　级	专项资金名录
中央财政资金（20 项）	财政专项扶贫资金、农田水利设施建设和水土保持补助资金、现代农业生产发展资金、农业技术推广与服务补助资金、林业补助资金、农业综合开发补助资金、农村综合改革转移支付、新增建设用地土地有偿使用费安排的高标准基本农田建设补助资金、农村环境连片整治示范资金、车辆购置税收入补助地方用于一般公路建设项目资金（支持农村公路部分）、农村危房改造补助资金、中央专项彩票公益金支持扶贫资金、产粮大县奖励资金、生猪（牛羊）调出大县奖励资金（省级统筹部分）、农业资源及生态保护补助资金（对农民的直接补贴除外）、服务业发展专项资金（支持新农村现代流通服务网络工程部分）、江河湖库水系综合整治资金、全国山洪灾害防治经费、旅游发展基金，以及中央预算内投资用于“三农”建设部分（不包括重大引调水工程、重点水源工程、江河湖泊治理骨干重大工程、跨界河流开发治理工程、新建大型灌区、大中型灌区续建配套和节水改造、大中型病险水库水闸除险加固、生态建设方面的支出）
省级财政资金（20 项）	省级财政专项扶贫资金、省级农田水利设施建设和水土保持补助资金、省级现代农业生产发展资金、省级林业补助资金（不包括世行贷款项目部分、2016 年已下达的太行山绿化项目补助、森林生态效益补偿资金、国有林场改革资金）、农业综合开发省级配套资金、省级农村综合改革转移支付、省级新增建设用地土地有偿使用费安排的高标准基本农田建设补助资金、省级农村危房改造补助资金、省级农业资源与生态保护补助资金（对农民的直接补贴除外）、省级新农村现代流通服务网络工程专项资金、省级山洪灾害防治经费、省级预算内投资用于“三农”建设部分（不包括重大引调水工程、重点水源工程、江河湖泊治理骨干重大工程、跨界河流开发治理工程、新建大型灌区、大中型灌区续建配套和节水改造、大中型病险水库水闸除险加固、生态建设方面的支出）、省级果品花卉产业补助资金、省级新型农业经营主体示范带动项目补助资金、省级农业产业化发展补助资金、省级中药材产业发展补助资金、省级小型水利设施建设及运行维护补助资金（不包括农业水价综合改革补助部分）、省级海洋渔业发展资金（不包括增殖放流、疫病防控部分）、省级农村新民居建设专项资金、省级环境污染治理专项资金（用于农村环境综合整治部分）
市级财政资金（8 项）	市级财政专项扶贫资金、市级农业技术推广和检验检测资金、市级农业产业化引导基金、农业综合开发市级配套资金、市级农村饮水安全工程资金、市级土地流转奖补资金、市级农村新能源清洁开发利用资金、一事一议市级奖补资金

资料来源：根据河北省各级财政部门文件整理。

（四）财政涉农资金整合进度还远远落后于预期

1. 工作机制不成熟，难以匹配时间进度要求，统筹整合推进慢、使用不到位，造成资金闲置

根据审计署2017年第6号公告，“审计抽查的158个县中，有119个县财政涉农资金统筹整合试点推进慢，未能按要求及时出台试点方案，或基本还按原渠道、原方式分头申报、实施和管理，一些地方纳入统筹整合的资金不完整、拨付不及时、项目审批权未按要求完全下放到县”，问题县比重达到75%。“由于统筹整合使用不到位等原因，84个县形成闲置资金19.54亿元，有6.23亿元已闲置2年以上未能盘活统筹使用”，问题县比重达到53%。

2. 部门协调难度大

原来的涉农中央资金20项、省级资金20项、市级资金8项分散在不同的部门，整合之后“一个龙头出水”。原先几个龙头的关系要处理好，新的使用部门之间的管理需要协调，财政、发改、住建局、林业局、农工委、水利局关系需要理顺。

3. 源头问题没有解决，基层单位难以突破

国家审计署2016年第一季度组织对829个单位、1796个项目财政资金统筹使用情况进行了审计，发现了影响财政资金统筹的三大原因：一是资金来源渠道碎片化、部门化，源头限制整合；二是规章制度衔接不及时，原有规定没有修订完善，基层难以突破原有规定；三是基层单位对整合政策没有吃透，不敢整合。

4. 整合资金使用主体的能力匹配

统筹整合涉农资金，给县级政府和相关部门带来新的增长动力，也带来新的挑战。如何把规模突增的资金用好、管好，考验资金使用主体的能力，特别是地方政府和扶贫部门的规划能力、管理能力、使

用能力和治理能力。如果没有前期完善的规划，资金可能产生浪费、使用不当；如果管理能力跟不上，前期滞留问题会雪上加霜；如果项目选择不力，可能导致投资失败；如果监管不严，则会产生更严重的廉政风险。因此，政府治理能力、工作人员的能力都需要与统筹使用的资金规模匹配。

（五）加快推动财政涉农资金改革，为脱贫攻坚提供资金保障

1. 注重源头清理，加快制度配套

统筹协调相关部门资金分配管理职能，加大清理、整合、规范专项转移支付项目的力度，对政策目标接近、投入方向雷同的专项予以整合，从源头解决专项资金过多过散等问题。加快清理修订影响财政资金统筹使用的制度规定，鼓励在资金统筹使用中进行制度创新，给予基层政府更多资金统筹自主权。

2. 建立长效机制并与整体财政改革方案衔接

应保持2020年之后的政策稳定性，建立涉农资金整合的稳定预期。涉农资金整合应与事权改革、预算体制改革、转移支付制度改革以及县乡财政改革方案结合起来，全局谋划，纵深推进。

3. 建立压力传导机制，健全责任追究机制

对推诿、阻碍盘活统筹资金，虚假统筹整合，借统筹使用之名违反中央八项规定精神使用资金等行为，严肃追究相关部门、单位和个人的责任。

4. 加强资金使用主体的能力建设

加强业务培训，提升基层党员干部驾驭经济工作的能力。加强中国特色社会主义经济理论的学习，提升理论素养。鼓励大胆实践，在

实际工作中提升能力。加强基层财政项目使用单位的能力建设，切实管好、用好整合资金。

四、财政扶贫资金使用机制

财政扶贫资金的使用机制是指在国家脱贫攻坚的总体战略部署下，财政扶贫资金的主要投入方向，包括产业项目、贫困村基础设施、健康扶贫投入、教育扶贫投入等民生保障措施，还包括财政扶贫资金通过扶贫项目发挥脱贫减贫效用的基本途径、方式和效果。

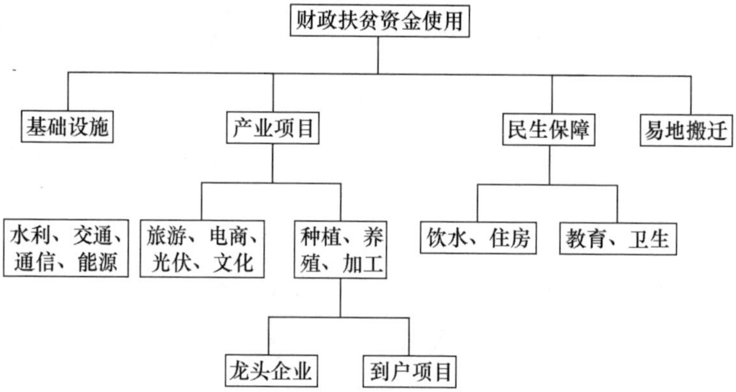

图2－7　财政扶贫资金使用机制示意图

财政资金使用机制的核心要义是为贫困地区“造血”，向贫困人口“赋能”。利用扶贫资金发展扶贫产业是扶贫的最有效途径。贫困户在发展产业的过程中，需要甄别产业项目、评估市场前景、计算生产收益与成本，在此过程中提升了自身能力，激发出脱贫攻坚的内生动力，贫困户摆脱了贫困，赢得了尊严。扶贫产业发展起来，脱贫的内生动力激发出来，贫困户也就走上了可持续发展的道路，从而实现造血式扶贫，有效防止扶贫政策退出之后返贫。

（一）财政扶贫资金的精准使用是实现精准脱贫的根本途径

1. 财政扶贫资金使用关乎脱贫攻坚战的速度和质量

在精准扶贫工作机制的六个“精准”要求中，三个与资金使用机制有关，即项目选择精准、资金使用精准、措施到户精准。只有资金使用准确，才能根本夺取精准扶贫的胜利。为实现财政扶贫资金使用效益最大化，需要精准谋划产业，因地制宜地制定本地产业发展规划，还需要制定较详尽的产业实施方案，真正实现产业项目快落地、见效快。

2. 财政扶贫资金的主要投向三大领域：产业、基础设施、民生保障

从2016年的财政扶贫资金投向来看，第一大类是农业、林业、牧业和农产品加工等扶贫产业；第二大类涵盖水利、电力、能源、交通、通信等基础设施；第三大类涵盖危房改造、引水工程、卫生事业和教育等几个民生领域支出，异地扶贫搬迁的数值与其他大类等量齐观；剩余的列入其他。除了易地扶贫搬迁之外，企业几大类别基本上也是各个年份财政扶贫资金投入的重点（见图2－8）。

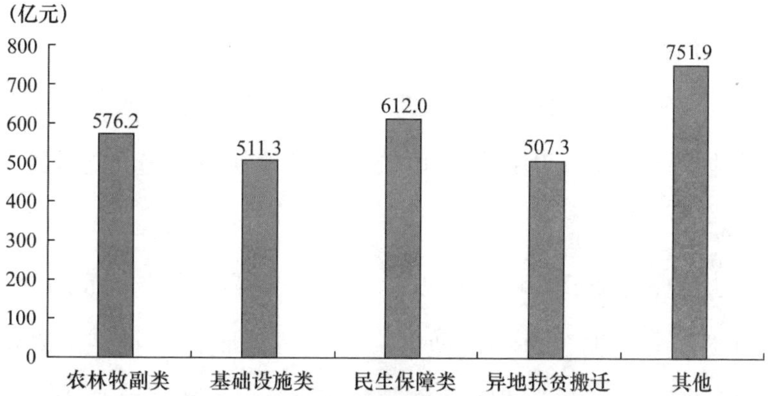

图2－8　2016年财政扶贫专项资金的主要投向

资料来源：国家统计局2016年《中国农村贫困监测报告》。

3. 财政扶贫专项资金实行“负面清单管理”

现行政策文件对扶贫资金支出范围做出原则性要求的基础上，明确了资金不得支出的范围。2017 版的《中央财政专项扶贫资金管理办法中》列明了九条财政扶贫专项资金不能使用的支出项目，包括基本支出补贴楼堂馆所、大型基建、城建等。

表 2－7　　中央财政专项扶贫资金不能投向的支出项目

1	行政事业单位基本支出
2	交通工具及通讯设备
3	各种奖金、津贴和福利补助
4	弥补企业亏损
5	修建楼堂馆所及贫困农场、林场棚户改造以外的职工住宅
6	弥补预算支出缺口和偿还债务
7	大中型基本建设项目
8	城市基础设施建设和城市扶贫
9	其他与脱贫攻坚无关的支出

资料来源：国家统计局 2016 年《中国农村贫困监测报告》。

4. 大类资金使用方向更加清晰，易地扶贫搬迁资金规模攀升

从全国财政扶贫资金的使用范围来看，主要包括以下几大类：大农业类，包括农林牧副产业；基础设施类，包括能源、信息、交通、环境等基础设施；民生保障类，包括住房、卫生设施和人员、教育支出等；易地扶贫搬迁，2016 年增幅较大，异地扶贫搬迁的步骤加快，力度加大。

易地扶贫搬迁是 2015 年中央在《关于打赢脱贫攻坚战的决定》中提出的“五个一批”之一，即通过移民搬迁脱贫一批。该决定提出，生存条件恶劣、生态环境脆弱、自然灾害频发等地区的农村贫困人口，加快实施易地扶贫搬迁工程。由国家开发银行和中国农业发展

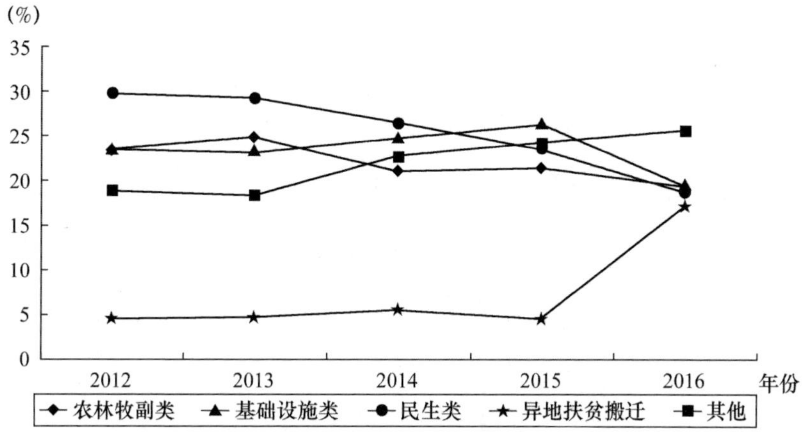

图 2－9　2012～2016 年扶贫资金投向变化情况

资料来源：国家统计局 2016 年《中国农村贫困监测报告》。

银行发行政策性金融债，按照微利或保本的原则发放长期贷款，中央财政给予 90% 的贷款贴息，专项用于易地扶贫搬迁。

表 2－8　产业扶贫工程

农林种养产业扶贫工程	重点实施"一村一品"强村富民、粮油扶贫、园艺作物扶贫、畜牧业扶贫、水产扶贫、中草药扶贫、林果扶贫、木本油料扶贫、林下经济扶贫、林木种苗扶贫、花卉产业扶贫、竹产业扶贫等专项工程
农村一、二、三产业融合发展试点示范工程	支持农业集体经济组织、新型经营主体、企业、合作社开展原料基地、农产品加工、营销平台等生产流通设施建设，鼓励贫困地区因地制宜发展产业园区，以发展劳动密集型项目为主，带动当地贫困人口就地就近就业
贫困地区培训工程	重点实施新型经营主体培育、新型职业农民培育、农村实用人才带头人和大学生村官示范培训、致富带头人培训、农民手机应用技能培训等专项工程

资料来源：《"十三五"扶贫规划纲要》。

（二）财政扶贫资金效益不佳是脱贫减贫的最大障碍

1. 扶贫资金未发挥效益或形成损失浪费

一些基础设施建设类扶贫工程和种养殖类产业扶贫项目建成后质

量不达标、闲置废弃或改作他用，或者种养殖成活率低，无法实现预期效果或已形成损失浪费。扶贫产业中的种植、养殖、加工业处于价值链低端，市场风险大，收益低，容易受到天灾和市场波动的影响。根据2016年审计署公告，基础设施建设类扶贫工程和种养殖类产业扶贫项目建成后质量不达标、闲置废弃或改作他用，或者种养殖成活率低，无法实现预期效果或已形成损失浪费22786.51万元，仅河北省阜平一县损失高达2亿元以上。2017年四季度审计署公告又指出，全国4个省的4个县有106个项目未实现预期效果，涉及资金4046.8万元，7个省的7个县有115个扶贫项目管理不规范。

2. 财政扶贫资金违法违规使用问题突出

根据2017年四季度审计署公告，一些地区扶贫政策落实不到位，项目管理不规范，甚至违规使用扶贫资金。16个省的18个市县落实易地扶贫搬迁、教育扶贫、健康扶贫、金融扶贫等政策不到位，8个省的9个县因资金统筹盘活不到位、项目推进缓慢等，8985.25万元资金闲置1年以上；4个省的4个县有106个项目未实现预期效果，涉及资金4046.8万元；6个省的7个市县有53个单位或个人套取、违规使用资金1390.01万元。

3. 骗取套取或违规使用扶贫资金

审计署在审计过程中还发现，个别地区通过伪造合同、虚假发票列支、编造到户补贴发放表、虚报工程量、重复申报等方式，虚报冒领、骗取套取扶贫资金将扶贫资金用于平衡预算、市政建设、宾馆改造等非扶贫领域。还有的部门将扶贫资金用于弥补业务经费、发放福利等支出。有的扶贫项目未按规定履行政府采购程序、违规转包分包、验收不及时不严格，扶贫资金在个人账户存放等问题。有些地区用财政扶贫资金设立的扶贫贷款担保基金因借款人违约承担连带责任形成损失。

（三）公益性、复杂性与差异性是财政扶贫资金使用面临的深层次挑战

1. 财政资金自身公共性与扶贫产业必须符合市场属性的内在矛盾

实施扶贫产业发展也要按照市场规律办事，要满足市场供需机制的调节要求，供给端能够提供多样化选择，实现高效配送，符合瞬息万变的市场需求。扶贫工作队、包村干部等帮扶主体和贫困户自身对市场驾驭的能力未必高明，一旦项目选择不够精准，或者遇到市场经营风险，势必造成资金使用效益下滑，也难以达到帮扶贫困群众的要求。实现扶贫产业与市场经济的准确对接成为扶贫工作中的重点和难点。

2. 村庄作为生产和生活双重功能的单位所具有的复杂性增添了扶贫产业发展的复杂性

由于独特的城乡分治历史，新中国成立以来一度形成农村生产队和城市居委会区分。广大农村处于社会转型期，在完善的城乡机制下，居住和生产地分离。后者村级基层组织为村民提供基本公共服务，前者则需为村民提供基本民生等公共服务以及生产作业方面的管理和服务，还要谋划、引导、督导农业生产。因为土地属集体所有，所以还要管理土地等集体财产，以致于土地流转是基层政府的重要职责。在发展扶贫产业要求下，乡、村两级基层组织的重要职能是谋划产业，与提供公共服务的角色存在一定的职责含混，内在蕴含了一些产生矛盾冲突的因素，比如公职人员或乡村干部为个人或家庭谋利。

3. 资源环境压力与区域发展差异的矛盾

环境保护对经济发达地区域贫困地区具有截然不同的意义。对前者意味着经济结构升级换代，意味着向高质量经济体系迈进；对后者意味着与环保标准升级导致的原材料价格上升与大规模建设的冲突，

意味着环保要求和经济建设要求同步的压力。在京津冀地区，尤其是在一些环保压力较大城市下属的一些贫困县，这种矛盾更为突出。

（四）做好扶贫工作同样需要具备驾驭经济工作的能力

1. 制定完善的规划，做好顶层设计

发展本地区特色产业要有针对性地制定实施方案，加强产业项目的顶层设计。国家层面出台的《关于完善县级脱贫攻坚项目库的指导意见》，要求未入库项目不得使用财政专项扶贫资金，入库项目要根据进度动态调整，实行村申报、乡审核、县审定的变薄程序。编好扶贫项目库，从项目库中选择项目，投入资金支持，一方面解决资金滞留问题，一方面项目提前谋划，有备而来，准确度更高。精准扶贫项目在投入初期具有显著的政府主导和公益特征，因此需要政策发挥主力军和领头羊的作用。

2. 因地制宜、制定详细的产业扶贫规划

制定产业扶贫项目计划应当科学合理，充分考虑当地资源条件和市场需求，调动贫困群众的积极性、主动性、创造性，防止盲目跟风上项目。制定产业扶贫目录，供贫困户选择，从而使扶贫信贷资金有的放矢，精准发力。建立产业联结机制，依托地方特色产业优势，以银政、银企合作为平台，推动建立“龙头企业 + 订单农业 + 基地”“专业合作社 + 农户”等利益联结机制，促进产业链、资金链带动贫困户脱贫致富，形成“农民得实惠、农信得市场”的双赢局面。

扶贫不是全兜底，财政资金投入基础设施是最受群众欢迎、最立竿见影的举措，也为产业发展奠定基础。要想富、先修路，贫困村的基础设施提升了，宜居宜业，脱贫致富就有了基础。更进一步，扶贫根子上是要扶持产业发展，资金投入扶贫产业，要实现收益，要可持

续，符合市场需求，这往往是难度最大也是最能产生扶贫成效的地方。

3. 扶贫主体要有驾驭发展扶贫产业的能力

党和政府的中心工作是经济建设，各级干部尤其是贫困地区的党政领导、扶贫领域的干部身处脱贫攻坚第一线，更应该学会驾驭经济工作、提升发展经济的本领。在扶贫产业发展、项目谋划等方面提高站位、提升能力、遵循规律，把财政扶贫资金用到实处，充分发挥资金效益。要不断提高贫困地区和贫困群众的收入水平，提高发展技能，真正体现造血式扶贫，真脱贫、防返贫，夯实持续发展根基，使贫困地区和贫困群众真正走上繁荣发展之路。同时注意处理好政府与市场的关系，注意发挥财政扶贫资金的杠杆作用，撬动金融资本、社会资本参与扶贫，共同做大扶贫产业。

4. 建立长效投入机制，防止财政扶贫政策悬崖

此次精准扶贫、精准脱贫，集中全党、全社会之力，动员的人、财、物力可谓空前。2020 年打赢脱贫攻坚战后，目前的投入势必相应减少，如果贫困地区的地方财政没有建立有效的造血能力，则有可能形成政策悬崖，使脱贫攻坚的战果难以持久保存，后续返贫压力会侵蚀脱贫攻坚战的成果。

五、财政扶贫资金撬动机制

财政扶贫资金的撬动机制就是发挥财政扶贫资金的引导作用和放大效应，撬动金融资金、银行贷款、社会资本、商业保险等资金的能力与发挥作用的渠道。财政资金撬动机制涵盖了扶贫小额信贷、扶贫产业基金、政府购买服务、扶贫债、衍生品交易（苹果期货）等。本节以扶贫小额信贷为例，阐释财政扶贫资金的撬动机制（见图 2 - 10）。

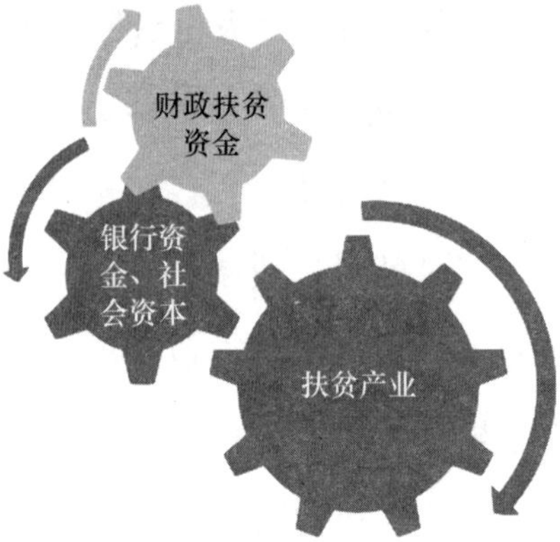

图2-10 财政扶贫资金撬动机制示意图

（一）撬动小额信贷，催生内在脱贫动力

2014年12月国务院扶贫办、财政部等5部门联合印发《关于创新发展扶贫小额信贷的指导意见》，提出政府引导、市场运作等四大原则，明确了扶持对象、扶持重点和扶持方式，“5万元以下、期限3年以内、贷款基础利率放贷、免抵押免担保，财政全额贴息，建立风险补偿金”等六原则。

1. 有效激发贫困群众脱贫的内生动力

扶贫小额信贷贴近农户，发挥金融配置资源的效力，使其成为脱贫攻坚的关键推动力量。在有劳动能力和劳动意愿的贫困人口中发展种植、养殖、旅游、电商、光伏等扶贫产业，首位的生产性要素需求是资金，具备资金条件才能购进种子、化肥、种畜、饲料等生产资料，才能建设暖棚、畜舍等硬件设施。贫困户在发展产业的过程中，需要甄别产业项目、评估市场前景、计算生产收益与成本，在此过程中提升了自身能力，激发出脱贫攻坚的内生动力，贫困户摆脱了贫困，赢得了尊严。扶贫产业发展起来，脱贫的内生动力激发出来，贫困户也就走上了可持续发展的道路，从而实现造血式扶贫，有效防止扶贫政策退出之后的返贫现象。

2. 对建档立卡的贫困户信用量化

这一轮精准扶贫工作开展以来，一些地区积极发展扶贫小额信贷，结合本地特点，创造出大量扶贫小额信贷信用评级创新发展的案例，普遍的做法是建档立卡。

对凡是建档立卡贫困户，包括目前未脱贫的和已经脱贫的，只要有信用、有需求、有劳动能力、有生产项目、有一定还款能力的，原则上，愿贷尽贷，都可以向村级金融服务组织申请扶贫小额信贷。对于那些无劳动能力的贫困户，不在建档立卡范围内，同时外出务工的，也可以建档立卡。对于那些已经脱贫的贫困户，可以享受扶贫小额信贷政策。

申请扶贫信贷的贫困户年龄应在60岁以下；但是身体健康、仍有劳动能力的，可根据贫困地区劳动力实际状况，适当放宽年龄限制。

对于因不可抗力以及偶然因素延迟还款导致有不良信用记录，被记入银行“黑名单”的贫困户，原则上经过银行对原不良记录重新评估认定后，可以申请扶贫小额信贷。

3. 实现产业与金融靶向融合

宁夏回族自治区盐池县通过产业扶贫与金融扶贫相融合，形成了“信用+金融+产业”三位一体的金融扶贫新模式，简称为“盐池模式”，即依托金融创新，推动产业发展；依靠产业发展，促进农民增收。

“盐池模式”的最大特点是两个：一是抓住特色产业优势，夯实特色产业的发展基础，不断做大做强；二是以金融为抓手和保障，攻克扶贫领域穷人如何获得资金扶持的世界级难题。这两点可谓抓住了精准扶贫的牛鼻子。长期以来，中国乃至世界扶贫事业面临的最大障碍不外乎缺乏产业基础和金融支持，这两点如果创造性的得到解决，扶贫的最大障碍则迎刃而解。在产业领域，盐池和中国西部其他贫困地区一样，就是确定并抓住自己的特色产业优势，深耕细作，并将其培育成真正具有全国竞争力的农特产品品牌。盐池确立了滩羊、中药材、小杂粮、黄花等四大产业，发挥政府在产业扶贫方面的主导作用，并针对这四大产业提出了一系列的政策予以精准扶持，积极推动产业的深度融合。

（二）建立风险分担机制——撬动保险扶贫

保险扶贫的核心是风险阻隔和风险补偿，通过及时有效的赔付机制，保障贫困群众的生产和生活需求。在具体操作中，需要明确保险范围、资金来源以及潜在的问题。

保险扶贫的选择范围应涵盖人身、产业、贷款三方面。保险扶贫的目的是阻隔贫困户脱贫路上各式各样的风险，风险的来源包括人身、产业以及贷款风险。在扶贫保险的种类设置上，应充分考虑各种风险来源，可主要分为人身扶贫保险、产业扶贫保险、贷款抵押扶贫保险三种。

第一，人身扶贫保险针对贫困户的人身意外和大病医疗。宁夏设计的四种“脱贫保”产品中，有两种属于此类。第一种是“脱贫保”家庭成员意外伤害保险，主要用于建档立卡贫困户在日常生活中发生因意外伤害导致的身故、伤残和意外住院医疗提供保险保障。第二种是“脱贫保”大病补充医疗保险，主要用于建档立卡贫困户医疗救助保险，为贫困户家庭成员建立补充医疗，参保人员因住院发生的医疗费用在基本医保、大病保险等其他保险机构报销后不为零的个人自付费用，按照一定比例给予再次赔付。保费每人 45 元，累计最高赔付限额每人8万元。

第二，产业扶贫保险针对贫困户的产业风险补偿，操作中应着重创新地方特色产业保险。产业扶贫保险最常见的是政策性农业保险，财政部印发的《中央财政农业保险保险费补贴管理办法》的通知中，将中央财政补贴险种标的扩展为4大类，16个品种。其中种植业中央财政补贴35%～40%，养殖业中央财政补贴40%～50%，公益林中央财政补贴50%，商品林中央财政补贴30%，藏区品种和天然橡胶中央财政补贴40%，此外对特殊企业和特殊地区补贴还会上升。

虽然补贴基本涵盖了基本农作物、畜牧业以及林业，但各地也在这些政策性品种的基础上，着力开发针对地方特色产业的补充保险。例如河北阜平与中国人民保险合作，根据当地实际，对大枣、核桃、肉牛、肉羊、肉鸡等特色优势产业进行保险，同时把保险范围从传统的灾害险拓展到成本损失险、产品质量责任险，既保障生产过程中的自然灾害和疫病疾病等风险，又保障市场价格波动造成的种养成本损失，还保障农副产品质量问题造成的损失。宁夏的"脱贫保"优势特色产业保险，对建档立卡贫困农户投保的优势特色产业，对因价格下跌和产量降低导致销售收入低于保险合同约定的预期收益，或者牛羊因自然灾害、意外事故、疾病造成死亡的，在各项责任对应的保险金额内进行赔偿。河南省则特别强调地方特色险奖励政策，对各农业保险承办机构开办的中央财政和省财政未提供保费补贴的农业保险品种，河南省财政根据当年预算安排情况，提供最高不超过市县实际到位负担保费比例50%的奖励资金，继续用于支持农业保险发展。

第三，贷款抵押扶贫保险针对贫困户的抵押贷款偿还风险，分为借贷人意外伤害保险和扶贫信贷保险两种。第一种，宁夏的"脱贫保"借款人意外伤害保险，主要用于在金融机构贷款的建档立卡贫困户日常生活、工作中发生因意外伤害导致的身故或伤残保障责任。保险费率1.8‰，保险金额为建档立卡户实际贷款金额。

（三）成立扶贫产业基金——撬动资本扶贫

一些贫困地区探索使用扶贫公益股权基金投资扶贫产业或置入本地拟登陆资本市场优质企业，带动建档立卡贫困户精准脱贫，使扶贫资金可持续的服务于贫困地区脱贫攻坚。

1. 利用股权市场促进脱贫攻坚

一是市场化方式运作。股权市场扶贫完全采用了市场化的运作模式服务国家脱贫攻坚战略。先是公益基金以市场化方式经营，同市场化运作的其他股权基金的运作模式相同，以严格财务指标遴选投资标的，通过完善的尽调措施了解企业，以市场化方式参与市场股权投资；最终以市场化方式退出，其投资收益将全部用来支持贫困地区的脱贫攻坚和巩固提升。

二是公益性主体组建。国家级的扶贫产业基金由财政部、中央企业和国有基金管理机构共同出资设立。而市级或者县级的贫困地区国有投资主体利用扶贫资金与民营市场主体和专业基金管理机构共同出资组建基金管理主体，然后严格按照相关法律以及政策规定募资设立有限合伙制的股权扶贫公益基金。

三是公益股运行机制。基金投资区域限定为国家扶贫开发工作重点县、集中连片特殊困难地区和省级扶贫开发工作重点县。公益基金一般采取增资扩股的方式投资优质的拟上市企业，占有较低的股份份额，投资期限一般为5～8年，并不参与企业的经营管理。

四是权益保护措施完善。公益基金的主体来自扶贫财政资金，在承受适度市场风险的基础上，力保这部分资金的保值增值是投资的重要出发点。因此公益基金在投中、投后管理和投资退出流程中设定风险控制目标，建立严格风险控制体系。进而基金可与拟上市企业签订保障性协议，在一定期限内如果不能通过公开市场发行股票的方式退出，可以采取大股东回购的方式保证扶贫基金的利益，而公益基金的资金成本相对较低，因此依然可以取得保障性利润。

2. 股权市场扶贫的案例分析

（1）郧阳扶贫产业投资基金案例

郧阳区国友投资公司、郧阳区政府选定一家民营企业和清控汇金资本管理有限公司共同出资成立十堰市清控郧阳扶贫投资管理有限公司，出资比例分别为44∶10∶46。公司董事会成员由三方构成，董事会决议需要2/3以上表决权通过。郧阳区政府在本地选定三家民营企业，与十堰市清控郧阳扶贫投资管理公司共同出资设立郧阳扶贫产业基金（有限合伙）。十堰市清控郧阳扶贫投资管理公司持股比例为1%，并担任扶贫基金管理人。投资环节，由郧阳扶贫产业基金（有限合伙）向万润新能源出资3300万元，占万润新能源1%的股权。如果被投资企业5年内不能成功登陆资本市场，将以10%的资金成本回购基金持有股份。

（2）国投创益扶贫产业基金案例

国投创益产业基金管理有限公司（以下简称公司）成立于2013年12月27日，注册资本3000万元，为国家开发投资公司下属全资企业，管理贫困地区产业发展基金（简称贫困发展基金）和中央企业贫困地区产业投资基金（简称央企扶贫基金），基金规模共计150.03亿元。其中，贫困地区产业发展基金于2014年6月6日设立，基金规模28亿元，由财政部、中国烟草总公司和国家开发投资公司共同出资设立，是第一只国家级产业扶贫基金；中央企业贫困地区产业投资基金于2016年10月17日设立，首期规模122.03亿元，由51家国资委监管的央企出资。两支基金的资金均为一次性到位，存续期均为15年。两支基金均服务于国家脱贫攻坚战略，在贫困地区“通过扶持生产和就业发展一批”的产业扶贫模式，支持贫困地区产业发展，带动贫困人口精准脱贫。

3. 股权市场扶贫的创新价值和理论含义

一是理论创新。目前的经济学理论体系下，市场主体秉持“经济人”假设，追求利益最大化，但是因为信息不对称、外部性、垄断等等因素，存在着市场失灵现象，因此需要政府予以干预，提供部分公共服务和公共产品，然而在此过程中也可能产生政府失灵现象。公益股和股权市场扶贫模式以市场化的方式解决市场失灵问题，同时促进了市场主体治理结构的优化，长期投资理念稳定了资本市场波动，避免政府干预的市场失灵。股权市场扶贫实践蕴含的新经济思想实现了经济理论上的创新，形成了有中国特色的“共济股权市场”理论。

二是制度创新。进入21世纪以来，我国依据产权清晰、权责明确、政企分开、管理科学的原则推动现代企业制度改革，其中现代产权制度改革为其核心。公益股等股权市场扶贫实践以市场化方式进入企业股权结构，完善了现代企业治理体系，实现了企业的股东责任和社会责任的统一。企业同时服务于股东利益最大化，又满足企业的社会责任，是现代企业制度的一种创新。公益股基于长期投资理念，本身不以利益最大化为最终目标，成为股权资本市场的稳定力量，成为市场制度的一种创新实践。

三是政策创新。公益股和股权市场扶贫是普惠金融政策在股权市场上的应用创新。贫困地区、“三农”领域、小微企业、公共服务等等这些经济社会发展薄弱领域的金融需求往往具有高风险、高成本的特征，与金融行业追求的高收益的动机存在一定冲突。这些薄弱领域的金融服务往往存在市场失灵现象。弥补市场失灵的重要方式是需要政府予以正确引导，股权市场扶贫就是通过政策创新带动市场创新，实现普惠金融在贫困地区的内生性发展，同时避免政府直接干预而因为信息劣势等原因产生的政府失灵问题。

四是机制创新。股权市场的扶贫探索实现了金融资源配置机制的创新。2017 年中央金融工作会议提出，要把更多的金融资源配置到经济社会发展的重点领域和薄弱环节。无疑，脱贫攻坚是目前经济社会发展各项工作中的重中之重，贫困地区和扶贫产业就是需要重点支持的薄弱环节。扶贫股权基金的设立创新了扶贫措施，探索利用资本市场支持脱贫攻坚的新方式，促进贫困地区产业发展，带动建档立卡贫困户精准脱贫，实现了扶贫机制上的创新，特别是带动了金融资源向薄弱环节的有效配置，促进贫困地区发展和全国范围内的收入分配公平。

六、财政扶贫资金协作机制

（一）建立多方合作、协力攻坚的财政扶贫投入体制

目前，在中央精准扶贫、精准脱贫方略指引下，已经形成各级分工、部门协作、对口帮扶、东西协作、定点扶贫和社会参与的全社会扶贫大格局（见图 2－11）。参与扶贫协作的各方都投入了巨大的人力、财力聚焦脱贫攻坚任务，聚焦贫困地区和贫困人口，共同努力、积极完成党和国家战略扶贫的部署，帮助地方政府实现资源的共享。

根据中央强化脱贫攻坚领导责任制的要求，实行中央统筹、省（直辖市、自治区）负总责、市县（区）抓落实的工作机制，层层落

图2－11　财政扶贫资金协作机制示意图

实责任制。在此工作机制下，财政扶贫资金的分配、使用、监管，由各级党委政府按权责对等原则承担相关任务和责任，省级层面形成省考核、市督导、县落实的责任机制。财政扶贫资金的运转是一个多部门参与的过程。部门协作机制顺畅，则会发挥合力，提升资金使用的效率和效益；协作机制不畅，则会相互掣肘，影响资金的使用速度和效果，拖累脱贫攻坚的进程。

除此之外，具有中国特色的东西部扶贫协作也在扶贫开发工作中和本轮脱贫攻坚扮演着关键角色。东部发达省份在对口支援的西部省份投入了大量的财政资金、项目和人力，取得了辉煌的成果。同样，定点扶贫在本轮脱贫攻坚工作中作用被凸显，定点帮扶单位同样投入了资金，派出挂职干部，中组部明确定点扶贫和挂职干部要对财政扶贫资金加强监管。因此定点扶贫单位也在协作机制中发挥作用。此外，全社会动员是本轮扶贫的特点，民营企业、社会组织投入大量的人力、财力、物力，虽然他们的投入不是财政资金，但是同样是公益性投入，有相似的运行机制，而且更加市场化、更加贴近需求。财政资金如何与社会投入协作，也是重要课题。

（二）财政扶贫资金部门协作机制日益顺畅

财政扶贫专项资金涉及6个部门。2017年《财政扶贫资金管理办法》规定，国家扶贫办、发展改革委、国家民委、农业部、林业局等部门要分别协商财政部拟定中央财政专项扶贫资金各支出方向资金的分配方案，扶贫办商同财政部汇总平衡提出统一分配方案。大口径的扶贫资金涉及范围更广，在财政部内部涉及26司局。

各级扶贫办在本轮脱贫攻坚工作开始以来，作为各级党委扶贫领导小组的办事机构，承担了繁重的工作任务，事实上担任了总协调工作。但是在此之前，扶贫办在政府各部门机构中是相对弱势的单位，人员、编制、保障配置都不够强，协调财政、发改、农业、住建等相对强势部门的时候，工作机制并不顺畅。虽然这种情势在本轮脱贫攻坚中得以改观，但是因为路径依赖等原因，部门之间的协调还存在一定的摩擦成本。因此，一些贫困县成立脱贫攻坚指挥部，抽调各委办局的骨干力量加强扶贫干部队伍，协调能力有所提升，协作局面基本形成。

（三）东西部扶贫协作是中国特色扶贫思想的重要体现

我国在1996年就建立起了东西扶贫协作结对关系。1996年10月23日发布的《中共中央国务院关于尽快解决农村贫困人口温饱问题的决定》确定了组织东部13个沿海发达省市对口帮扶西部10个贫困省区的机制。目前由东部9省13市对口西部12省14市州，东西协作被中央领导视为区域发展、产业布局、实现共同富裕的大战略、大布局、大举措。2016年，在宁夏东西部协作座谈会上，中央对东西部扶贫协作提出4点要求。一是提高认识，加强领导。提出双方党政主要负责同志要亲力亲为推动工作。二是完善结对，深化帮扶。提出要实施“携手奔小康”行动，着力推动县乡村结对帮扶。三是明确重点，精准聚焦。要求产业合作、劳务协作、人才支援、资金支持都要瞄准建档立卡贫困人口脱贫精准发力。四是加强考核，确保成效。投入资金、派人都要纳入考核范围。

东西部扶贫协作投入大量财政支援资金。2015 年，根据《打赢脱贫攻坚战的决定》要求，东部地区要根据财力增长情况，逐步增加对口帮扶财政投入，并列入年度预算。根据国务院扶贫办数据，1996～2016 年，东部省市通过东西扶贫协作向西部 10 个省区提供财政援助资金 132.7 亿元，动员社会力量捐助款物 27.6 亿元，引导企业实际投资 1.5 万亿元。其中，“十二五”期间，东部共向西部扶贫协作地区提供财政援助资金 60.7 亿元，动员社会力量捐款 3.8 亿元。以广东省为例，从 2016 年起，广东省对结对帮扶的 71 个县（市、区），按每县每年 1000 万元的标准安排财政支援资金，用于贫困户易地搬迁、危房改造、就业创业等脱贫攻坚项目。2016 年以来，广东共划拨东西部扶贫协作对口支援财政资金 15.83 亿元，其中省级 6.6 亿元。除深圳外，广州、珠海、佛山、东莞、中山五市与省财政以 3∶7 比例支付（见表 2－9）。

沪滇合作是东西合作成功模式之一。1996 年 9 月，中央扶贫开发工作会议决定沿海经济发达省市与西部欠发运省区建立对日帮扶协作关系，上海与云南正式建立了对口帮扶协作机制。20 年来，上海在云南累计实施帮扶项目 7829 个。项目覆盖演西边境山区、乌蒙山片区、石漠化地区和迪庆藏区，解决了 76 余万贫困人口的基本温饱问题，受益群众达 170 余万。2006～2010 年，上海共投入对口帮扶资金 10.13 亿元，比“十五”期间增加了 1.59 倍，年均投入达到了 2 亿多元；开展了一批以“白玉兰”示范村为代表的新农村建设项目，涉及水、电、路、气、房等农村小微基础设施项目 1017 个；援建了教育、卫

表2－9　　东、西部参与协作扶贫省市

结对省市	结对省市名录
东部地区参加帮扶的9省（直辖市）13市	北京市、天津市、辽宁省、上海市、江苏省、浙江省、福建省、山东省、广东省等9个省（直辖市）；辽宁省大连市，江苏省苏州市，浙江省杭州市、宁波市，福建省福州市、厦门市，山东省济南市、青岛市，广东省广州市、佛山市、中山市、东莞市、珠海市等13个市
中西部地区被帮扶的12省（自治区、直辖市）14市州	西部地区内蒙古自治区、广西壮族自治区、重庆市、四川省、贵州省、云南省、西藏自治区、陕西省、甘肃省、青海省、宁夏回族自治区、新疆维吾尔自治区等12个省（自治区、直辖市）；中西部的河北省张家口市、承德市、保定市，吉林省延边朝鲜族自治州，湖北省恩施土家族苗族自治州，湖南省湘西土家族苗族自治州，贵州省六盘水市、遵义市、安顺市、毕节市、铜仁市、黔西南布依族苗族自治州、黔东南苗族侗族自治州、黔南布依族苗族自治州等14个市州

生、文化等公益民生类项目1600多个；同时还有农业科技项目、旅游合作项目、农业产业化项目数百项。

（四）定点扶贫是扶贫协作机制中不可或缺的力量

在2012年国务院扶贫办和中组部等部门联合印发的《关于做好新一轮中央、国家机关和有关单位定点扶贫工作的通知》中，列出了新一轮定点帮扶310个中央、国家机关和有关单位，对口832个国家级贫困县的结对关系名单，并在2017年对定点扶贫纳入考核范围。不过在财政资金投入方面没有具体的要求，但是明确要起到监管使用扶贫资金作用。2014年，中央和地方层面定点扶贫直接投入的帮扶资金（含物资折款）总共达357.64亿元，帮助引进各类资金630亿元。

综上，我国发挥体制优势，已经初步形成全社会投入的大扶贫格局，各级政府、各部门、东西部省份和定点扶贫等参与各方不断摸索，以高度的政治责任感投入到脱贫攻坚当中去，使扶贫资金协作机制有效运转，涓涓细流汇聚成河，有力地支援了脱贫攻坚战。

七、财政扶贫资金监管机制

随着脱贫攻坚任务进入攻坚拔寨阶段，投向脱贫攻坚领域的资金规模越来越大，监督监管的责任越来越重。监管是扶贫资金管理的三大核心问题——分配、使用与监管中的一个重要方面。扶贫资金是最容易产生使用不当以及廉政问题的领域之一，扶贫资金是贫困群众的“救命钱”“保命钱”和减贫脱贫的“助推剂”，没有严格的监管措施，财政资金成为违法违纪分子眼中的“盘中餐”。因此如何在脱贫攻坚中保证财政资金的安全规范使用，是监管机制不可回避的问题。不仅如此，在监管好资金的同时，好的监管机制还能调动资金供给方、使用方和各级主管机构、使用部门的积极性。因此，完善监管机制需要精心设计，全局谋划。

（一）扶贫进入攻坚拔寨阶段，财政扶贫资金监管机制不断完善

财政扶贫资金监管机制是针对财政扶贫资金建立上下协同、同级联动、总分结合的监督管理机制，保证财政扶贫资金安全合规使用，并能够发挥最大效益的外部监督、管理、检查、督查机制，涉及纪检、监察、监察、财政、扶贫和其他资金使用部门协同配合。要健全公开、公告、告示制度，完善监管机制，相互借力，以最小的代价管住最多的资金。

上下联动、条块结合的监管机制基本建立。首先是明确了监管主体和监管责任，具体部门包括财政、发改、民委、扶贫、审计等具有政府性项目和财政专项扶贫资金监管职能的部门；农牧、交通、水利、

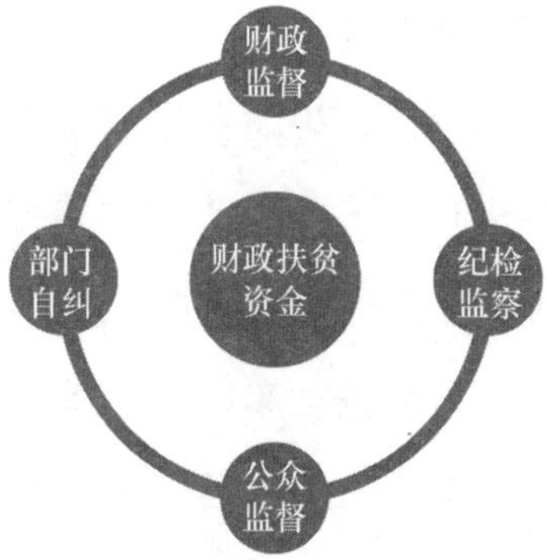

图 2－12　财政扶贫资金监管机制示意图

建设、教育、卫计、人社等扶贫专项资金项目组织实施部门。市级党政主要领导负主要监管责任，县级党政一把手是第一责任人。县委书记主要负责扶贫资金监管的廉政责任，县长主要负责扶贫资金的规范运行、项目建设进度、质量和效益责任。其次是划分了监管内容和监管方式。监管对象是项目进度、审核报账、资金拨付、扶贫效益、项目质量、检查验收、资料归档管理情况。最后是建立了违规、违纪、违法使用财政资金的责任追究办法。

扶贫资金监管力度不断加大，资金管理使用不断规范。根据国务院扶贫办数据，从全国范围来看，审计部门查出的违纪违规、闲置浪费等问题金额占抽查资金的比例，从 2012 年的 36.3% 下降到 2015 年的 25.8%，2017 年审计查出问题的比例更是降至 7.93%。严重违纪违规问题金额占抽查资金的比例，由 2013 年的 15.7% 下降到 2017 年的 1.13%。

（二）监管压力与日俱增和扶贫领域形式主义是监管机制遇到的主要问题

一是扶贫资金规模大、项目多，监管压力有增无减。一方面，腐败问题多发。根据审计署 2016 年报告，该轮审计的全国 42 个贫困县骗取、套取或违规使用扶贫资金1亿3589万元。另一方面，挪用、套取成为常态。根据财政部数据，2017年财政部组织对28个省的874个县的财政专项扶贫资金进行了专项检查，共追回了虚报冒领和挤占挪用的资金7.3亿元，对450人进行了问责，对其中15个典型案例进行了曝光。据各级国家审计署数据，2013年以来，各级审计机关先后对270多个贫困县和集中连片特困地区县开展了扶贫资金专项审计，促使追回或归还资金60多亿元，处理或问责6000余人。

二是多头监管，牵头单位缺位。财政、扶贫、纪检、监察、督察，各个条块部门都有监管，但真正负总责的监管部门缺位，对总体工作改进的推动作用小。政出多门，无所适从。审计、纪检监察、检查，各级督查、巡视，形成高压态势，但是也造成监管超调、压力过大、不作为等行为发生。

三是检查过于频密，基层单位穷于应付。三天一小检，十天一大检，各类检查层出不穷，各类检查都重要，各类检查都要听汇报，各类检查都要看材料。基层干部每天应付检查，大量时间用于准备报表、递送台账、迎接检查组，占用了在资金使用、项目管理上的时间，反而影响资金使用效果，最终影响脱贫效果。为此，国务扶贫办特别把2018年作为扶贫作风年，着重整治扶贫领域的形式主义，但是监管与烦琐之间的两难一时难以破解。

（三）技术创新与制度创新相结合，不断完善资金监管机制

一是健全档案、台账管理，利用好信息技术手段。对所有扶贫项目，从项目论证立项到工程竣工验收各个环节的文件资料（包括项目规划及实施方案文件、计划批文、项目承包合同或责任书、项目负责人、项目工程建设图纸、工程图片、招投标文件、资金拨付、项目预

决算、项目总结、审计结论、县级验收等)，严格按照档案管理有关规定收集、整理、归档。利用好扶贫信息系统和大数据平台，实现资料动态更新、数据实时监管。

二是建立监督力量整合机制。实现扶贫资金多个龙头出水，一个龙头用水，厘清财政、扶贫、纪检、审计之间的监督职责。由纪检、监察机构常态化对接审计、财政、扶贫部门，根据审计、自审结果奖优罚劣，依法追责。财政扶贫资金监管可试行牵总分组制：省、市县各级政府有一个机构牵总成立扶贫监察检察组，根据职能分为财政组、项目组、部门组、纪检组等各个小组，各小组工作向牵总部门汇报。实现问题汇总统一，督导整改统一，督导检查节奏统一。

三是加强公众监督，加大问责力度。加大媒体监督力度，鼓励群众参与，充分利用信息技术，畅通群众举报渠道。在查处违纪当事人的同时，对扶贫工作失职失责的党委、纪委“双问责”，促使党委主要领导切实履行第一责任人职责，有利于压实纪委的监督责任，发挥其扶贫领域监督执纪主力军作用。

八、财政扶贫资金绩效评价机制

为保证数千亿财政扶贫资金用到减贫实处，发挥使用效果，达到脱贫减贫政策目标，建立并完善财政扶贫资金绩效评价机制是必由之路，也是评估政策目标以及加强资金管理、提高资金使用效益的根本抓手。

（一）完善财政扶贫资金绩效评价机制是促进脱贫攻坚的重要举措

为什么要建立绩效评价机制？财政扶贫资金管理的水平、资金使

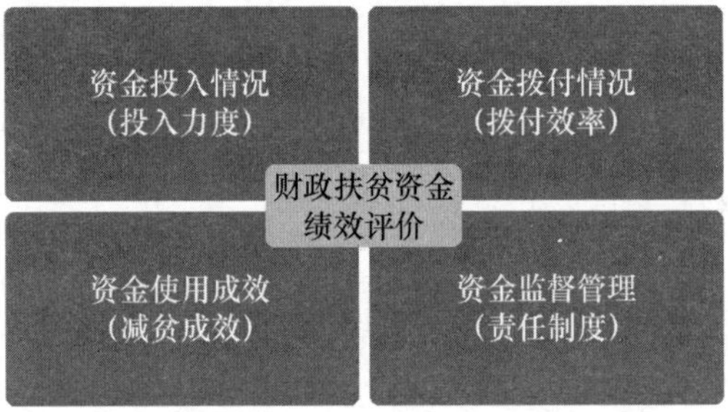

图 2－13　财政扶贫资金绩效评价机制示意图

用的效率与质量要有明确的指标进行衡量，这些指标将用于考核、评价、改进，促使最终达成政策目标，即在规定的时间节点内完成减贫任务，到 2020 年与全国同步建成小康。

怎样建立绩效评价机制？绩效预算的改革成果，前期政策实践成为重要的基础，根据扶贫资金的目标、数量、特点、涉及部门，制定相应的评价指标，能够反映扶贫资金的管理质量和使用效果，完成政策目标的情况。要以问题为导向，能反映工作中表现比较突出的问题。要发挥激励作用，评价机制能够对资金使用的优劣发挥奖惩作用，推动管好用好资金的内生动力。

谁来建立？上级部门对下级的考核评价，中央部门对省级部门财政扶贫资金的使用进行评价，省级对市县级部门的资金使用进行评价。

评价哪些内容？一是资金的管理，包括投入数量、分配方式、拨付效率、使用效益、监管质量等进行评价；二是资金的使用，包括扶贫项目的效益，脱贫成效和结转结余等；三是资金监管，对制度建设、信息公开和扶贫资金的安全性、规范性等指标进行评价。

（二）财政扶贫资金绩效评价也是绩效预算改革的组成部分

绩效评价结果是了解脱贫攻坚质量和效率的重要参考指标。本轮脱贫攻坚投入的人财物力量之大前所未有，投入产出效果，资金减贫

表 2 - 10 西方国家提高政府绩效的四大机制

目标导向机制	政府部门首先制定战略规划，然后层层分解和落实，形成具体的绩效指标。目标应在上下级之间充分协商，以易于执行单位理解和接受；绩效目标要落实到具体的责任人，以确保具有约束力；除规定完成的数量、质量和时间要求外，还应制定具体的评估标准，以确保规范性和可操作性；建立严格的评估机制
财政控制机制	将财政预算与部门绩效评估直接挂钩。根据战略规划，各部门提出自己的绩效目标，强调结果导向，要明确财政资源与绩效目标之间的关系，年终的绩效评估结果将直接影响到下一年的预算。增加预算使用的灵活性，允许不同年度和项目之间剩余资金的结转结余
激励机制	将绩效评估结果与奖惩挂钩。对执行单位根据绩效执行情况进行奖惩，预算执行人的部分业绩通过绩效考核决定，如超额完成预定的绩效指标，可以得到一定奖励，没有达到绩效目标的，将直接影响考核结果。相应地给予绩效负责人更多的自主权
公众参与机制	公众直接参与政府部门战略规划、绩效指标和标准的制定，参与决定预算安排等，从而使政府战略更好地反映公众的需要。以简单明了的方式公布公共支出状况、支出方式、支出效果，便利民众进行有效监督

效果能否按期达成脱贫目标？回答以上问题，都需要有经得起检验的量化指标，绩效评价结果是其中重要依据。

财政扶贫资金绩效评价机制是整个预算绩效改革的重要实践。在声势浩大的脱贫攻坚行动中，财政资金的使用要经得起历史的检验，它与现代财政制度的建设、预算制度改革进程是紧密相连、一脉相承的。财政制度改革助推脱贫攻坚，财政扶贫实践丰富财政制度改革内涵，相互促进、共同推动国家战略目标的实现。

（三）财政扶贫资金绩效评价制度规范逐步建立

2008 年，财政部出台《财政扶贫资金绩效评价试行办法》（财农〔2008〕91 号）。2017 年，财政部、国务院扶贫办修订印发《财政专项扶贫资金绩效评价办法》（财农〔2017〕115 号）。该办法要求从

2018年起，辽宁、江苏、浙江、福建、山东、广东东部6省按上述要求开展财政专项扶贫资金绩效目标管理。2018年5月14日，国务院办公厅转发财政部、国务院扶贫办、国家发展改革委《扶贫项目资金绩效管理办法》，列出产业扶贫、易地扶贫搬迁、就业扶贫、危房改造、教育扶贫、健康扶贫、生态扶贫、基本医疗、社会救助、农村基础设施建设以及光伏扶贫、旅游扶贫、文化扶贫等13类项目资金。

表2－11　2017年《财政专项扶贫资金绩效评价办法》的主要评价内容

主要评价	内　容
资金投入	省本级预算安排的财政专项扶贫资金的投入总量、增幅及分配的合理性、规范性等
资金拨付	中央补助地方财政专项扶贫资金拨付的时间效率
资金监管	省级财政专项扶贫资金监管责任落实情况，包括信息公开和公告公示制度建设和执行、监督检查制度建设和执行等
使用成效	主要评价财政专项扶贫资金使用的效果，包括年度资金结转结余率、资金统筹整合使用成效、贫困人口减少、精准使用情况等

绩效评价结果的使用机制初步建立。根据最新的规定，首先是成为各级党委政府扶贫工作的考核依据；其次是作为财政扶贫资金因素法分配的重要因子；最后是作为财政资金奖励的重要参考指标。

（四）财政扶贫资金绩效评价机制还需进一步细化

缺乏公众参与与监督。目前财政扶贫的绩效评价特点是自上而下的绩效评价，绩效评价办法由上级制定，考核指标中对公众尤其是贫困群众的参与与监督涉及不多。

财政扶贫资金绩效评价继续深化到扶贫产业类项目。产业项目与基础设施是扶贫项目中的重中之重，之前发布的绩效评价办法主要针对资金的投入、拨付、使用效果、监管等，缺乏专门的针对扶贫产业

表 2－12　中央财政专项扶贫资金绩效评价结果的运用

评价结果运用	具体措施	奖励规模
工作成效考核	根据《省级党委和政府扶贫开发工作成效考核办法》的规定，将财政专项扶贫资金绩效评价结果纳入省级党委和政府扶贫开发工作成效考核，并通过中央财政专项扶贫资金，对工作成效考核综合评价好的省份进行奖励	2017 年，中央财政共安排拨付奖励资金 32 亿元
资金分配因素	将绩效评价结果作为财政专项扶贫资金分配的因素之一，对绩效评价结果为优秀和良好的省份，分东、中、西部给予差别化奖励	2017 年，中央财政共安排拨付奖励资金 20 亿元
整合成效奖励	依据财政专项扶贫资金绩效评价结果（贫困县涉农资金整合成效得分），对贫困县涉农资金整合成效好的省份进行奖励	2017 年，中央财政共安排拨付奖励资金 6.4 亿元

资料来源：根据《财政专项扶贫资金绩效评价办法》（财农〔2017〕115 号）相关资料整理。

资金绩效评价体系。针对财政资金投入扶贫产业的绩效评价机制应该尽快建立，尽快出台评价办法。

绩效评价要求与基层执行能力差异。绩效评价是比较专业的预算管理模式，基层资金使用单位对绩效评价的把握、认识和运用能力还需加强。

（五）以绩效评价结果为核心建立财政扶贫资金使用激励机制

产业扶贫项目的资金绩效管理是核心。固定资产投资类的易地扶贫搬迁、基础设施建设、危房改造等有传统的建设管理、监理制度。健康扶贫、教育扶贫等软投入性质的效果立足于保障，成效容易监测，资金监管相对透明。

推动建立公众参与监督机制。积极推广群众民主议事决策机制，吸收贫困村、贫困户代表参与项目评选和建设管理。在严格履行民主程序、充分尊重农民意愿的前提下，采取农民自行建设、自主招标

（比选）等方式实施项目，调动农民群众积极性。

实现扶贫资金绩效评价与扶贫信息系统衔接。国务院扶贫办开发了自上而下的全国扶贫开发信息系统，各级政府也纷纷利用信息技术手段建立扶贫大数据平台。信息技术为绩效评价带来强大便利性和信息可获得性，应加强系统对各数据初始设定与绩效评价各指标联系，扶贫资金绩效评价嵌入系统，实现财政活动在扶贫信息系统中全周期观测和监管，取代人工数据采集，可有效提高绩效评价效率。

九、小 结

扶贫实践中，财政扶贫资金运行面临的主要问题如下：一是财政扶贫资金不能精准瞄准扶贫对象的问题；二是财政扶贫资金滞留严重；三是财政扶贫资金使用不够精准，投入的扶贫产业项目效益不佳，脱贫成效较差；四是财政扶贫资金监管不严，导致跑冒滴漏和贪污挪用，群众的保命钱受到损失。

针对以上问题，应该强化资金瞄准机制，充分利用大数据手段，完善建档立卡数据，使资金瞄准深度贫困地区、扶贫重点县、深度贫困村和建档立卡贫困人口。多措并举，加快资金的分配拨付速度，完善项目库制度，大力发展扶贫产业，充分激发贫困群众内生动力，建立有效的财政扶贫资金绩效评价机制。要筑牢扶贫资金安全使用的篱笆，用严密的监管保障资金的安全。

另外，要结合财政体制改革，积极推动涉农资金整合工作，破除体制机制障碍，使贫困县涉农资金应整尽整。高度重视做好扶贫异地搬迁工作，使贫困群众搬得出、住得下、有就业。最后应发挥全社会力量，汇聚资金投入合力，打赢脱贫攻坚战。

本章附录

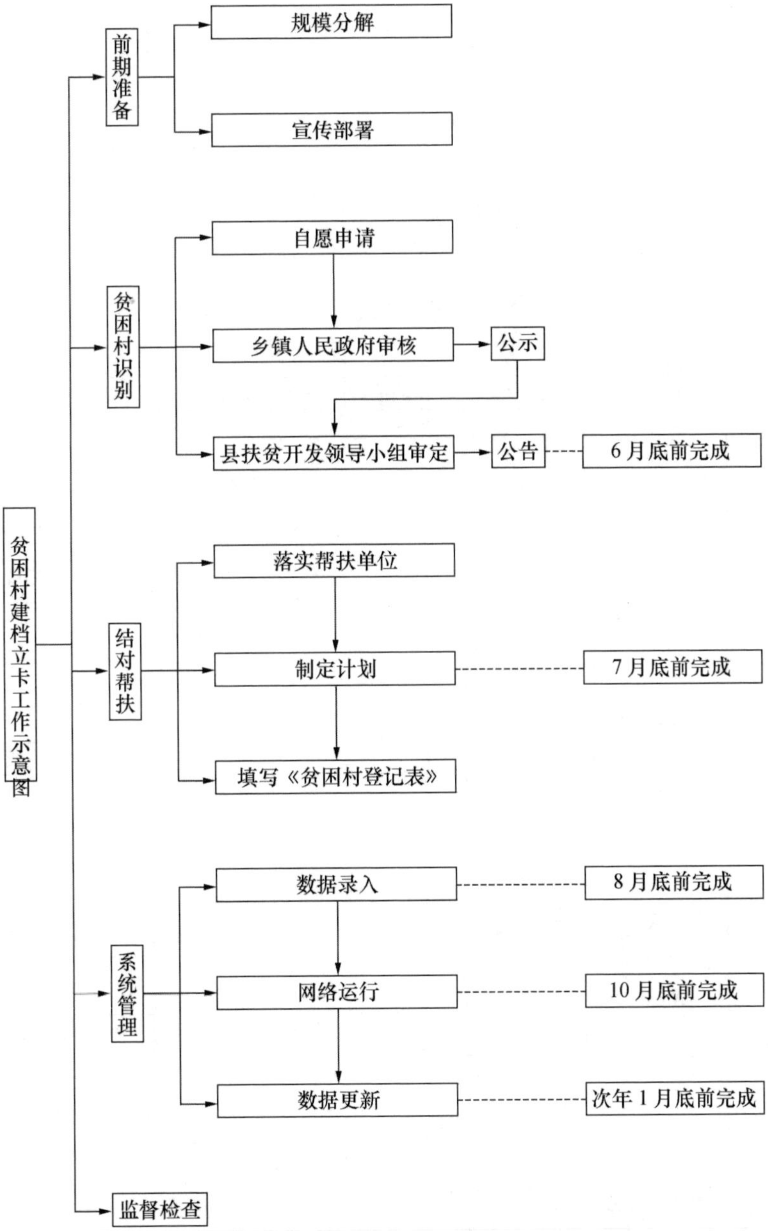

图 2－14　贫困村建档立卡工作示意图及参考文本

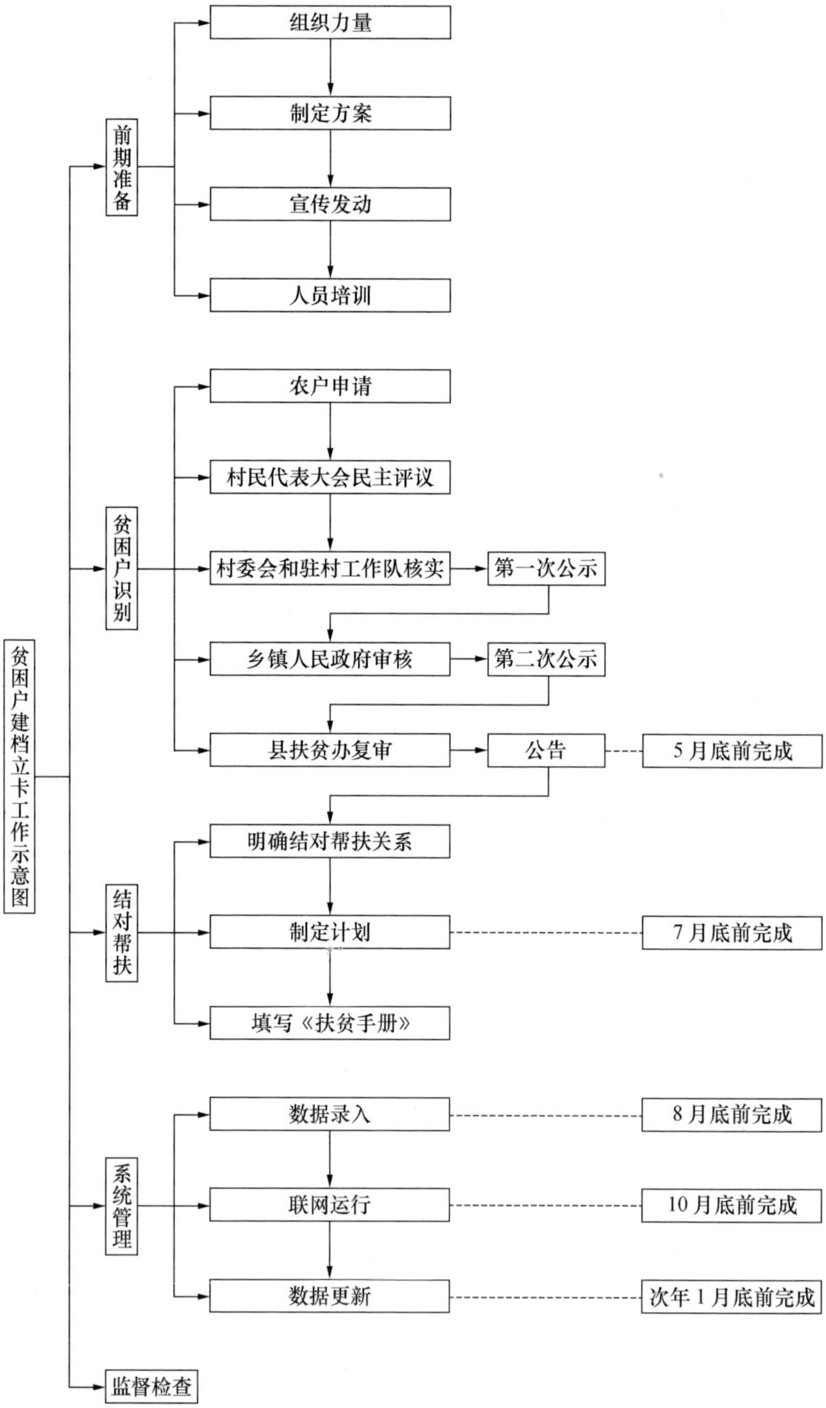

图2－15　贫困户建档立卡工作示意图及参考文本

表 2 - 13　瞄准退出任务：以河北省邯郸市贫困户、贫困村、贫困县退出标准为例

贫困户退出标准	农户年人均纯收入稳定超过当年国家扶贫标准（2010年不变价 2300 元，2017 年现价 3200 元），吃穿不愁（包括安全饮水），义务教育、基本医疗、住房安全有保障。退出贫困户需全部符合以下条件，有其中一项不符合的不能退出	（1）人均纯收入稳定超过国家扶贫标准； （2）通过产业就业实现稳定增收； （3）实现安全饮水； （4）实现住房安全； （5）义务教育阶段无辍学学生； （6）参加城乡居民基本医疗保险
贫困村退出标准	以综合贫困发生率低于 2% 为主要衡量指标，统筹考虑村内基础设施、基本公共服务、产业发展、集体经济收入等综合因素。实行百分制，得分≥80 分退出，其中“综合贫困发生率”为否决指标	（1）综合贫困发生率低于 2%（30 分）； （2）通过产业就业实现稳定增收的贫困户比率达到 100%（满分 10 分）； （3）贫困户城乡居民基本医疗保险参保率达到 100%（满分 8 分）； （4）村内主要道路硬化、亮化（满分 10 分）； （5）有基本环境卫生设施（满分 8 分）； （6）标准化村卫生室（满分 8 分）； （7）有基本文化服务设施（满分 8 分）； （8）村级组织健全发挥作用明显（满分 8 分）； （9）村级集体经济年收入高于 2 万元（满分 10 分）
贫困县退出标准	以综合贫困发生率低于 2% 为主要衡量指标，参考脱贫人口错退率、贫困人口漏评率和群众认可度等指标，检查脱贫攻坚部署、重大政策措施落实、后续帮扶计划及巩固提升工作安排等情况。实行百分制，得分≥80 分退出，其中“综合贫困发生率”为否决指标	（1）综合贫困发生率低于 2%（30 分）； （2）脱贫人口错退率低于 2%（满分 5 分）； （3）贫困人口漏评率低于 2%（满分 5 分）； （4）群众认可度高于 90%（满分 20 分）； （5）落实脱贫攻坚部署（满分 10 分）； （6）落实“三保障”等重大政策措施（满分 20 分）； （7）落实后续帮扶及巩固提升工作（满分 10 分）

表 2 - 14　　财政扶贫资金的瞄准机制：以青海省共和县 2018 年到户产业资金为例

序号	乡镇	村名	建档立卡贫困人口及到户产业资金安排表							备注
			建档立卡贫困户	建档立卡贫困人口	一般贫困户		低保贫困户		到户产业资金（万元）	
					户	人	户	人		
1	黑马河镇	加隆村	70	226	69	225	1	1	144	
2		正去乎村	88	311	83	305	5	6	195.2	
3	石乃亥镇	尕日拉村	73	230	67	217	6	13	138.88	在大数据平台中现有建档立卡一般贫困户 68 户 218 人，因 1 户 1 人去世，未安排到户产业资金
4		鲁色村	47	137	43	130	4	7	83.2	在大数据平台中现有建档立卡一般贫困户 43 户 131 人，因 1 人去世，未安排到户产业资金
5		切吉村	59	157	56	152	3	5	97.28	在大数据平台中现有建档立卡一般贫困户 56 户 154 人，因 2 人去世，未安排到户产业资金
6		肉隆村	61	197	60	195	1	2	124.8	
7		铁卜加村	42	111	35	98	7	13	62.72	
8		向公村	79	228	71	217	8	11	138.88	在大数据平台中现有建档立卡一般贫困户 71 户 218 人，因 1 人去世，未安排到户产业资金
合计			519	1597	484	1539	35	58	984.96	

表 2－15　**国家审计署扶贫资金审计发现的主要问题（2016 年）**　单位：万元

序号	市　县	骗取套取或违规使用扶贫资金			在扶贫开发工作中违规获取收入用于弥补经费等支出	扶贫资金未发挥效益或形成损失浪费		扶贫项目未按规定履行政府采购程序、违规转包分包、验收不及时不严格，扶贫资金在个人账户存放等问题
		通过伪造合同、虚假发票列支、编造到户补贴发放表、虚报工程量、重复申报等方式，虚报冒领、骗取套取扶贫资金	将扶贫资金用于平衡预算、市政建设、宾馆改造等非扶贫领域	将扶贫资金用于弥补业务经费、发放福利等支出		基础设施建设类扶贫工程和种养殖类产业扶贫项目建成后质量不达标、闲置废弃或改作他用，或者种养殖成活率低，无法实现预期效果或已形成损失浪费	财政扶贫资金设立的扶贫贷款担保基金因借款人违约承担连带责任形成损失	
1	阜平县	123.60		15.00		20801.87	2258.00	
2	涞源县	8.18		91.47	47.49	70.00	4937.19	
3	大宁县							883.66
4	临县			33.60				
5	康平县		8.69					37.00
6	岫岩县	16.60	15.60	3.43				
7	新宾县	7.20	47.51					
8	桓仁县					93.00		
9	凌海市		20.00					
10	义县							310.00
11	建平县	72.26						
12	通榆县							1997.50
13	安图县			25.43		240.00		1432.49

续表

序号	市县	骗取套取或违规使用扶贫资金			在扶贫开发工作中违规获取收入用于弥补经费等支出	扶贫资金未发挥效益或形成损失浪费		扶贫项目未按规定履行政府采购程序、违规转包分包、验收不及时不严格，扶贫资金在个人账户存放等问题
		通过伪造合同、虚假发票列支、编造到户补贴发放表、虚报工程量、重复申报等方式，虚报冒领、骗取套取扶贫资金	将扶贫资金用于平衡预算、市政建设、宾馆改造等非扶贫领域	将扶贫资金用于弥补业务经费、发放福利等支出		基础设施建设类扶贫工程和种养殖类产业扶贫项目建成后质量不达标、闲置废弃或改作他用，或者种养殖成活率低，无法实现预期效果或已形成损失浪费	财政扶贫资金设立的扶贫贷款担保基金因借款人违约承担连带责任形成损失	
14	绥滨县	33.00		24.12				
15	林甸县	.198.97		43.93				
16	龙江县	79.17		37.19		318.23		
17	赣榆区	2307.04	723.03			60.00		5613.02
18	曹县		70.00			60.00		410.00
19	沂源县	435.05						
20	滑县	257.70						821.02
21	汝阳县	35.50						425.00
22	虞城县	273.00						
23	潢川县	401.92						
24	固始县	255.00						
25	秭归县	61.68						10.12
26	长阳县		7.86			31.20		50.71

续表

序号	市　县	骗取套取或违规使用扶贫资金			在扶贫开发工作中违规获取收入用于弥补经费等支出	扶贫资金未发挥效益或形成损失浪费		扶贫项目未按规定履行政府采购程序、违规转包分包、验收不及时不严格，扶贫资金在个人账户存放等问题
		通过伪造合同、虚假发票列支、编造到户补贴发放表、虚报工程量、重复申报等方式，虚报冒领、骗取套取扶贫资金	将扶贫资金用于平衡预算、市政建设、宾馆改造等非扶贫领域	将扶贫资金用于弥补业务经费、发放福利等支出		基础设施建设类扶贫工程和种养殖类产业扶贫项目建成后质量不达标、闲置废弃或改作他用，或者种养殖成活率低，无法实现预期效果或已形成损失浪费	财政扶贫资金设立的扶贫贷款担保基金因借款人违约承担连带责任形成损失	
27	通道县	11.48		32.73				370.00
28	城步县	182.88	220.00	22.44		348.04		
29	南雄市		2826.19	192.44				
30	新丰县		2000.00	94.95				
31	琼中县				162.82	57.05		10.40
32	万州区	30.00		24.22		239.50		85.40
33	云阳县	50.07		55.81	51.40	100.00		2.25
34	越西县	189.45		1422.32				7487.60
35	宣汉县		21.85					2561.76
36	寻甸县	42.00		46.58		35.00		1750.54
37	东川区	44.21				99.30		
38	会泽县	173.84	40.03			73.32		100.00
39	昆明市			29.12				

续表

序号	市县	骗取套取或违规使用扶贫资金			在扶贫开发工作中违规获取收入用于弥补经费等支出	扶贫资金未发挥效益或形成损失浪费		扶贫项目未按规定履行政府采购程序、违规转包分包、验收不及时不严格，扶贫资金在个人账户存放等问题
		通过伪造合同、虚假发票列支、编造到户补贴发放表、虚报工程量、重复申报等方式，虚报冒领、骗取套取扶贫资金	将扶贫资金用于平衡预算、市政建设、宾馆改造等非扶贫领域	将扶贫资金用于弥补业务经费、发放福利等支出		基础设施建设类扶贫工程和种养殖类产业扶贫项目建成后质量不达标、闲置废弃或改作他用，或者种养殖成活率低，无法实现预期效果或已形成损失浪费	财政扶贫资金设立的扶贫贷款担保基金因借款人违约承担连带责任形成损失	
40	蒲城县	45. 50	8. 22			50. 00		690. 90
41	淳化县	22. 62				110. 00		252. 60
42	宁县	26. 00						
43	会宁县	81. 21	82. 37					
44	民乐县	108. 00						
45	湖南省扶贫办下属扶贫开发培训中心等 3 个单位				987. 65			

注：表中包含就重点事项延伸审计的部分其他市县和单位。

资料来源：国家审计署官网。

第三章

扶贫资金的减贫效应与增长效应：来自省级面板数据的证据

一、引言及文献

在过去40多年时间里，中国在减贫方面取得了巨大的成就。按照2010年贫困标准，1978年中国的农村贫困人口为7.7亿，贫困发生率为97.5%；2000年农村贫困人口为4.6亿，贫困发生率下降为49.8%；2010年贫困人口为1.66亿，贫困发生率下降为17.2%。党的十八届三中全会之后，中国提出要在2020年全面建成小康社会。2014年提出“精准扶贫”，力争在2020年实现所有贫困县摘帽的目标。从2014年开始中国加大了在减贫方面的财政支持力度，随后2017年农村贫困人口进一步下降为0.30亿，贫困发生率下降为3.1%。从2010年到2017年，短短7年时间里农村贫困发生率下降了14.1个百分点，可以说是近些年来精准扶贫的主要成绩。那么财政扶贫资金在减贫方面到底起多大作用呢？由于经济增长是减贫最重要的手段之一，因而还有另外一个问题：财政扶贫资金是否存在增长效应呢？本文试图对这两个问题进行回答。

人类社会发展的一个重要目标就是消灭贫困。从各国的经验来看，仅仅依靠市场是难以消灭贫困的，政府才是消除贫困的主体。很多研究表明，政府投入具有明显的减贫效应，比如说 Montalvo 和 Ravallion（2010）利用省级面板数据，研究了 1980 年以来中国财政投入的减贫效果。研究结果表明，政府投入在减贫方面的作用非常明显。张伟宾和汪三贵（2013）、胡祥勇和范永忠（2014）基于全国数据的分析也得到了类似的结果。也有一些研究者发现政府主导扶贫模式的弊端，比如说减贫效果不显著（张全红，2010；李盛基等，2014），或者扶贫资金存在效率损失等（赖明和成天柱，2014）。鉴于先前扶贫资金在扶贫过程中存在种种弊端，2013 年习近平总书记提出了“精准扶贫”概念，之后很多学者对精准扶贫进行了研究。一些学者论证了精准扶贫的内涵、外延及其理论基础，指出精准扶贫的重要性（黄承伟和覃志敏，2015）。还有一些学者认为我国精准扶贫面临着较大的困难和挑战，使得精准扶贫的实际执行效果并不令人满意（刘解龙，2015；邓维杰，2014；李鹍和叶兴建，2015；葛志军和邢成举，2015）。王国勇和邢溦（2015）更是指出我国精准扶贫存在贫困对象识别不精准、干部驻村帮扶机制不健全、产业化扶贫内生动力不足、扶贫资金整合困难、扶贫资源配置不均衡等问题。

一些研究者专门针对财政扶贫资金的扶贫效果进行了探讨。于鸿洋等（2017）的研究发现，财政扶贫资金大规模地投入到贫困地区，在消除贫困方面有了很大的成就。然而，财政扶贫资金综合绩效评价却只是关注了贫困地区的经济增长情况，没有提高贫困者反贫困的能力，没有考虑经济的增长质量等问题，致使现今地区之间仍然存在着较大的贫富差距。覃钰路（2018）的研究表明，我国的政府扶贫资金在减贫方面作用非常巨大，他还提出了在整合扶贫资金、建立项目合作机制及多元监督体系的政策建议。

已有的文献对精准扶贫已经做了很多有价值的探讨，但是从目前收集的文献来看，定量研究扶贫资金减贫效应的文献还非常少见。虽然 Montalvo 和 Ravallion（2010）利用省级面板数据定量研究了财政投入在减贫方面的作用，但是该文所利用的数据时间段较早，并没有涉及 2013 年习近平总书记提出精准扶贫后财政扶贫资金的效用。因此本文将主要收集 2010 ~ 2016 年省级面板数据，估计财政扶贫资金在减贫方面的效应，同时还将论证财政扶贫资金对经济增长的影响。

二、实证模型、数据和变量的描述性统计

（一）实证模型

我们将在如下面板数据模型的基础之上论证扶贫资金使用对贫困发生率和经济增长率的影响：

$$y_{it} = \alpha_0 + \alpha_1 fpzjbz_{it} \tag{1}$$

上式中，被解释变量包含两类：一类是当年经济增长率 growth，为了排除物价变动的影响，我们根据 GDP 指数计算出实际 GDP 增长率；另一类是各省份 i 在 t 年份的贫困发生率（povindex）。方程中的核心解释变量是扶贫资金支出占 GDP 的比重（fpzjbz），我们用中央和地方扶贫资金支出之和占 GDP 比重来进行衡量。为了区分中央扶贫资金和地方扶贫资金对减贫和增长各自的影响，我们还引入中央扶贫资金占比（fpzybz）和地方扶贫资金占比（fpdfzb）这两个变量。

X 是控制变量向量，包括资本形成率（zbxc），用总资本形成额占 GDP 比重来表示；教育投入（edu），用财政性教育经费支出占总财政支出的比重来表示；开放度（open），用当年进出口总额乘以当年的

实际汇率之后与GDP之比表示；总人口（pop）和城镇化率（urban），用城镇人口占总人口比重来表示。在贫困发生率方程中，被解释变量还包含了实际GDP增长率。f_i 和 v_i 分别表示省份固定效应和年份固定效应。本文中各省份农村贫困发生率数据来自国家统计局住户收支与生活状况调查，中央或地方扶贫资金支出数据来自各年份《扶贫开发年鉴》，其余数据来自各年份《中国统计年鉴》或者分省统计年鉴。

（二）变量的描述性统计

图3-1刻画的是2010年以来我国GDP增长率、农村贫困发生率、扶贫资金占比的走势。一个比较明显的趋势是我国GDP增长率在2010~2013年出现明显下降的趋势，从10.6%的高速增长下降到7.7%的中高速增长。从2013年开始，我国进入经济“新常态”，GDP增长率保持了平稳下降的态势，从7.7%进一步下降到6.7%。与GDP增长率平稳下降的态势不同，我国的扶贫资金占GDP的比重在2010~2016年间出现了明显增长的态势，充分反映了我国中央政府对贫困问题的高度重视。从图3-1还可以看到，我国的扶贫资金占GDP的比重先是在2010~2013年有一个缓慢的上升，从0.20%上升到0.24%，3年间上升了0.04个百分点。2013年我国开始提出“精准扶贫”的概念，不论是中央政府还是地方政府都加大了扶贫力度，扶贫资金支出占GDP的比重开始加速上升，从0.24%上升至0.38%，3年间上升了0.14个百分点。随着财政资金扶贫力度加大，我国的农村贫困发生率也出现了明显的下降趋势，农村贫困发生率从17.2%下降到4.5%。在GDP增速明显放缓的情况下，我国农村贫困发生率还出现了明显的下降趋势，说明了我国针对农村地区的减贫措施应当是起到了明显的作用。不过，扶贫资金对农村地区的减贫效应和对全国经济发展的增

长效应从图 3－1 是很难准确把握的，为此我们将进一步进行严格的实证论证。

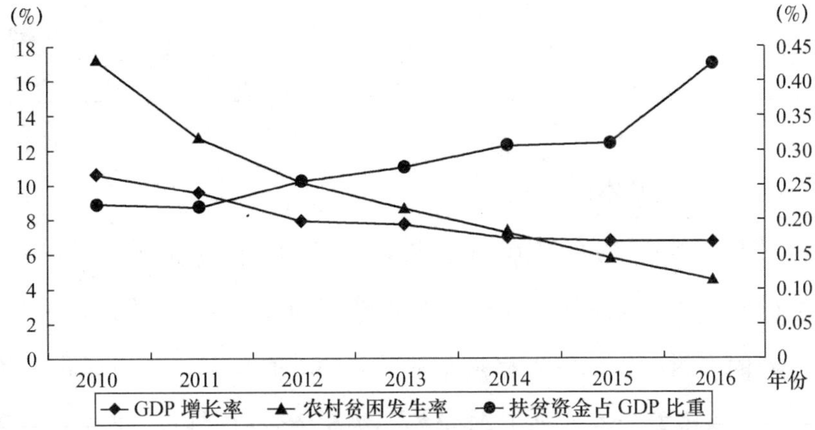

图 3－1　2010～2016 年我国经济增长、贫困发生率和扶贫资金占比走势

表 3－1 给出了所有变量的描述性统计。从中可以看到，在我国省级面板数据中，由于同时存在着省级横截面维度和时间维度，各个变量之间的差异性非常大。比如说，农村贫困发生率从极低的 0.7% 到极高的 49.2%，而且贫困发生率最高的统计数据往往发生在最早起始年份的西部地区，与这些省份整体经济发展水平相一致。其他变量也一样存在很大的差异性，这为我们后面的实证研究提供了较好的数据基础。

表 3－1　　变量的描述性统计

变　量	观测值	均值	标准误差	最小值	最大值
Povindex（%）	191	12.04	9.55	0.70	49.20
Growth（%）	196	10.28	2.94	－2.50	25.00
Fpzjbz（%）	183	0.26	0.37	0.00	2.63
Fpzybz（%）	196	0.19	0.31	0.00	2.35
Fpdfbz（%）	183	0.06	0.07	0.00	0.36
Zbxclv（%）	196	66.36	19.10	38.02	139.59
Edurate（%）	196	18.77	3.07	10.65	34.25

续表

变　量	观测值	均值	标准误差	最小值	最大值
Open（%）	196	21.09	21.45	3.23	115.10
Pop（万人）	196	4630	2776	300	10999
Urban（%）	188	50.73	10.42	18.18	69.20

（三）一些基本的事实

图3－2刻画的是2010年各省份的贫困发生率情况。可以看到，在不包含北京、天津和上海这三个直辖市的样本中，我国的各省份在2010年时农村的贫困发生率是非常不同的。而且平均来说，我国各省份的农村贫困发生率达到了21.0%，每5个农村居民中就有1个贫困人口，贫困发生率还是非常高的。其中，贫困发生率最高的5个省份依次是西藏、贵州、新疆、甘肃和云南，这些省份的农村贫困发生率都在40%以上。农村贫困发生率最低的5个省份依次是江苏、浙江、广东、福建和山东，这些省份的农村贫困发生率都在10%以下。通过观察可以发现，农村贫困发生率最高的省份都在西部地区，而最低的省份都在东部沿海地区，说明农村贫困程度跟所在省份的经济发展状况是密切相关的。

图3－3刻画的是我国2016年各省份农村贫困发生率状况。可以看到，2016年我国各省份农村贫困发生率下降到了5.6%，与2010年相比已经下降了15.4个百分点，这充分体现了这些年我国中央和地方政府在降低农村贫困和提高贫困地区农村居民生活水平所做的努力和取得的成效。2016年我国农村贫困发生率最高的5个省份分别是西藏、新疆、甘肃、贵州和云南，5个农村贫困发生率最高的省份并没有变，不过这些省份的农村贫困发生率都下降到14%以下了。5个农村贫困发生率最低的省份仍然是浙江、江苏、广东、福建和山东，这

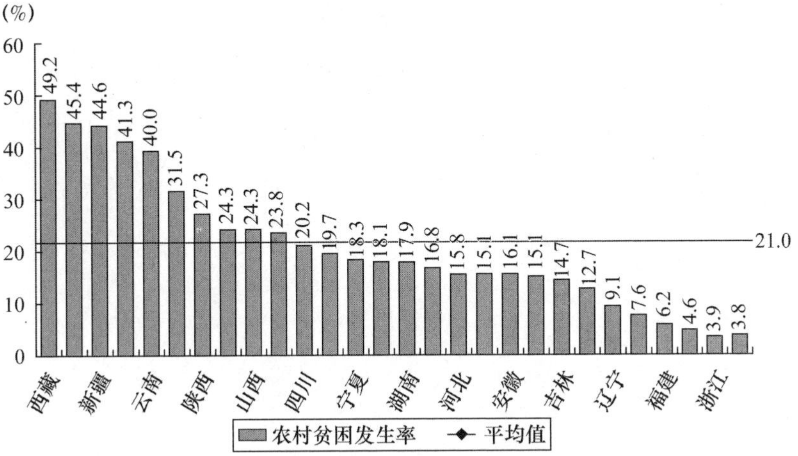

图 3－2　2010 年我国各省份农村贫困发生率

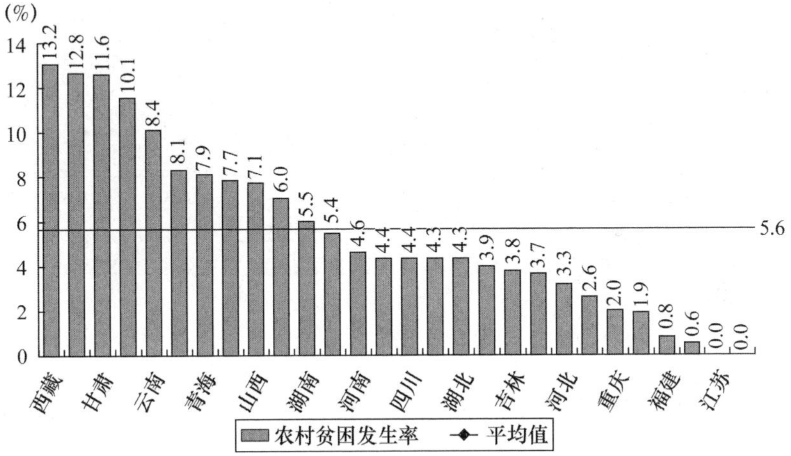

图 3－3　2016 年我国各省份农村贫困发生率

些省份的农村贫困发生率已经很低，比如说江苏、浙江、广东和福建的农村贫困发生率都已经在 1% 以下了，可以说已经基本上消灭了农村贫困问题。

为了直观地了解贫困高发地区和贫困低发地区扶贫资金占比、经济增长和资本形成在样本期间的发展趋势，我们将 2010 年贫困发生率高于平均水平的省份定义为贫困高发地区。根据这样的定义，西藏、西藏、贵州、新疆、甘肃、云南、青海、陕西、广西、山西和海南属于贫困高发地区，其余省份属于贫困低发地区。

从图3－4可以看到，在2010～2016年这段时间里，不论是农村贫困高发省份还是农村贫困低发省份，扶贫资金占GDP的比重都不同程度地出现了上升。另外，我们可以看到，贫困高发省份的扶贫资金占比明显高于贫困低发省份，而且2013年以后，这种差距还在扩大。

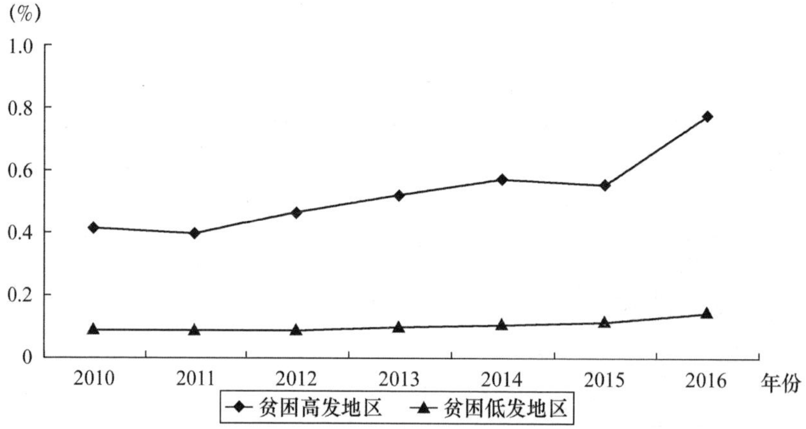

图3－4　2010～2016年贫困高发地区和低发地区扶贫资金占GDP比重

从图3－5可以看到，与扶贫资金占GDP比重类似，贫困高发地区的资本形成率也远远高于贫困低发地区。总体来说，贫困高发地区在2010～2016年间的资本形成率呈不断增加的趋势，资本形成率从2010年的72.0%上升至2016年的83.3%；贫困低发地区的资本形成率在2010～2016年间则基本保持平稳。说明贫困高发地区经济发展和工业化程度仍然比较落后，需要高强度投资促进经济的进一步发展，而贫困低发地区的工业化程度明显较高，投资驱动发展的意愿也就没有那么强烈。

从图3－6可以看到，贫困高发地区和贫困低发地区的经济增长率在2010～2016年都出现了不同程度的下降，不过总体上除了2010年

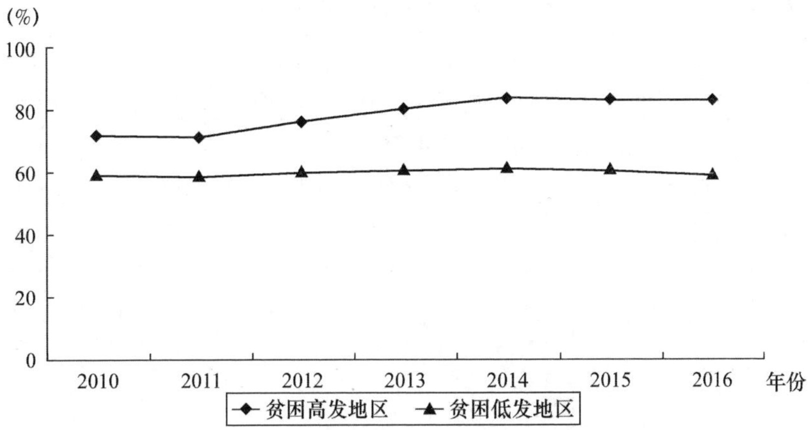

图 3－5　2010～2016 年贫困高发地区和低发地区资本形成率

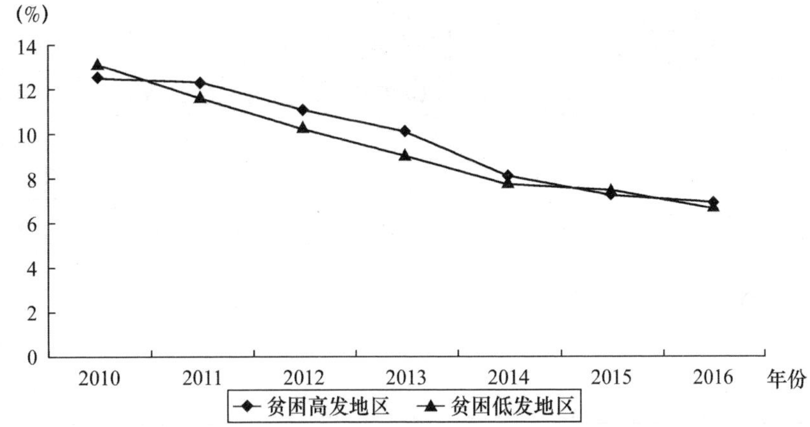

图 3～6　2010～2016 年贫困高发地区和低发地区经济增长率

之外，贫困高发地区的经济增长率都高于贫困低发地区，说明在此期间我国的经济增长出现了收敛的情形。

三、实证结果及其分析

（一）实证结果

表 3－2 列出了方程式（1）的参数估计结果。首先我们检验的是扶贫资金对经济增长的影响。第 1 列中仅仅包含了扶贫资金占 GDP 比

表 3-2 扶贫资金的增长效应和减贫效应

被解释变量	(1) growth	(2) growth	(3) growth	(4) povindex	(5) povindex	(6) povindex
fpzjbz	1.920*** (0.711)	1.872*** (0.691)	1.331* (0.801)	-14.263*** (2.479)	-13.171*** (2.411)	-11.782*** (2.885)
zbxclv		0.015 (0.017)	0.034* (0.018)		-0.115*** (0.023)	-0.110*** (0.025)
edu		-0.111* (0.062)	-0.062 (0.067)		-0.032 (0.250)	-0.053 (0.250)
pop			0.010** (0.004)			0.013* (0.007)
urban			0.011 (0.043)			-0.194*** (0.067)
open			-0.086*** (0.029)			-0.144 (0.096)
growth				-0.724** (0.282)	-0.625** (0.281)	-0.779*** (0.293)
省份固定效应	是	是	是	是	是	是
年份固定效应	是	是	是	是	是	是
_cons	12.016*** (0.330)	13.413*** (1.820)	-64.236** (30.488)	26.068*** (3.899)	31.783*** (6.705)	-54.371 (51.012)
N	183	183	177	179	179	173

注：括号中的数值是稳健的标准误差，***、** 和 * 分别表示 1%、5% 和 10% 的显著性水平。

重这样一个核心解释变量，可以看到扶贫资金前面的系数显著为正，说明扶贫资金占 GDP 比重对经济增长产生了显著的正向影响。第 2 列在第 1 列基础之上进一步引入资本形成率和教育支出占财政支出比重作为控制变量，结果发现资本形成率对经济增长的影响没有通过显著性检验，教育资本占财政支出比重对经济增长的影响为负，而且在 10% 的水平下显著。从经济学理论上来说，不论是实物资本投资还是人力资本投资对经济增长的影响都应该为正，这里教育的影响为负，似乎不符合经济学直觉。一个可能的解释是本文的被解释变量是一年前经济增长率，即短期经济增长率，而人力资本投资在短期内会影响实物资本投入和消费，因而不利于短期经济增长，但是从长期来看人力资本投资对经济增长迟早会产生正向效应。第3列进一步引入人口总量、城镇化率和开放度作为经济增长的解释变量，可以看到，人口总量对经济增长的影响显著为正，而城镇化率的影响不显著，开放度对经济增长的影响显著为负。在引入前述所有控制变量之后，我们发现扶贫资金比重对经济增长的影响在数值上有所下降，不过仍然通过了10%的显著性水平。

第4～6列列出了扶贫资金占比对农村贫困发生率的影响。第4列在仅仅控制经济增长率的情况下，扶贫资金对农村地区贫困发生率的影响为负，且在1%的显著性水平上通过检验。可以看到，经济增长率对贫困发生率的影响也显著为负，说明经济增长越快的省份，其农村贫困发生率也会下降得越快，与经济学直觉是相符合的。第5列在第4列的基础之上引入资本形成率和教育，可看到资本形成和教育都对贫困发生率的影响为负，只是教育的影响没有通过显著性检验。第6列进一步引入总人口、城镇化率和开放度，可以看到，总人口对贫困发生率的影响为正，且通过了10%的显著性检验，说明人口过多会导致减贫困难。城镇化率对农村贫困发生率的影响为负，而且通过了1%的显著性水平，说明降低农民数量是降低农村贫困发生率的重要手段。开放度对农村贫困发生率的影响为负，不过没有通过显著性检验。在控制了所有变量之后，我们发现扶贫资金占比对贫困发生率的影响仍然为负，而且都在1%的显著性水平上通过了检验。第4～6列的参数估计结果均表明我国的扶贫资金的确存在着明显的减贫效应，尤其是我们还控制了经济增长率的影响。

根据表3-2的参数估计结果，我们大致可以得出这样的结论：财政扶贫资金对我国经济增长的影响为正，不过这一影响只是在10%的显著性水平上通过了检验。而扶贫资金对农村贫困发生率的影响一直都是显著为负的，说明扶贫资金既存在着明显的减贫效应，也存在着微弱的增长效应。根据第3列的参数估计结果，我们发现扶贫资金占GDP的比重每上升1个百分点将会导致经济增长率增加1.33个百分点。根据我们的样本数据，2010～2016年我国的扶贫资金占比上升了0.18个百分点，也就是说对经济增长率的贡献为0.24个百分点，在此期间我国的经济增长率达到了54.8%，也就是说，扶贫资金对经济增长的贡献度为0.44%。根据第6列的参数估计结果，扶贫资金占GDP比重每上升1个百分点将会导致贫困发生率下降11.78个百分点，前面说过扶贫资金在样本期间内上升了0.18个百分点，也就是说使得样本期间内农村贫困发生率下降了2.12个百分点，样本期间内贫困发生率从2010年的17.2%下降到6.2%，一共下降了11.0%，由扶贫资金导致的对农村减贫的贡献度为19.3%。由此可见，扶贫资金对农村减贫效应是主要的，增长效应是次要的。

（二）考虑内生性的结果

本章的核心解释变量是扶贫资金占比。由于扶贫资金主要由中央财经资金拨付，在很大程度上受到政策的影响，因此从经济学理论上来说，本文的核心解释变量并不存在严重的内生性问题。不过，由于地方财政扶贫资金近些年来有所增加，地方财政扶贫资金有可能受到地方省份经济增长的影响，因此也有可能存在一定的反向因果关系问题，尤其当地方农村贫困发生率很高时，地方政府更得增加扶贫资金支出。为了解决可能的内生性问题，我们用滞后1期和滞后3期的扶贫资金占比作为扶贫资金的代理变量重新进行参数估计，估计结果如表3－3所示。

表3－3　　考虑内生性问题后扶贫资金增长效应和减贫效应

被解释变量	(1) growth	(2) growth	(3) povindex	(4) povindex
L. fpzjbz	0.476 (1.044)		－11.012** (4.482)	
L3. fpzjbz		0.382 (0.848)		－6.999*** (1.619)
zbxclv	0.036* (0.019)	0.041 (0.035)	－0.108*** (0.031)	－0.062*** (0.022)
edurate	－0.004 (0.088)	－0.076 (0.110)	－0.677*** (0.224)	－0.374** (0.150)
pop	0.010** (0.004)	0.006 (0.006)	0.008 (0.006)	0.003 (0.005)
urban	0.066* (0.039)	0.040 (0.037)	－0.138* (0.082)	－0.088** (0.043)
open	－0.120*** (0.033)	－0.098 (0.060)	－0.095 (0.082)	0.046 (0.084)
growth1			－0.177 (0.153)	0.096 (0.126)
省份固定效应	是	是	是	是
年份固定效应	是	是	是	是
_ cons	－62.283** (29.185)	－38.420 (45.565)	－13.800 (40.056)	－3.278 (38.552)
N	157	104	153	100

注：L. 和L3. 分别代表滞后1期或者滞后3期；括号中的数值是稳健的标准误差，***、**和*分别表示1%、5%和10%的显著性水平。

从表3－3的估计结果可以看到，当我们用滞后解释变量作为代理变量后，发现扶贫资金对经济增长的影响为正，不过不论是滞后1期变量还是滞后3期变量都没有通过显著性检验。与增长效应形成明显对比的是，不论是滞后 1 期还是滞后 3 期，扶贫资金的减贫效应都是非常显著的。而且由第 3 列和第 4 列的结果还可以看到，实物资本投资和城镇化率都是降低农村贫困发生率的重要手段。

从表 3 - 3 还可以看到，在考虑了内生性问题之后，教育对贫困发生率也会产生显著负向的影响，这说明提高贫困地区的教育水平从长期来看对减贫也会产生积极的效果。由于实物资本投资和人力资本投资都能够对农村贫困产生积极的降低作用，这里面也就有了这样一层政策含义，即加大对农村地区的实物资本投资和人力资本投资能够产生积极的效果。财政资金在实物投资和人力投资方面都能够发挥积极的作用，比如说加强贫困农村地区的基础设施建设，增加对贫困农村地区在教育上的转移支付等等。

此外，我们发现不论是否考虑内生性问题，提高城镇化率都是降低农村贫困发生率的重要手段。这一点并不难解释：只有用更少的农村人口为更多的城市人口提供农产品，才能够从真正意义上提高农业生产效率，从而最终实现农民致富的目的。因此，从这个意义上来说，我国不断提高的城镇化率很可能是农村贫困发生率不断降低的原因之一。

（三）分中央和地方扶贫资金的影响

前面已经说过，扶贫资金主要来源于两个渠道，一个是中央财政扶贫专项资金，还有一个是地方政府扶贫资金。为了区分这两种扶贫资金各自的增长效应和减贫效应，我们分别估计了它们各自对经济增长和农村贫困发生率的影响，表 3 - 4 报告了这一估计结果。

首先，我们发现中央财政的扶贫资金对经济增长的影响为正，而且在 5% 的显著性水平上通过了检验，而地方财政扶贫资金的增长效

表3－4　分地方和中央扶贫资金的增长效应和减贫效应

被解释变量	(1) growth	(2) growth	(3) povindex	(4) povindex
fpzybz	1.797** (0.859)		－12.299*** (3.036)	
fpdfbz		0.120 (3.042)		－25.909*** (8.636)
zbxclv	0.032* (0.017)	0.039** (0.020)	－0.139*** (0.026)	－0.099*** (0.030)
edurate	－0.070 (0.066)	－0.056 (0.073)	0.123 (0.230)	－0.064 (0.310)
pop	0.008** (0.003)	0.010** (0.004)	0.016** (0.007)	0.019** (0.008)
urban	0.014 (0.042)	0.018 (0.044)	－0.233*** (0.066)	－0.231*** (0.073)
open	－0.060*** (0.019)	－0.091*** (0.029)	－0.105* (0.062)	－0.089 (0.105)
growth1			－0.751** (0.295)	－0.938*** (0.288)
省份固定效应	是	是	是	是
年份固定效应	是	是	是	是
_cons	－46.450* (23.839)	－60.459** (30.005)	－71.660 (47.809)	－93.224* (54.002)
N	188	177	183	173

注：括号中的数值是稳健的标准误差，***、**和*分别表示1%、5%和10%的显著性水平。

应虽然也为正，但是没能通过显著性检验。而不论是中央政府扶贫资金还是地方财政扶贫资金，都对农村贫困发生率有着显著的降低效果。但是从数值上来看，地方财政扶贫资金的减贫效应明显更强一些。从表3－4的估计结果可以看到，中央政府的扶贫资金既有增长效应也有减贫效应，但是减贫效应更加明显；而地方政府的扶贫资金只有减贫效应而没有增长效应，但是地方政府的扶贫资金相对于中央政府来说，减贫效应更加明显。从表3－4还可以看到，即使将扶贫资金分成中央和地方之后，我们仍然发现实物资本投资和城镇化率对农村贫困发生率的积极降低作用。

四、结论及政策含义

这一部分我们主要分析不同省份农村贫困发生率的特点，比较贫困高发省份和贫困低发省份之间在贫困资金使用、资本形成率和经济发展方面的不同，最后再通过省级面板数据模型论证扶贫资金对经济增长和农村扶贫发生率的影响，同时还比较了中央的扶贫资金和地方扶贫资金对经济增长和减贫各自的影响。

基于现有的数据，我们发现我国不同省份的农村贫困发生率存在着很大的不同。2010年农村贫困发生率最低的省份基本上已经消除了贫困，而贫困发生率最高的省份农村贫困发生率接近50%。结果6年时间的扶贫减贫，2016年我国各个省份的农村贫困发生率都已经大幅度下降，农村贫困发生率最高的5个省份贫困发生率都已经降到14%以下。不过，通过比较我们发现，2010年农村贫困发生率最高的5个省份在2016年仍然是贫困发生率最高的5个省份，另外，所有农村贫困发生率最高的5个省份都是西部省份，而所有农村贫困发生率最低的省份都是东部沿海省份。从这一点来说，消除贫困最主要的手段恐怕还得依靠发展地区经济。当我们将不同省份根据2010年农村贫困发生率将它们分成贫困高发地区和贫困低发地区之后，通过对比发现贫困高发省份贫困资金占GDP比重、资本形成率和经济增长率都高于贫困低发省份。这说明总体来说，国家加大了对贫困高发省份的资金投入，落后地区的经济发展在一定程度上正在追赶发达省份，我国各省份的经济发展出现了绝对收敛的情形。

我们最后基于省级面板数据模型估计了扶贫资金的使用效果，主要包含两个方面：一个是增长效应一个是减贫效应。基于面板数据的双固定效应模型，我们发现扶贫资金既有增长效应也有减贫效应。在2010～2016 年间，由扶贫资金支出导致的经济增长为 0. 24 个百分点，对经济增长的贡献度很低，仅为 0. 44%。但是扶贫资金对减贫的直接效应还是较大的。样本期间内，扶贫资金支出导致的直接减贫效果是 2. 12 个百分点，对减贫的贡献度达到了 19. 3%。这就意味着扶贫资金总体来说还是起到了一定的效果，而且该效果主要是减贫效应，增长效应是次要的。另外，当我们根据扶贫资金来源分成中央和地方两个部分之后，我们发现中央政府的扶贫资金既有增长效应，又有减贫效应，而地方政府的扶贫资金只有减贫效应。但是，两相比较发现，地方政府的扶贫资金的减贫效应明显要高于中央政府，说明地方政府的扶贫资金可能更加关注于减贫，而中央政府的扶贫资金在关注于减贫的同时也关注于地方经济增长。总体来说，实证结果肯定了这些年我国扶贫减贫的成绩，也证实了扶贫资金利用在经济增长和减贫方面的作用。

除了扶贫资金在减贫方面的作用之外，我们发现实物资本投资、人力资本投资和城镇化率能够显著地降低贫困发生率，这就引申出如下一些政策含义。

首先，我们发现中央扶贫资金既有减贫效应，又有增长效应，地方扶贫资金只有减贫效应没有增长效应，但是地方扶贫资金的减贫效应明显强于中央扶贫资金的减贫效应。由于只有持续不断的经济增长才是降低贫困最根本的策略，中央扶贫资金既有减贫的即时效应（短期治标作用）又有减贫的长期效应（治本作用），而地方扶贫资金则仅仅有治标作用，因此中央扶贫资金与地方扶贫资金应当有效结合，这样才能够达到降低贫困的标本兼治作用。

其次，实物资本投资对农村贫困有着积极的降低作用，这就意味着财政资金应当加强向贫困农村地区进行投入。我们认为农村贫困地区之所以贫困的一个重要原因之一在于基础设施落后，与外界联系少，相对闭塞，导致外面的经济发展难以对这些地区的经济发展产生溢出效应。加强对贫困农村地区的基础设施建设，是促进这些地区经济增长和贫困降低的又一个重要手段。

最后，积极发展新型城镇化，将更多的农民变成市民是降低农村贫困发生率的又一个重要手段。所谓新型城镇化就是以人为本的城镇化，以人为本的城镇化有利于发挥农民脱贫的主体作用。以实现人的全面发展为目标，注重满足人们需求的城镇化建设，可以有效促进教育、医疗、社会保障等基本公共服务均等化发展，提升农民的参与积极性，能够调动农民在精准扶贫中的主观能动性。城镇化建设中的农民市民化，有效地解决了农民工身份问题。此外，以人为本的城镇化还能够让贫困地区的众多处于半失业的农民来到城市务工，一方面通过务工获取更高的收入，另一方面减少贫困地区的农民人数，让更少的农民耕种更多的天地，实现规模化生产和经营，从而达到提高所有人收入的目的。从这个意义上来说，我国应当逐渐取消户籍制度，让更多的农民成为真正的市民。

第四章

国贫县认定与贫困县经济增长：扶贫县级瞄准的经济增长效应

一、引言

这一部分将主要基于县级层面的数据估计财政扶贫资金对县域经济增长的影响。由于在县级层面上收集不到财政资金数据，也很难收集大量的县级农村贫困发生率数据，我们只能够利用现有的贫困县识别数据估计贫困县识别对贫困县经济增长的影响。我们认为贫困县识别对贫困县的经济增长的影响可以从侧面反映出财政扶贫资金对经济增长的影响，而经济增长又可以进一步降低贫困县的贫困发生率。为什么可以用贫困县认定来代替财政扶贫资金呢？这是因为在我国首先要对是否贫困县进行认定，然后才会根据认定的贫困县给予相应的扶贫资金支持。贫困县的认定有一套比较严格的标准体系，目前我国国家级重点贫困县确定采用“631 指数法”测定：贫困人口（占全国比例）占 60% 权重（其中绝对贫困人口与低收入人口各占 80% 与 20% 比例）；农民人均纯收入较低的县数（占全国比例）占 30% 权重；人均 GDP 低的县数、人均财政收入低的县数占 10% 权重。其中：人均低收入以1300元为标准，老区、少数民族、边疆地区为1500元；人均GDP以2700元为标准；人均财政收入以120元为标准。根据以上原则和方法，在全国中西部21个省区市确定了592个县（旗、市）为国家扶贫开发工作重点县。2012年提出连片特困区概念，使得实际认定的国家级贫困县数量达到835个。

中央政府针对这些贫困县明显给与了极大的财政资金的支持，这一点从图4-1就可以看出来。贫困县的财政支出占GDP比重明显高于非贫困县，这是因为中央财政在很大程度上对贫困县给予了转移支付，其中就包含了大量的扶贫资金支持。

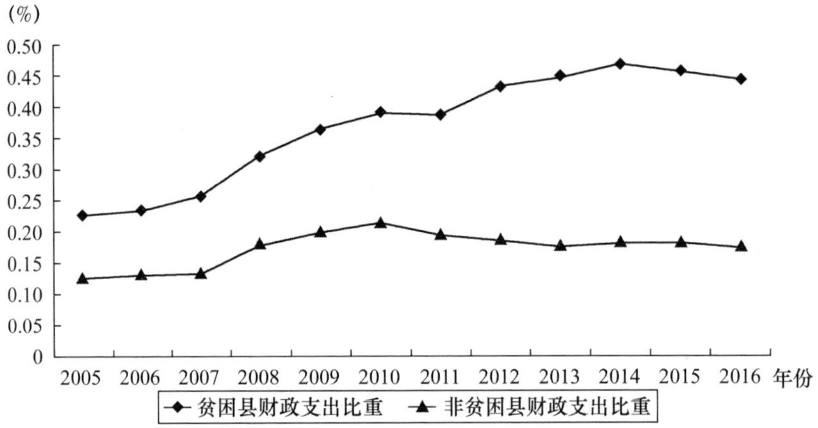

图4-1 贫困县和非贫困县财政支出占GDP比重变化趋势

从图4-1还可以看到，2011年之前虽然贫困县的财政支出占GDP比重与非贫困县都保持一定的上升态势，但是在趋势上总体是一致的。但是2011年之后，贫困县的财政支出占GDP比重仍然呈上升趋势，而非贫困县的财政支出占GDP比重则基本保持不变，说明中央财政资金应当是加大了对贫困县的转移支付力度，使得两者之间的差距越来越大。由于中央财政资金对贫困县的转移支付有相当一部分用于扶贫，因此我们认为贫困县认定本身对贫困县经济增长的影响就可以在一定程度上反映财政扶贫资金对贫困县经济增长的影响。

二、模型、变量和数据

（一）实证模型介绍

一般情况下，一个县一旦被认定为贫困县，那么为了支持贫困县的发展，中央和地方政府都会想办法为该贫困县提供一系列优惠政策措施，以便提高贫困县贫困村民的收入和生活水平。贫困县的认定可以从正反两个方面来影响贫困县的经济增长。正向方面，比如说中央政府加强对贫困地区的财政转移，引导国内外企业投资贫困地区，对贫困地区进行税收减免等等，这些都是对经济发展有利的因素。反向方向的因素则是一旦被认定为贫困县，地方政府有可能没有发展经济的动力，因为可以坐等中央政府或者所在省政府进行输血，形成“等靠要”的思维，从而阻碍经济发展。为了检验新一轮的贫困县认定对贫困县经济发展的影响，我们收集了2010年、2013年和2016年三个年份的县级数据，基于如下回归模型进行实证研究：

$$Ggdp_i = \alpha \qquad (1)$$

这里被解释变量有两种算法，一种是3年期年均经济增长率Ggdp 3，一种是6年期平均经济增长率Ggdp 6。我们首先根据各年份各县所在省份的GDP平减指数计算各县基于2010年不变价的实际GDP，然后除以所在县的人口得到人均实际GDP，最后再计算各县市的人均实际GDP 3年期年均增长率和6年期年均增长率。$Poverty_i$是虚拟变量，代表该县是否是国家认定的贫困县，如果是取值1，否则取值0，这是本文的核心解释变量，反映的就是贫困县的认定对贫困县中期或者中长期经济增长的影响。X 是其他控制变量向量，包括：固定资产投资率（Tzlv），用固定资产投资占 GDP 比重来衡量；人力资本投入（Sch），用每万人中普通中学在校生人数来衡量；政府规模（Govsize），用政府财政性支出占 GDP 比重衡量；工业产值比重（Gybz），用工业总产值占 GDP 比重衡量。prov 是省份虚拟变量，ε_{it} 是残差项。为了部分地控制解释变量的内生性问题，当被解释变量是 Ggdp 3 时，我们用滞后 3 期的解释变量进行参数估计，当被解释变量是 Ggdp 6 时，我们用滞后 6 期的解释变量进行参数估计。这样，根据我们现有的数据，在进行实证检验时，实际上有两组数据，一组是包含了两个时间维度的重复横截面数据，一组是包含了一个时间维度的横截面数据。

（二）变量的描述性统计

表 4 - 1 给出了两组变量的描述性统计。PanelA 和 PanelB 分别是被解释变量为 3 年和 6 年期年均经济增长率的数据。可以看到，2010 ~ 2016 年间，样本县域保持了很高的经济增长速度，年人均 GDP 增长率都为 9.0%，与我国整体上经济保持高速增长是相符合的。不同县域的经济增速有着很大的差异性，比如说在 3 年期经济增长率样本中，经济增速最小的为 - 28%，最大的达到了 84%，这就意味着有的县域在三年中人均 GDP 缩小了一半以上，而有的县域三年中人均 GDP 增加了 5 倍以上。

为了比较贫困县与非贫困县之间经济增长速度的差异，我们样本中包含了 630 个贫困县和 653 个非贫困县，贫困县的比重接近一半。此外，从表 4 - 1 还可以看到，样本县域的投资率非常高，平均来说达到了 87%（2010 年和 2013 年平均水平）和 85%（2010 年的平均水平）。有相当多的县域固定资产投资在有些年份都远远超过了 GDP。由于样本中将近一半的县都是贫困县，这种高固定资产投资率有其合理之处。政府规模（用财政支出占 GDP 比重衡量）反映了一个地区的财政收支能力，可以看到，样本县域的平均政府规模为 32%，这一比重远远低于当前发达国家 45% 的平均水平。不过由于样本县域中很多是贫困县，中央政府对他们进行了大量的财政转移支付，所以有些县域的政府支出都超过了当地的 GDP 水平。最后，县域样本的工业产值平均占 GDP 占比超过了 100%，说明总体上县域样本主要还是依靠第二产业驱动经济发展。

表 4-1　变量的描述性统计

变　量	观测值	均　值	标准误差	最小值	最大值
Panel A：被解释变量为 3 年期平均经济增长率					
Ggdp 3	2100	0.09	0.08	-0.28	0.84
Poverty	2157	0.50	0.50	0.00	1.00
Pcgdp	2121	21728.74	27657.63	2543.72	392232.40
Tzlv	2124	0.87	0.47	0.03	5.17
Sch	2120	500.21	163.48	73.47	2011.75
Govsize	2156	0.32	0.28	0.04	3.06
Gybz	2105	1.11	0.77	0.00	8.14
Panel B：被解释变量为 6 年期平均经济增长率					
Ggdp 6	866	0.09	0.05	-0.20	0.39
Poverty	1226	0.49	0.50	0.00	1.00
Pcgdp	1226	18167.66	21330.16	2543.72	288043.10
Tzlv	1200	0.85	0.51	0.03	5.17
Sch	1226	529.98	169.64	73.47	2011.75
Govsize	1226	0.33	0.32	0.04	3.06
Gybz	1181	1.19	0.80	0.00	8.14

（三）一些基本的事实

下列图给出了本文的样本县域中贫困县和非贫困县之间在人均GDP水平、政府规模、固定资产投资率和工业产值比重方面的差异。

图4－2刻画的是2010～2016年国贫县和非国贫县人均实际GDP的走势。可以看到，总体上来说，国贫县的人均GDP远远低于非国贫县。不过简单的走势表明，国贫县的经济增速在2010～2016年间略高于非国贫县。通过计算我们发现平均来说，2010～2016年间国贫县的年人均GDP增长率为9.01%，非国贫县的年人均GDP增长率为8.80%，再一次表明贫困地区的经济发展正在向先进地区收敛。

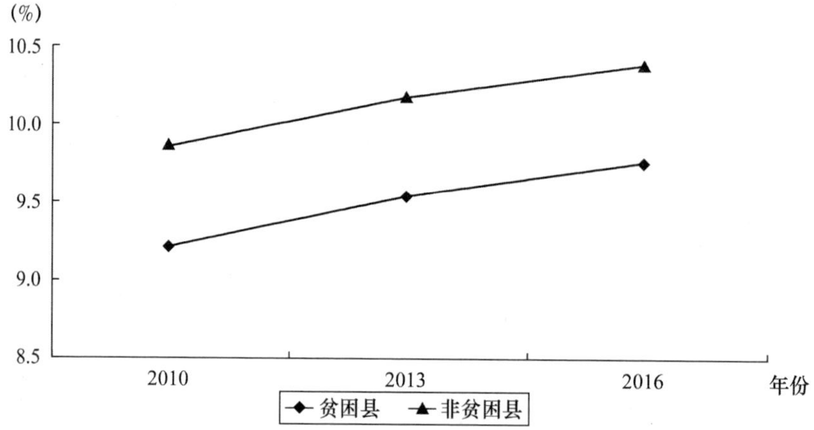

图4－2　2010～2016年国贫县和非国贫县人均GDP走势

图4－3刻画的是2010～2016年国贫县和非国贫县固定资产投资率的走势。总体上来看，国贫县和非国贫县在2010～2016年间都呈现平稳上升态势，而在所有年份里，国贫县的固定资产投资率都明显高于非国贫县，这一差距在2013年有所扩大，而到了2016年又有所下降。

图4－4刻画的是2010～2016年国贫县和非国贫县政府支出占GDP比重的走势。总体来说，国贫县和非国贫县的政府规模在样本期

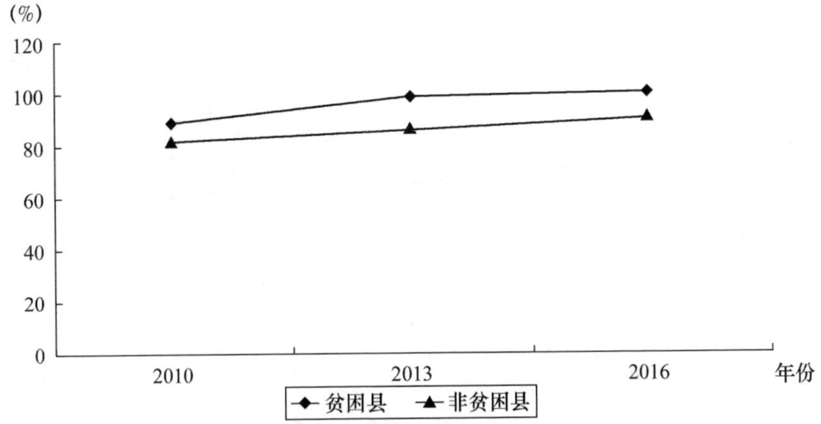

图 4－3　2010～2016 年国贫县和非国贫县固定资产投资率走势

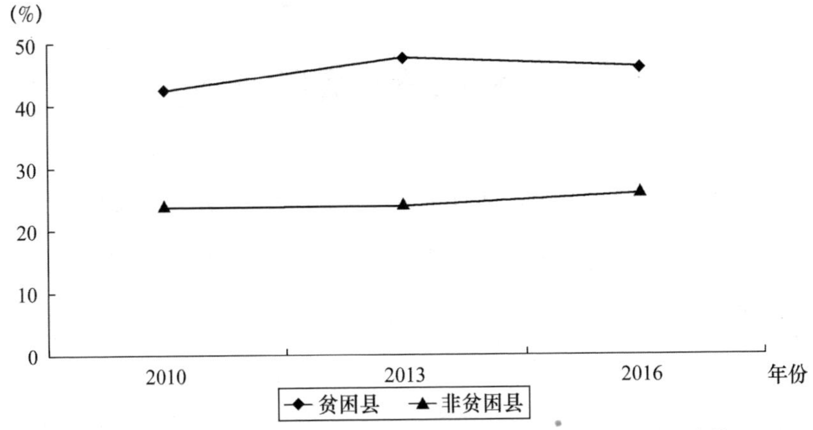

图 4－4　2010～2016 年国贫县与非国贫县政府支出占 GDP 比重走势

间都略有扩大的迹象。相比而言，国贫县的政府规模远远大于非国贫县，几乎是非国贫县的两倍。一个重要的原因是国贫县的 GDP 相对较低，而为了发展经济和降低贫困，中央和省级政府都加大了对贫困县的财政转移支付，使得国贫县在政府支出方面相对于 GDP 而言明显更大一些。

从图 4－5 可以看到，总体来说，2010～2016 年国贫县和非国贫县的工业增加值比重都出现了一定的下滑。国贫县的工业增加值比重明显低于非国贫县，体现了国贫县工业发展能力方面的不足。

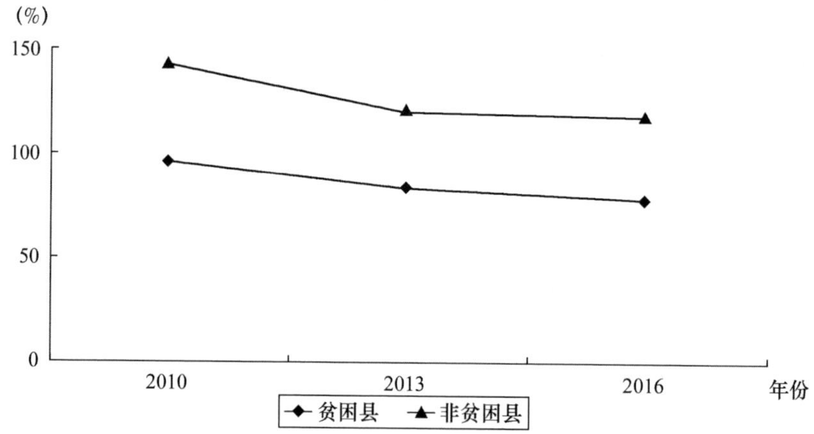

图4-5 2010~2016年国贫县与非国贫县工业增加值占GDP比重走势

三、实证结果：基准回归

对方程式（1）的OLS估计如表4-2所示。第1列仅仅包含贫困县的认定变量，可以看到，贫困县的认定对贫困县的经济增长产生了显著的正向影响，相对于非贫困县来说，认定为贫困县之后，该县的经济增速增加了1.1个百分点。第2列在第1列的基础之上引入了投资率和每万人中普通中学生人数，可以看到，投资率对经济增长的影响显著为正，每万人中普通中学生人数对经济增长的影响显著为负，说明了样本县域的经济增长主要还是依靠实物资本投资来驱动。在控制了投资率和教育水平之后，贫困县认定对贫困县的经济增长仍然产生正向影响，只是数值下降到0.8个百分点。第3列在第2列基础之上再引入政府规模和工业产值比重这两个变量。可以看到，政府规模和工业产值比重都对经济增长产生显著的正向影响。而在控制了所有控制变量之后，贫困县认定促使贫困县的经济增速快了0.6个百分点。与第1列相比，第3列是否贫困县前面的系数为正，不过不论是在数值上还是在显著性水平上都明显贬低，这说明贫困县一经认定之后，中央政府会假定对其投资力度和转移支付，使得其经济增长高于非贫困县。

表 4-2　　贫困与否对经济增长的影响

被解释变量	(1) Ggdp 3	(2) Ggdp 3	(3) Ggdp 3	(4) Ggdp 6	(5) Ggdp 6	(6) Ggdp 6
poverty	0.011*** (0.004)	0.008** (0.003)	0.006* (0.003)	0.012*** (0.003)	0.010*** (0.003)	0.008** (0.004)
Tzlv		0.035*** (0.005)	0.027*** (0.005)		0.026*** (0.005)	0.022*** (0.005)
Sch		-0.060*** (0.015)	-0.060*** (0.015)		-0.040*** (0.013)	-0.040*** (0.013)
Govsize			0.049** (0.022)			0.024 (0.017)
Gybz			0.009*** (0.003)			0.001 (0.002)
省份虚拟变量	是	是	是	是	是	是
年份虚拟变量	是	是	是	是	是	是
_cons	0.082*** (0.003)	0.084*** (0.009)	0.072*** (0.010)	0.053*** (0.003)	0.051*** (0.007)	0.050*** (0.008)
N	2100	2071	2032	879	874	869
R^2	0.19	0.24	0.26	0.20	0.27	0.28

注：括号中的数值是稳健的标准误差，***、** 和 * 分别表示 1%、5% 和 10% 的显著性水平。

前面第 1~3 列被解释变量是 3 年期年均经济增长率，反映的是贫困认定对贫困县短期经济增长的影响，第 4~6 列被解释变量是 6 年期年均经济增长率，反映的是贫困认定对贫困县中长期经济增长的影响。第 4 列仅仅列出了贫困县认定对经济增长的影响，可以看到，相对于非贫困县而言，贫困县认定导致贫困县的经济增速增加了 1.2 个百分点。第 5 列在第 4 列基础上加入固定资产投资比重和每万人中学在校生人数，与第2列的情况一样，固定资产投资率对6年期平均经济增长率的影响为正，每万人中学在校生人数对6年期平均经济增长率的影响为负。在控制了这两个变量之后，贫困县认定对贫困县的经济增长率仍然产生显著正向的影响。第6列在第5列基础之上进一步引入政府规模和工业产值比重这两个变量，不过这一次与第3列的估计结果不同，政府规模和工业产值比重对6年期平均经济增长率的影响都没有通过显著性检验，贫困县认定对贫困县的中长期经济增长的影响仍然显著为正，相对于非贫困县而言，贫困县的经济增速多增长了0.8个百分点。

从第6列可以看出，贫困县认定对贫困县长期经济增长的正向影响机制主要是增加了固定资产投资。也就是说，从长期来看，贫困县相对于非贫困县来说，其长期经济增长速度提高主要还是在于固定资产投资率更高一些。在本文的样本中，非贫困县的固定资产投资率为81%，贫困县的投资率为93%，贫困县的投资率在1%的显著性水平下高于非贫困县。根据计算，仅仅是固定资产投资就可以使得贫困县的经济增长率高出非贫困县0.264（$0.12\times0.022\times100=0.264$）个百分点。

四、因果分析：基于2SLS估计

贫困县的认定有可能与经济增长率之间存在着逆向因果关系，即一些县域因为经济增长缓慢所以被列为贫困县，这就会导致本文的核心解释变量，即是否为国家贫困县是一个内生变量，从而导致OLS估计是有偏的。为了解决这一内生性问题，我们决定引入工具变量，通过两阶段最小二乘估计方法（2SLS）进行参数估计。由于在贫困县的认定中，一个重要的指标就是该县农村人均纯收入，比如说2012年人均年收入少于2300元人民币的县算国家级贫困县。由于人均纯收入与人均实际GDP是高度相关的，本文用人均GDP作为贫困与否的工具变量，进行2SLS估计。

表4－3列出了贫困与否对贫困县经济增长的2SLS估计，表格中报告了第一阶段排除性工具变量的参数估计结果和F统计值。可以看到，对数人均实际GDP对贫困与否的影响显著为负，这一点是完全符合现实的，收入越高的区县被评为国家贫困县的概率越低。所有第一阶段排除性工具变量的F统计值都在100以上，远远高于拇指法则所规定的10以上，说明所选择的工具变量是有效的。2SLS估计结果表明贫困县的认定对贫困县的经济增长存在着因果影响，其参数估计值，即贫困与否对经济增长影响的大小与OLS相比只是在包含了所有的解释变量情况下，即第3列和地列的结果中略高一点点。证实了国家将这些收入低的县域列为国家级贫困县之后，有针对性地对这些县域进行投资和税收减免对这些贫困县的短期和中长期经济增长还是产生了实际上的因果影响。

表4－3　　贫困与否对经济增长的因果影响

被解释变量	(1) Ggdp 3	(2) Ggdp 3	(3) Ggdp 3	(4) Ggdp 6	(5) Ggdp 6	(6) Ggdp 6
poverty	0.009*** (0.018)	0.008*** (0.018)	0.011*** (0.027)	0.007*** (0.009)	0.006*** (0.009)	0.009*** (0.015)
tzlv		0.029*** (0.005)	0.033*** (0.006)		0.022*** (0.005)	0.028*** (0.005)
pcmidsch		－0.006*** (0.002)	－0.007*** (0.002)		－0.004*** (0.002)	－0.005*** (0.001)
govsize			－0.033 (0.031)			－0.053*** (0.021)

续表

被解释变量	(1) Ggdp 3	(2) Ggdp 3	(3) Ggdp 3	(4) Ggdp 6	(5) Ggdp 6	(6) Ggdp 6
gybz			0.020 *** (0.005)			0.009 ** (0.004)
第一阶段估计						
Lnpcgdp	-0.429 *** (0.015)	-0.428 *** (0.015)	-0.364 *** (0.019)	-0.455 *** (0.022)	-0.456 *** (0.022)	-0.370 *** (0.031)
排除性 F 统计值	864.27	824.68	363.16	422.31	410.96	141.33
省份虚拟变量	是	是	是	是	是	是
年份虚拟变量	是	是	是	是	是	是
_cons	0.037 *** (0.011)	0.102 *** (0.015)	0.042 ** (0.017)	0.070 *** (0.008)	0.075 *** (0.011)	0.091 *** (0.012)
N	2100	2071	2032	879	874	869

注：括号中的数值是稳健的标准误差，*** 、** 和 * 分别表示 1%、5% 和 10% 的显著性水平。

从第 3 列和第 6 列的估计结果来看，国贫县认定对贫困县的短期和中长期经济增长的影响都有显著正向的影响。在加入了所有控制变量之后，贫困县认定对短期经济增长的影响是 1.1 个百分点，对中长期经济增长的影响是 0.9 个百分点，对短期或者中长期经济增长的贡献度都在 10% 以上。

五、结　论

这一部分我们收集县级数据分析国家级贫困县认定对贫困县经济发展的影响。我们首先比较了 2010 ~ 2016 年间国贫县和非国贫县在经济发展、固定资本投资、政府规模和工业增加值的走势情况。通过简单的数据分析发现，虽然国贫县的人均实际 GDP 远远低于非国贫县，但是经济增长率要比非国贫县更高一些。此外，我们还发现国贫县的固定资本投资率和政府规模都远远大于非国贫县，但是工业增加值比重却远远低于非国贫县。一个基本的结论就是经过这些年的扶贫减贫，国贫县的经济发展正在向非国贫县收敛，但是国贫县经济发展的过多地依赖于中央和省级政府的财政转移支付，自身工业化发展仍然远远不足。

根据已有的县域数据，我们基于 OLS 和 2SLS 法估计贫困县认定对贫困县经济增长率的影响。结果发现当一个县被认定为国家级贫困县之后，该县后来的经济增长会保持一个较高的增速。我们发现，认定国贫县对经济增长的正向促进作用很可能是中央和省政府加强了对国家贫困县的转移支付，同时贫困县自己也加大了投资率，使得贫困县的经济增速高于非贫困县，从而进一步使得全国区域经济增长出现了收敛的情形。

第五章

财政扶贫资金对盐池县脱贫攻坚贡献率评估

财政扶贫资金是各级政府及其部门用于支持脱贫攻坚项目（含对个人和家庭的补助项目）的各类财政资金，包括全部或者部分用于产业扶贫、易地扶贫搬迁、就业扶贫、危房改造、教育扶贫、健康扶贫、生态扶贫、基本医疗、社会救助、农村基础设施建设以及光伏扶贫、旅游扶贫、文化扶贫等项目资金。中央财政资金通过“因素法”，考虑各地区贫困人口、农民人均纯收入、地方财力和政策调整因素进行分配；地方财政资金则根据国家和本地区贫困标准、地方贫困人口收入状况、地方财力和地方政策调整等因素进行配套。

财政扶贫资金在扶贫方式上，一是以普惠性财政公共服务资金形式，贫困和非贫困家庭均可无差别得以享受，如基础设施投资、义务教育、合作医疗、农村低保、生态保护（退耕还林、退牧还草）、农村社保、农村文教卫建设等；二是以专项财政扶贫资金形式，专门针对建档立卡贫困人口的资金，包括产业扶贫小额信贷财政贴息、以工代赈、易地搬迁、各类扶贫发展基金、财政兜底扶贫资金等形式。

本章以宁夏回族自治区盐池县为样本地区开展研究。盐池县在扶贫工作中，采取了以上各类扶贫攻坚措施，既有普惠性财政公共服务，也有针对性精准扶贫专项资金方式。其中最具特色的是通过建立诚信文化、发掘特色产业，构建以银行信贷、金融保险为支撑的专项资金产业扶贫小额信贷机制，创新开展的金融扶贫“盐池模式”。2016 年、2017 年盐池县连续受到国务院表扬，实行“免督查”并给予 1 亿元额度的国家专项建设基金及其他 6 项激励措施。以该地区为样本，深入调研和定量分析，精准评估财政资金应用成效，有利于提高扶贫效率，总结可复制、可推广的经验。

一、盐池县贫困人口基本情况

盐池县位于宁夏自治区吴忠市东北部，地处陕甘宁蒙四省交界的毛乌素沙漠南缘，地广人稀，是国家级贫困县。2017 年盐池县辖 4 乡 4 镇 1 个街道办，102 个行政村，总人口 17 万人，其中农业人口 13.9 万人。根据“盐池县精准扶贫管理系统”，2017 年底有贫困村 74 个，贫困人口 11313 户 34275 人，其中兜底户 2371 户 5112 人。主要致贫原因一是因病和因残（42.31%）；二是缺技术（35.84%）。此外还有因为高等教育费用、自然灾害和缺乏劳动力等原因（具体见表 5－1）。

二、盐池县财政资金支持扶贫方式

财政资金在盐池县的扶贫方式具有典型代表性。一是各种扶贫措施比较全面，产业扶贫、易地扶贫搬迁、就业扶贫、危房改造、教育扶贫、健康扶贫、生态扶贫、基本医疗、社会救助、农村基础设施建设、旅游扶贫、文化扶贫均有涉及。二是样本地区的实践证明，财政

表 5-1 盐池县贫困户致贫原因统计

行政区域	贫困户数	贫困人口数	致贫原因										
			因病	因残	因高等教育费	因婚	因灾	因建房	缺水	缺技术	缺劳动力	自身发展力不足	其他
盐池县	11313	34275	3556	1232	1080	136	473	0	5	4055	438	97	24
			31.43%	10.89%	9.55%	1.20%	4.18%	0.00%	0.04%	35.84%	3.87%	0.86%	0.21%
花马池镇	2285	6600	901	264	214	22	13	0	0	746	64	28	2
大水坑镇	1316	4378	442	152	149	41	89	0	2	266	62	36	4
惠安堡镇	1306	4410	291	131	193	11	9	0	1	624	29	2	6
高沙窝镇	1106	2978	358	206	111	16	251	0	0	94	64	0	0
王乐井乡	2156	6277	682	202	149	11	9	0	0	961	95	10	1
冯记沟乡	718	2046	336	65	42	0	12	0	0	233	18	6	3
青山乡	1153	3810	257	106	99	20	16	0	0	568	53	7	5
麻黄山乡	1273	3776	289	106	123	15	74	0	2	563	53	8	3

支持扶贫效益最显著有效的途径是调动社会资金实施产业扶贫，有效增加经营性收入；其次是通过就业扶贫有效转移劳动力就业，增加贫困户工资性收入（参见图5－1）。财政转移支付的主要作用是激发和引领上述两项主要扶贫增收措施，其本身对贫困户增收的直接贡献并不显著（参见图5－3）。可以说，盐池县抓住了扶贫工作中财政资金撬动社会资金参与产业扶贫这一“牛鼻子”。

为了定量评估财政扶贫资金在盐池县的直接和显性效益，需要对财政扶贫资金进行进一步细分：一是样本地区财政公共服务，以农村低保、区域生态保护（退耕还林、退牧还草）、地方特色种、养殖产业（黄花菜、滩羊等）补贴、教育奖励等为参数；二是样本地区专项扶贫资金，主要通过产业扶贫，实施扶贫小额信贷贴息、配套的信贷风险分担、保险补偿机制等财政专项扶贫资金支持。

从农村居民收入构成角度，按国家统计指标将贫困农户的人均转移性收入，分解成人均财政公共服务收益和人均专项扶贫资金收益。此外，考虑其他三项收入（人均经营性收入、人均工资性收入、人均财产性收入），共同构成贫困户人均可支配收入（净值，下同）。即：

人均可支配收入＝人均产业收入＋人均工资性收入＋人均转移性收入＋人均财产性收入

其中，人均转移性收入＝人均财政公共性服务收入＋人均财政扶贫专项资金收入。

通过对人均可支配收入增长这一量化指标的分析，与国家和样品地区当地贫困标准相比，可考察样本地区建档立卡户脱贫规模，检验财政扶贫资金的减贫效益和脱贫攻坚成效；通过考察贫困农户收入增长速度与样本地区平均收入增长速度的差异，可分析贫困户相对贫困是否加重以及脱贫速度是否在加快；比较财政扶贫资金的投入规模和贫困户增收幅度，可间接评估财政资金应用于公共服务和专项资金应用于产业扶贫的投资效益。

三、财政资金应用与样本地区扶贫的量化分析

在国务院扶贫办、盐池县扶贫办的大力支持下，首先对盐池县8个乡镇和1个街道按人均GDP分为三组，然后在每一组中随机抽取200个家庭，共发放600份调查问卷（见本章附件），回收有效问卷407份。然后，进一步该407户开展全面的收入统计表调查。问卷和收入统计共涉及19个村，经各村委主任、村支书对填表内容进行逐户确认，形成以2015年12月至2017年底（含部分农户收入预测数据）的面板数据。

“收入统计表”囊括了建档立卡农户全面收入情况。具体内容包括：农户种养殖面积、种类、数量，新建种养殖大棚以及开店等收入（经营性收入）；务工收入（工资性收入）；产业扶贫信贷贴息，退耕还林、还草补贴，新建扶贫危房改造价值以及农村低保收入（转移性收入）；土地和房产出租（财产性收入）。“调查问卷”以财政专项扶贫资金中最重要的产业扶贫为主要内容，涉及家庭基本状况、技术、教育和信用评级、年度产业投资、劳动力投入、农户收入、相关建议等六项26个问题。

（一）样本地区财政转移支付对脱贫增收的直接贡献

从图5－1可见，盐池县贫困农户的平均收入构成中，经营性收入（包括产业扶贫项目，从事农业种植、养殖、贸易、店铺经营等）占

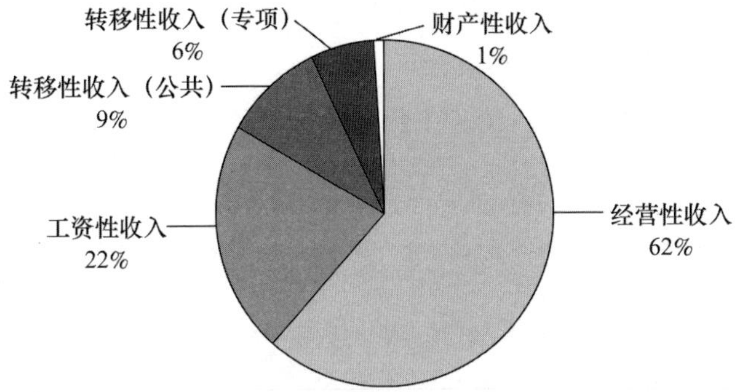

图 5－1　样本地区建档立卡贫困户收入构成占比

主导地位（62%）。其次是外出打工、以工代赈、就业扶贫创造的工资性收入占比第二（22%）；财政转移支付对建档立卡贫困户扶贫增收的直接贡献总体平均占比 15%，包括公共财政服务和财政扶贫专项资金分别贡献了 9% 和 6% 的收入。第四项收入为土地流转租赁为主的财产性收入。

（二）不同增收情况下财政扶贫资金对扶贫增收的相关性

通过对样本地区建档立卡贫困户的收入情况面板数据进行统计整理，并按人均可支配收入从小到大排序，形成 4 类人均收入面板数据。数据图直观显示，直接的财政转移支付相对应的转移性收入，对人均可支配收入增长相关性不强；而人均经营性收入和人均工资性收入对人均可支配收入表现出较强的相关性（图 5－2、图 5－3）。

1. 财政转移支付扶贫资金发挥激励作用的最优规模

从人均可支配收入与人均转移性收入散点图看（图 5－4），二者在数额较小时表现出一定的正相关关系，但随着人均可支配收入的增加，人均转移性收入的贡献率递减，总体呈现出二次函数（抛物线特征）。进行简单一元回归，显示在人均可支配收入低于 49333 元时，人均财政转移性收入对贫困家庭人均可支配收入增收贡献达到最大值

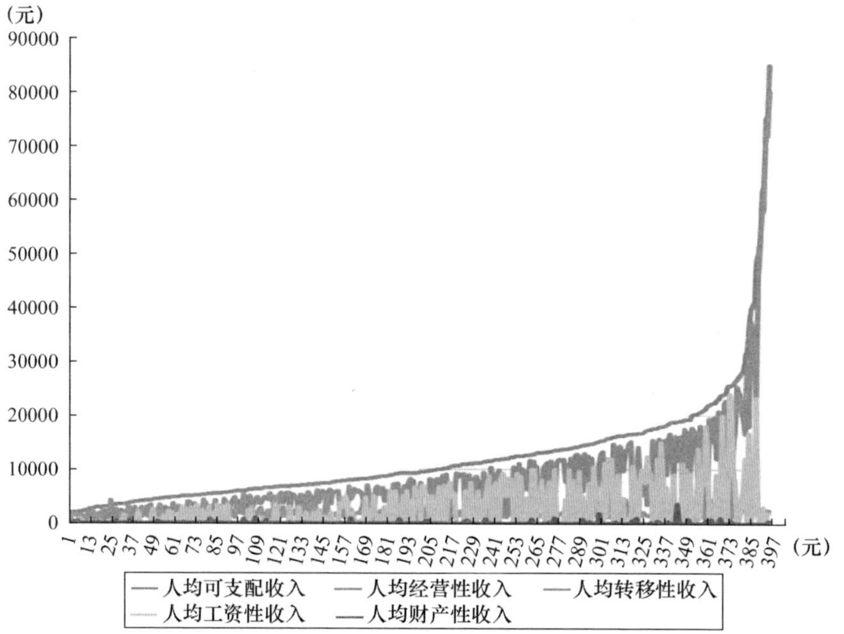

图5－2　人均可支配收入与4项收入（纵轴）面板数据（按人均可支配收入增序排列）

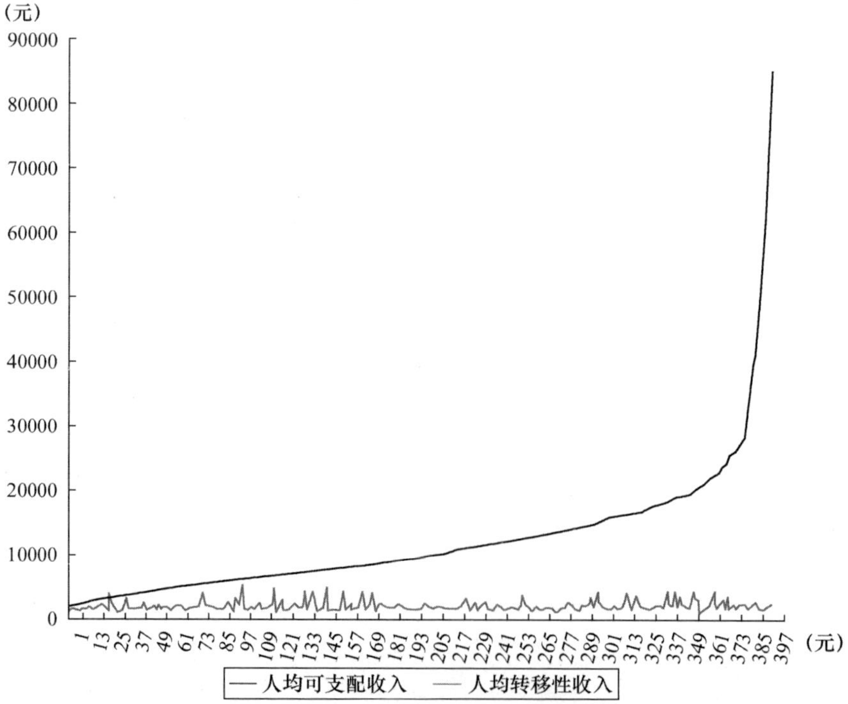

图5－3　财政转移支付对扶贫增收的直接贡献作用不显著

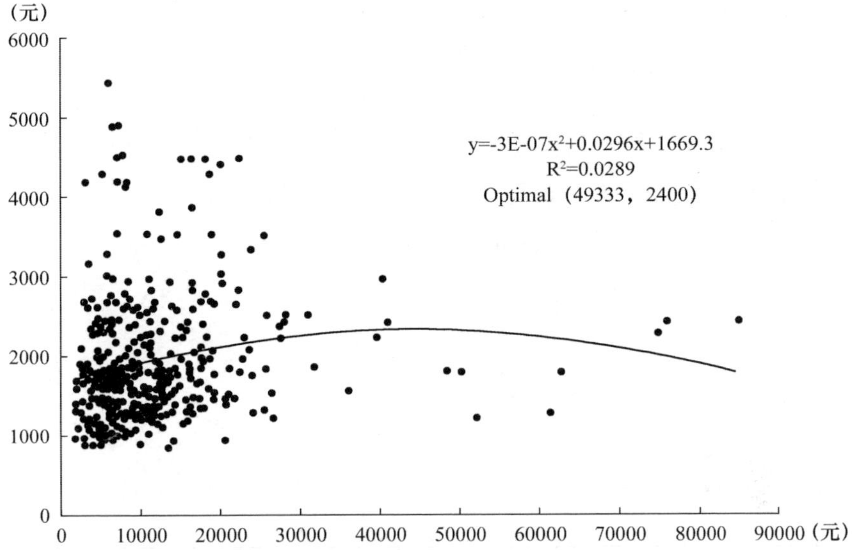

图5-4　人均可支配收入（横轴）与人均转移性收入散点图

2400元。由此表明，财政转移支付对人均可支配收入增收的激励作用由增变降，边际效用递减，换言之，样本地区财政转移支付激励人均可支配收入增长的最优的平均规模为人均2400元。

目前，该样本地区部分低保家庭最高财政转移支付规模事件中超过人均5000元。此分析表明，除了财政兜底的部分个案外，样本地区财政平均转移支付水平不宜过高，以提高财政扶贫资金的利用率。具体额度可根据当地人均GDP增长水平的相对比例进行动态调整（根盐池县统计局发布的《据盐池县要情》，2006年样该地区人均GDP为46635元，2400元约为人均GDP的51%）。

进一步将财政扶贫资金的人均转移支付分解为：①贫困地区公共财政服务资金（该地区所有贫困和非贫困人口均可享受的财政转移支付）；②贫困地区财政专项扶贫资金（仅有精准扶贫对象建档立卡户可以享受的财政转移支付），发现财政公共服务资金对贫困户增收的相关性不强，解释力微弱（0.4%）；专项扶贫资金则表现出相对显著的相关性和一定的解释力（5.2%）。同理，财政专项扶贫资金对人均可支配收入的贡献呈现二次曲线形态（图5-5），边际效应随着人均可支配收入的增加由增变减。简单一元回归估计，总体而言，样本地区财政专项扶贫资金促进建档立卡贫困户增收的最优额度约为人均994元，占当期当地人均GDP的2.1%左右。

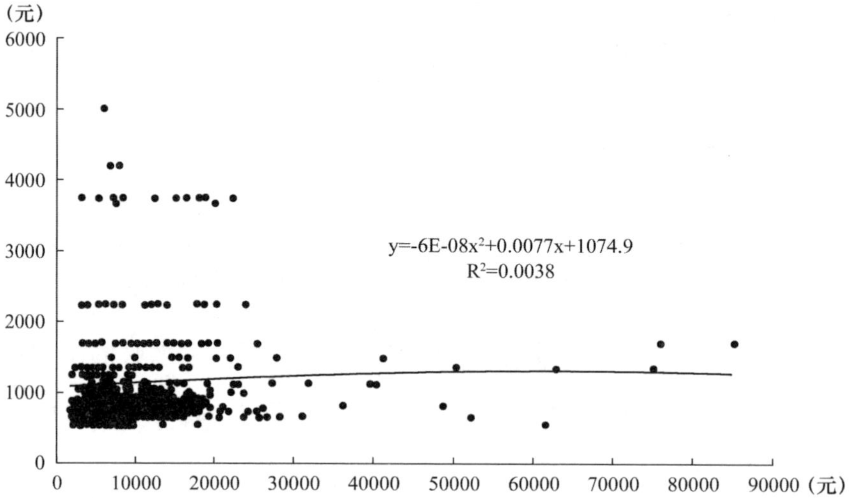

人均可支配收入与财政公共服务资金

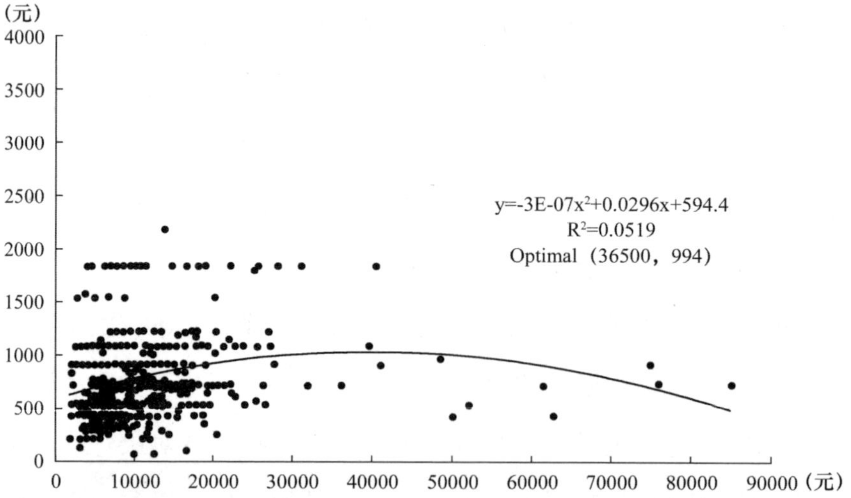

人均可支配收入与财政专项扶贫资金

图5-5　人均可支配收入（横轴）与贫困地区两类财政扶贫资金

2. 促进贫困户人均可支配收入增长的主要因素——单因素分析

从统计观察发现，对样本地区贫困户，人均可支配收入的增长，主要来源于产业扶贫带来的经营性收入，总体平均占比达到（62%）。通过面板数据分析，人均经营性收入与人均可支配收入存在强烈的正相关关系，单因素解释力度较强（86.3%），具体参见图5-6。

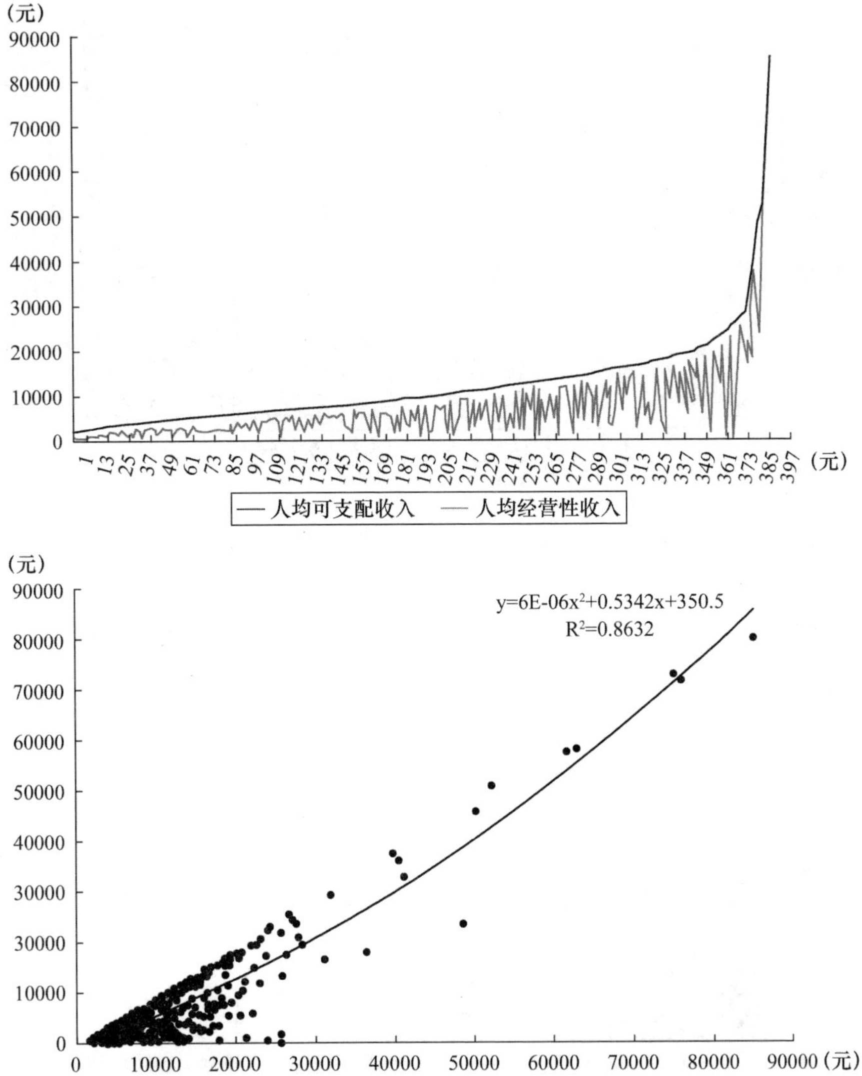

图5-6　人均可支配收入主要构成及相关关系

此外，通过就业扶贫、以工代赈等为贫困户带来的工资性收入占比第二（22%）。工资性收入与贫困户人均可支配收入增长亦存在正相关关系，但单因素解释力度一般（9.4%），具体参见图5－7。

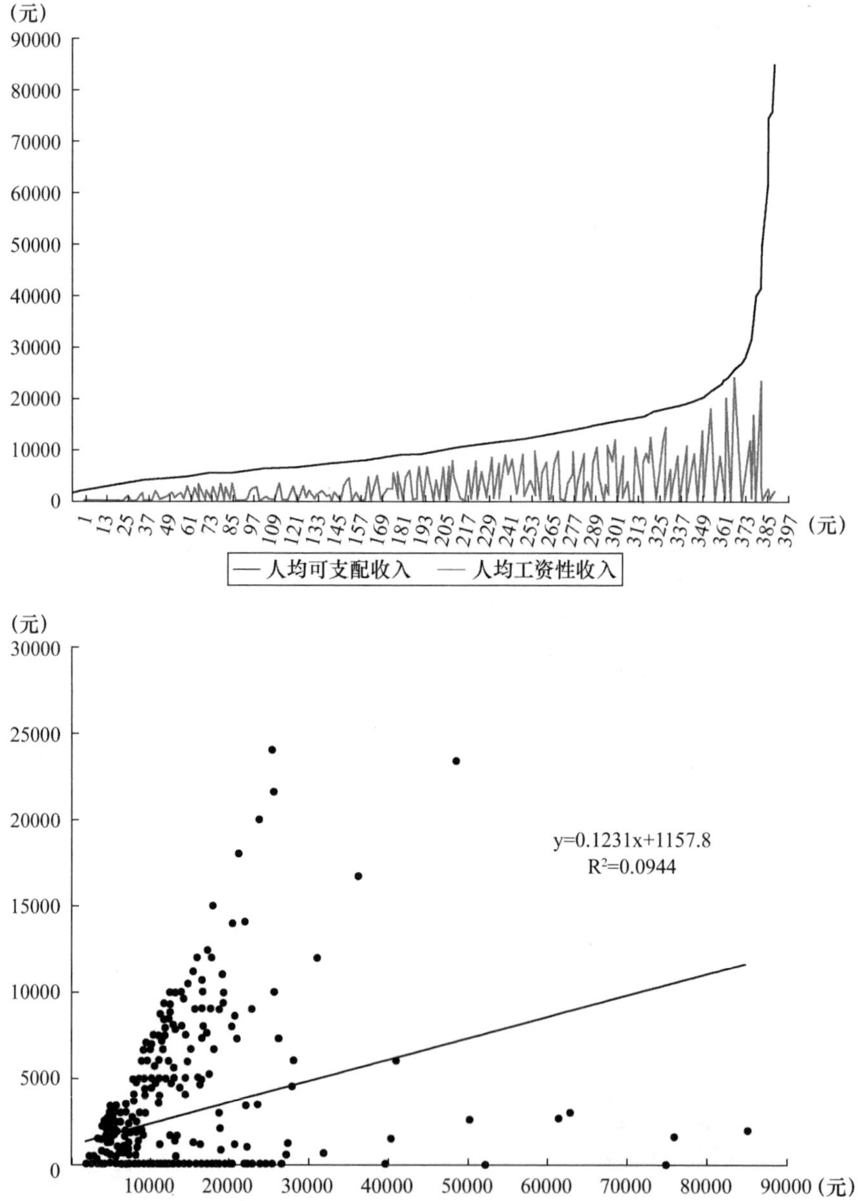

图5－7 就业扶贫增加贫困户工资性收入

贫困户通过土地流转、使用权转让、种养殖租赁等方式获得的财产性收入在总收入中占比较小（1%），目前对增收的贡献微弱。

（三）促进人均可支配收入增长的多因素分析

剔除技术性数据缺项样本点（包括村委、村支书未能确定部分农户收入统计项及显著离散点农户样本），考虑多元线性回归：

$$y_i = a_i + \sum b_i x_i + \varepsilon$$

其中：

y_i——人均可支配收入（元）；

a_i——常数项；

x_1——经营性收入（元）；

x_2——工资性收入（元）；

x_3——财政转移性收入（元，含 x_4——财政专项资金和 x_5——财政公共服务资金）；

x_6——财产性收入（元）；

ε——随机扰动项。

根据相关性分析结果（见表5－2），首先将相关性较弱的人均财政公共服务资金 x_5 和人均财产性收入 x_6（分别为0.0568 和0.0613）剔除；此外，将自变量内部自相关较强的财政专项资金 x_4 和财政公共服务资金 x_5 转移性收入（分别为0.435 和0.853）。

表5－2　影响人均可支配收入的相关要素及其相关性

	X_1	X_2	X_3	X_4	X_5	X_6	Y
X_1	1	0.096	0.095	0.110	0.041	0.006	0.915
X_2	0.096	1	0.044	0.015	0.040	0.093	0.307
X_3	0.095	0.044	1	0.435	0.853	0.116	0.125
X_4	0.110	0.015	0.435	1	0.097	0.168	0.141

续表

	X_1	X_2	X_3	X_4	X_5	X_6	Y
X_5	0.041	0.040	0.853	0.097	1	0.030	0.056
X_6	0.006	0.093	0.116	0.168	0.030	1	0.061
Y	0.915	0.3074	0.1254	0.1412	0.0568	0.0613	1

对 $y=f(x_1, x_2, x_3)$ 进行线性最小二乘回归。经检验，一、二阶无自相关（Breusch-Godfrey Serial Correlation LM Test prob. I = 0.32，prob. II = 0.64），但存在交叉和非交叉异方差（White Heteroskedasticity Test prob. I = 0.000，prob. II = 0.000）。对模型进行如下优化：

首先，考虑到样本地区财政转移性收入中，包括财政公共服务收入（包括退耕还林、退牧还草、医疗教育、基础设施等财政公共服务转移支付带来收入），以及财政专项扶贫资金收入（样本地区主要是扶贫小额信贷贴息），故将转移性收入分解为两部分分别考察，将财政专项扶贫资金作为独立变量，剔除自相关因素 x_3，对 $y=f(x_1, x_2, x_4)$ 进行回归。

其次，考虑到财政专项转移支付中，样本地区小额扶贫信贷贴息为农户先行缴付，项目事后审核发放，具有滞后效应，对 $y=f(x_1, x_2, x_{4(-1)})$ 进行回归分析。

再次，尝试进行对数和指数 $\ln y=f(\ln x_1, \ln x_2, \ln x_4)$ 进行建模回归。以上模型检验均因存在自相关或异方差未能通过。

最后，按 $y=f(x_1, x_2, x_4, x_6)$ 进行回归，发现通过以上各项检验。

模型检验显示：在 95% 置信度下一、二阶无自相关（prob. I = 0.064；prob. II = 0，178 > 0.05）；也不存在交叉和非交叉异方差（prob. I = 0.241，prob. II = 0.065 > 0.05），模型解释度优良（Adjusted R-squared = 99.8%）。

表 5-3　人均可支配收入多元回归

Sample：001 -394				
Included observations：394				
Variable	Coefficient	Std. Error	t-Statistic	Prob.
X_1	1.004713	0.002379	422.3672	0
X_2	0.991639	0.005599	177.1256	0
X_4	0.927752	0.055	16.86815	0
X_6	1.19427	0.113283	10.5424	0
C	1089.789	52.55997	20.73421	0
R-squared	0.998076	Mean dependent var		11994.55
Adjusted R-squared	0.998057	S. D. dependent var		10162.36
S. E. of regression	447.9998	Akaike info criterion		15.06007
Sum squared resid	78073800	Schwarz criterion		15.11053
Log likelihood	-2961.83	F-statistic		50457.96
Durbin-Watson stat	1.812295	Prob（F-statistic）		0

$$Y = 1089.79 + 1.0047X_1 + 0.9914X_2 + 0.9278X_4 + 1.1943X_6$$
$$(20.73)\quad(422.37)\quad(177.13)\quad(16.87)\quad(10.54)$$

$$D.W. = 1.81 \quad F = 50457.96 \quad N = 394$$

模型显示：

一是在样本地区促进建档立卡农户人均可支配收入增长的脱贫攻坚中，相关性最强的是产业扶贫支持带来的经营性收入和就业扶贫带来的工资性收入。

二是财政专项扶贫资金对贫困户人均可支配收入增长的影响显著，但并非最强，贡献率为每1个单位财政专项资金投入促进贫困户人均可支配收入增收0.93单位。

三是迄今样本地区贫困户土地租赁等财产性收入占比微小，相关性不显著，但极少数有财产性收入的贫困家庭，对其人均可支配收入的增长贡献率较大，表明增强土地流转对增加人均可支配收入潜力巨大。

四、财政扶贫资金对盐池县脱贫攻坚贡献综合评估

财政公共服务资金促进样本地区贫困户人均可支配收入普遍增加。同时财政专项扶贫资金还针对性地促进了建档立卡贫困户加快增收速度，使之与非贫困户的收入差异不断缩小。可见财政专项扶贫资金有助于促进整个地区的公平发展，以达到共同富裕目标。

为测算具体贡献力度和增长速度，一是要评估样本地区在财政公共服务资金作用下，总体的人均可支配收入增长情况；二是评估在财政专项扶贫资金作用下，建档立卡贫困户增收的相对速度和规模；三是评估两类财政资金对商业化扶贫资源的信用风险缓释和投资引领作用，评估其在多大程度上撬动了社会帮扶、商业信贷、保险和非政府组织扶贫资金；四是通过比较两类财政扶贫资金和商业信贷资金额度与贫困户产业扶贫经营性收入、工资性收入增幅相对大小，考察贫困户和地区是否具有足够的偿贷能力和扶贫资金盈利安全边际（包括坏账率和信贷资金风险情况），探讨财政专项扶贫资金和商业信贷资金的可持续性。

（一）财政扶贫资金对促进样本地区农村居民和贫困户脱贫相对效率评估

样本地区农村居民人均可支配收入与建档立卡户人均可支配收入情况（表5－4）表明：

第一，2016年根据盐池县统计局数据，样本地区农村居民人均可支配收入增幅为11.2%。而建档立卡贫困户自2015年实施财政专项扶贫资金计划扶贫小额信贷后，人均可支配收入迅速增长，2016年达

到 33%。贫困户的这一增长速度是全部农村居民人均可支配收入增速的 2. 97 倍。

第二，2017 年全县人均可支配收入平均增幅增速在 2016 年基础上进一步加快到 12. 2%，建档立卡贫困户的增速则有所放缓（25%）。尽管如此，贫困人口人均可支配收入增幅仍将达到全县平均增长率的 2 倍以上。2016 ~2017 年两年平均，建档立卡贫困户人均可支配收入增长率是全县人均可支配收入增长率的 2. 5 倍。

表 5 -4　样本地区农村居民与建档立卡户人均可支配收入比较

	样本地区农村居民人均可支配收入同比增长	样本地区建档立卡贫困户人均可支配收入同比增长
一、2015 年可支配收入	7674 元	7674 元
2015 年增长量	698. 8 元	N. A.
2015 年增幅	10. 02%	N. A.
二、2016 年可支配收入	8532. 00 元	10227. 28 元
2016 年增长量	858. 00 元	2553. 28 元
2016 年增幅	11. 20%	33. 27%
三、2017 年可支配收入	11711 元	12955. 28 元
2017 年增长量	3179 元	2728 元
2017 年增幅	12. 2%	24. 96%

资料来源：《盐池县经济要情手册》、《盐池经济季报》、“盐池全县建档立卡户收支监测情况报告”、盐池县精准扶贫信息统计平台银行信贷统计数据，以及课题项目组对 19 个行政村 407 户建档立卡贫困户的问卷调查表和农户收入统计表。

以上人均可支配收入的相对增长情况表明，样本地区在财政公共服务资金和地方发展资金等多方推动下，作为全国贫困县，总体上获得了相对较高的人均可支配收入增长速度。同时，在财政专项扶贫资金产业扶贫和就业扶贫等措施联合推动下，样本地区建档立卡贫困户的人均可支配收入平均 2. 5 倍于全县总体平均增长速度。由于专项资金在精准扶贫模式下扶贫效率和针对性较高，贫困户相对贫困的差异鸿沟正在缩小。如能继续保持这一势头，促进公平和共同富裕的目标可期。

（二）财政专项扶贫资金、信贷利息与贫困户增收比较——可持续性和安全边际分析

样本地区扶贫小额信贷财政贴息是最主要的财政专项扶贫资金。比较扶贫小额信贷财政贴息额与样本地区建档立卡户可支配收入增幅，有助于评估财政贴息效益，并考察农户使用该信贷资金的总体安全边际。

比较贫困户产业扶贫项目经营性收入增幅与资金成本（包括财政贴息、贫困户利息支出），可分析贫困农户使用该类专项财政扶贫资金的盈利情况，从而从贫困户角度评估运用该类财政专项扶贫资金的经济性合理性和可持续性（见表5－5）。

表5－5 样本地区建档立卡贫困户人均可支配收入增长与相关收入支出比较（2016～2017年均）

单位：元

<table>
<tr><th rowspan="2">1. 人均可支配收入增长</th><th colspan="2">2. 产业扶贫人均利息支出*
1832.29</th><th rowspan="2">5. 人均经营性收入</th><th rowspan="2">6. 人均公共财政服务收入（退耕还林还草、农村低保等）**</th><th rowspan="2">7. 产业扶贫信贷总额/扶贫小额信贷（32236000/18177000）N＝397户</th></tr>
<tr><th>3. 人均财政贴息</th><th>4. 人均利息支出</th></tr>
<tr><td>2640.5</td><td>789.53</td><td>1042.76</td><td>7443.16</td><td>1151.98</td><td>1.77</td></tr>
</table>

数据说明：人均小贷资金包括扶贫小额信贷及其他信贷资金；人均财政贴息为样本地区建档立卡贫困户符合扶贫小额信贷资金的人均财政贴息。＊样本地区产业扶贫利息支出由贫困农户向金融机构先行支付，对符合标准部分通过审核，由财政专线扶贫资金后续补贴。＊＊不含义务教育、农村卫生、合作医疗等转移性收入。

资料来源：《盐池县经济要情手册》、《盐池经济季报》、“盐池全县建档立卡户收支监测情况报告”、盐池县精准扶贫信息统计平台银行信贷统计数据，以及课题项目组对19个行政村407户建档立卡贫困户的问卷调查表和农户收入统计表。

以上数据表明：

一是财政专项扶贫资金大幅减轻了建档立卡农户的平均利息负担。样本地区自2016年初实施扶贫小额信贷以来，财政贴息建档立卡户各类贷款利息中43%的利息（即789.53 ÷（1042.76 + 789.53）× 100% = 43%）已由财政贴息予以承担。

二是建档立卡户的产业扶贫项目贷款利息占比依然较大。如果缺乏财政贴息，人均利息支出将抵消贫困户人均可支配收入增幅中近70%效益（1832.29 ÷ 2640.5 × 100% = 69.4%）。

三是建档立卡贫困户获得的财政公共服务资金收入和财政专项扶贫资金收入合计（789.53 + 1151.98 = 1941.51）已经超过产业扶贫信贷资金利息（1831.29）。换言之，财政扶贫资金已经承担建档立卡贫困户全部信用风险。

四是样本地区贫困户人均可支配收入增长和人均扶贫产业项目经营性收入，分别是产业扶贫项目人均利息支出的2.5倍（2640.5 ÷ 1042.76 = 2.53）和7.1倍（7443.16 ÷ 1042.76 = 7.14）。换言之，由于财政扶贫贴息，贫困户参与产业扶贫总体平均，具有较好的盈利能力和资金使用与还贷安全边际。

五是样本地区397个有效样本贫困户2016～2017两年间全部产业经营信贷总额（3223.6万元）与扶贫小额信贷额度总和（1817.7万元）之比为1.77，表明通过财政专项扶贫贷款为贫困户增信后，撬动其他新增商业信贷新增幅度为77%。而如果没有扶贫小额信贷财政贴息和增信，多数贫困农户甚至完全不具备获得信贷的可能性。

五、结论和政策建议

财政资金的扶贫成效，既有显性的也有隐性的，既有短期的也有长期的，既有直接的也可能发挥间接贡献。直接扶贫成效包括：通过产业扶贫贴息资金、生态保护补贴资金（退耕还林还草）、农村低保补贴资金、财政兜底资金等，对符合条件者通过直接拨付扶贫资金，成为当期显性收益，体现为对减贫、脱贫直接贡献。间接扶贫成效包括：通过政府参与产业扶贫和信用增进（财政信贷贴息，奖励补偿和信贷资金坏账风险分担等），撬动更多的商业信贷社会资金参与产业扶贫；通过扶贫基础设施建设、农村义务教育、农村卫生医疗保障计划等公共财政服务，为中长期扶贫提供间接支持和隐性贡献。

本文主要通过对样本地区盐池县的标准抽样和随机抽样样本（有效回收问卷覆盖率3.6%）和入村入户调查，对财政公共服务资金和专项扶贫资金的直接、中短期（2016～2017年）和显性的扶贫效益，按照国家统计方法将人均可支配收入和4项收入指标作为测量依据，对样本地区盐池县所有住户普惠性财政公共服务，以及专门针对建档立卡贫困户的财政专项扶贫资金主要方式和效益进行评估分析。同时，也评估了普惠性财政公共服务资金对样本地区所有居民（包括建档立卡贫困户）人均可支配收入的贡献，以及财政专项资金对建档立卡贫困户的精准扶贫贡献。

（一）主要结论

一是财政转移支付对贫困户增收的直接贡献不如产业扶贫和就业扶贫影响显著。样本地区盐池县贫困农户的平均收入构成中，经营性收入占主导地位（62%）；其次是工资性收入（22%）；财政转移支付对建档立卡贫困户扶贫增收的直接贡献总体平均为15%。财政资金支持扶贫效益最有效的途径，是通过调动社会资金实施产业扶贫有效增加经营性收入，通过就业扶贫有效转移劳动力就业增加贫困户工资性收入。

二是财政转移支付的两类扶贫资金总额发挥激励作用存在最优平均规模。从人均可支配收入与人均转移性收入关系看，在人均可支配收入较低时，人均财政转移性收入对贫困家庭增收显示出一定的正相关特征。对于超过这一水平，财政转移支付对对其增收的激励作用将衰减。样本地区财政转移支付对贫困户增收的最优激励规模大约为当地人均GDP的51%。

三是财政专项扶贫资金发挥对建档立卡贫困户脱贫激励作用存在最优平均规模。样本地区统计分析显示，财政专项扶贫资金促进建档立卡贫困户增收的最优激励额度约为当期当地人均GDP的2.1%。

四是多因素分析表明增强贫困地区土地流转对增加人均可支配收入潜力巨大。尽管目前沿本地区财产性收入占比微小，相关性不显著，但对人均可支配收入的增长贡献率较大，表明增强土地流转对增加人均可支配收入潜力巨大。

五是财政专项扶贫资金对贫困户人均可支配收入增长的直接贡献率，不及产业扶贫经营性收入和就业扶贫的工资性收入的贡献率。具体而言，每1个单位财政专项资金投入促进贫困户人均可支配收入增收的直接贡献率约为0.93单位。

六是建档立卡户对财政专项扶贫产业资金依赖较重。如果缺乏财政贴息，贫困户人均可支配收入增幅中近70%效益将用于利息支出；目前样本地区建档立卡贫困户获得的财政扶贫资金支持已超过利息支出，财政扶贫资金已经承担建档立卡贫困户全部信用风险。

七是样本地区贫困户人产业扶贫项目效益和资金安全边际总体良好。贫困户人均可支配收入增长和人均扶贫产业项目经营性收入，分别是产业扶贫项目人均利息支出的2.4倍和7.1倍，通过财政扶贫贴息，贫困户产业扶贫具有较好的盈利能力和资金使用，还贷具有较好的信贷风险安全边际。

八是样本地区财政专项扶贫资金撬动商业和社会资金效益良好。样本贫困户全部产业经营信贷总额是扶贫小额信贷额度的1.77倍，表明通过财政专项扶贫贷款为贫困户增信后，撬动其他新增商业信贷幅度达77%。

九是样本地区财政扶贫资金和其他配套扶贫措施脱贫攻坚效率较高。在多项措施联合推动下，样本地区建档立卡贫困户的人均可支配收入平均2.5倍于全县总体平均增长速度，相对贫困的鸿沟正在缩小，促进公平和共同富裕目标可期。

（二）政策建议

一是因地制宜，寻求符合当地特色和市场需求的扶贫产业作为大大幅减贫、脱贫攻坚的最重要手段；加大就业扶贫力度增加贫困户工资性收入。

二是应及时调查和定量分析有效激励扶贫的最优财政扶贫公共服务资金规模和财政专项扶贫资金规模，并与当地人均GDP挂钩。

三是增强农村市场化发展和土地流转，探讨挖掘潜力、增强贫困地区农户财产性收入的安全、有效途径。

四是增强产业扶贫的项目适用性、营利性和可持续性，通过教育培训和推广采用先进生产、营销技术，确保小额扶贫信贷信贷风险控制和产业扶贫相关各方在脱贫攻坚中的资金安全和可持续性。

六、不足之处和后续研究方向

（一）本文不足之处

一是财政公共服务资金对贫困地区非贫困户的扶贫效益定量评估未包含在内。例如对义务教育扶贫、易地搬迁扶贫、农村医疗文化卫生建设扶贫等，个案可表现为当期显性成效，普惠性效益将表现为长期和隐性贡献，需要对此进行长期跟踪和定量评估。

二是对财政资金以基础设施投资扶贫等公共服务扶贫方式进行的隐性效益、长期、间接的效益缺乏数据和评估。产业扶贫、小额扶贫信贷自 2015 年正式全面推广，3 年以上中长期影响评估有待进行数据积累和进一步的观察分析。

三是对新型农村合作医疗、易地搬迁、贫困家庭学生资助、少数民族地区发展基金等特定财政扶贫资金效益缺乏专门的评估，需要选取典型案例以及总量数据进行深入评估。

此外，从分析方法上，本文采用了国家统计局人均可支配收入等相关最新统计指标，与传统的农村人均纯收入测算指标有一定差异。

（二）进一步的分析研究建议

进一步研究，可考虑利用内生增长模型进行定量评估。根据宏观经济学原理（如柯布－道格拉斯 Cobb-Douglas 生产函数，索罗经济增长模型），促进产出增长的主要推动因素是全要素生产率、资本和劳动力。从内生的贫困户增收动力源头看，应考虑将农户生产营销技术、产业扶贫和商业信贷资金、有效劳动力人口作为投入要素；考察贫困农户增收的各自贡献和不同效率。特别是，考虑到在贫困地区，市场不发达，流转不畅，资本对土地的替代效应不充分，一般使用自有土地从事种养殖，为此，可将种植、养殖面积作为一项独立变量进行定量分析。

具体操作中，在自变量参数的选取中，可将贫困家庭成员受教育最高年限（年）作为技术水平和体现全要素生产率水平的替代变量（调研中发现，样本地区具有高中、中专以上教育背景的贫困农户倾向于采用先进的种植、养殖生产和产品营销技术，而采用先进生产、营销技术的农户具有较高的产出效益），产业经营资本投入（包括扶贫小额信贷、其他商业机构贷款和自筹资金），种植、养殖面积，财政转移支付投入（含低保、退耕还林、退牧还草奖补等财政公共服务投入、扶贫小额信贷财政贴息等财政专项扶贫资金），贫困家庭有效劳动力投入等作为内生的解释变量，以贫困户人均可支配收入作为被解释变量进行内生的增长模型分析。

本章附录　盐池县产业扶贫调查问卷及数据整理（相关项内容及样表）

一、基本信息（请在适用的选项前面框内√选，或在横线上填写）

Q1. 农户所在乡镇、村名称：________________________

Q2. 主贷人（或建档立卡贫困户主）：姓名________性别________年龄________岁

Q3. 联系手机号码：____________

Q4. 扶贫贷款行名称（未获贷款的建档立卡贫困户请跳至问题 Q7）

□黄河银行；□邮储银行；□农业银行；□其他行：____________

Q5. 贷款产业项目所属行业类别：

□养殖；□种植；其他：____________

二、技术、教育和信用评分

Q6. 贷款产业项目所运用的技术水平如何？

□属于普通技术；

□属于较先进水平（包括采用了新品种、新设备，新饲料、新化肥或新养殖、种植方式，互联网等新的市场营销渠道和措施）。

Q7. 主贷人或建档立卡贫困户主教育程度：

□小学；□初中；□高中；□中专；□大专；□本科及以上

Q8. 产业项目参与人或建档立卡贫困户家庭成员最高学历？

□小学；□初中；□高中；□中专；□大专；□本科及以上

Q9. 建档立卡贫困户获信用评级得分：________分

三、资金投入情况

Q10. 首次获得扶贫贷款发放的年份（未获贷款户请跳至问题 Q14）：

□2013 年；□2014 年；□2015 年；□2016 年；□2017 年

Q11. 获得扶贫贷款额度后，各年度实际使用贷款发放金额（元）

□2013 年：________________

□2014 年：________________

□2015 年：________________

□2016 年：________________

□2017 年：________________

Q12. 获得扶贫贷款额度后，各年度实际用于养殖、种植或其他产业项目投入资金额（元）

□2013 年：________________

□2014 年：________________

□2015 年：________________

□2016 年：________________

□2017 年：________________

Q13. 投入产业项目的其他贷款资金及利率（年利率）

□2013 年贷款：________________期限________年；利率：________%

□2014 年贷款：________________期限________年；利率：________%

□2015 年贷款：________________期限________年；利率：________%

□2016 年贷款：________________期限________年；利率：________%

□2017 年贷款：________________期限________年；利率：________%

【共涉及 Q26，以下略】

表 5－6　调查问卷数据整理表样　单位：元

Q1 村	Q2 姓名	人均可支配收入	人均经营性收入	人均转移性收入	财政专项扶贫资金	财政公共服务扶贫资金	人均工资性收入	人均财产性收入
丁记掌	石××	1874.17	906.67	967.50	217.50	750.00	0.00	0.00
丁记掌	石××	1958.75	505.00	1293.75	543.75	750.00	0.00	160.00
丁记掌	李××	1959.17	375.00	1584.17	834.17	750.00	0.00	0.00
四股泉	李×	1991.00	216.00	1695.00	435.00	1260.00	0.00	80.00
丁记掌	王××	2008.75	435.00	1293.75	543.75	750.00	0.00	280.00
麦草掌	毛××	2085.00	600.00	1405.00	725.00	680.00	0.00	80.00
丁记掌	王××	2143.75	475.00	1668.75	918.75	750.00	0.00	0.00
暴记春村	任××	2182.00	360.00	1322.00	435.00	887.00	500.00	0.00
暴记春村	杜××	2272.00	950.00	1322.00	435.00	887.00	0.00	0.00
青山村	侯××	2316.25	1212.50	1103.75	543.75	560.00	0.00	0.00
猫头梁村	陈××	2378.75	475.00	1903.75	543.75	1360.00	0.00	0.00
杨儿庄村	武×	2606.25	1312.50	1293.75	543.75	750.00	0.00	0.00
暴记春村	张××	2630.75	700.00	1430.75	543.75	887.00	500.00	0.00
青山村	侯××	2697.50	600.00	2097.50	1537.50	560.00	0.00	0.00
丁记掌	李××	2767.50	930.00	1837.50	1087.50	750.00	0.00	0.00
杏树梁	孙××	2873.75	1650.00	1223.75	543.75	680.00	0.00	0.00
丁记掌	石××	2903.75	975.00	1668.75	918.75	750.00	0.00	260.00
暴记春村	任×	2905.75	600.00	1805.75	918.75	887.00	500.00	0.00
营盘台	卢××	2923.75	1700.00	1223.75	543.75	680.00	0.00	0.00
冯记沟	冯××	3045.48	360.00	2685.48	435.00	2250.48	0.00	0.00
林记口子	闫××	3061.67	1866.67	1195.00	145.00	1050.00	0.00	0.00
丁记掌	唐××	3090.00	2122.50	967.50	217.50	750.00	0.00	0.00
营盘台	张××	3214.17	2316.67	897.50	217.50	680.00	0.00	0.00
杨儿庄村	陈××	3235.00	1050.00	4185.00	435.00	3750.00	400.00	0.00
丁记掌	石××	3335.00	2150.00	1185.00	435.00	750.00	0.00	0.00
丁记掌	唐××	3377.50	1540.00	1837.50	1087.50	750.00	0.00	0.00
旺四滩	郭××	3418.75	500.00	2618.75	918.75	1700.00	0.00	300.00

续表

Q1 村	Q2 姓名	人均可支配收入	人均经营性收入	人均转移性收入	财政专项扶贫资金	财政公共服务扶贫资金	人均工资性收入	人均财产性收入
猫头梁村	陈××	3453.75	1550.00	1903.75	543.75	1360.00	0.00	0.00
营盘台	焦××	3485.00	2370.00	1115.00	435.00	680.00	0.00	0.00
杏树梁	孙××	3498.75	2275.00	1223.75	543.75	680.00	0.00	0.00
暴记春村	张××	3513.25	800.00	1213.25	326.25	887.00	1500.00	0.00
四股泉	陈××	3533.23	240.00	1729.23	469.23	1260.00	1500.00	64.00
林记口子	吴××	3626.25	2250.00	1376.25	326.25	1050.00	0.00	0.00
冯记沟	刘××	3669.23	500.00	3169.23	918.75	2250.48	0.00	0.00
丁记掌	王××	3755.00	910.00	2325.00	1575.00	750.00	0.00	520.00
丁记掌	尹××	3885.00	2700.00	1185.00	435.00	750.00	0.00	0.00
郝记台村	张××	3917.50	2335.00	1582.50	652.50	930.00	0.00	0.00
丁记掌	侯××	3963.33	2923.33	1040.00	290.00	750.00	0.00	0.00
四股泉	姚××	4022.14	1371.43	1785.00	525.00	1260.00	785.71	80.00

注：共发放问卷600份，回收407份有效问卷，以下面板数据内容略。

第六章

国家级贫困县财政扶贫机制演变

——以河北省大名县为例

一、大名县经济社会发展状况与减贫进程

（一）大名县经济社会发展基本状况

大名县位于河北省东南部，处于冀鲁豫三省交界之地，东临山东冠县莘县，南邻河南南乐县。大名县全域面积1053平方公里，耕地122万亩，是典型的农业大县、产粮大县，种植业以粮食作物为主。大名县是国家扶贫工作重点县，其贫困问题有一定的典型性，其脱贫攻坚路径的选择对其他平原地区农业大县脱贫攻坚具有一定启发意义。大名县综合实力较为薄弱，总体发展滞后。从主要经济指标看，作为94万人口的大县，2015年大名县GDP126亿元（修订后），人均GDP只有16082元，人均财政收入仅为594元，不仅落后于全国平均水平，在河北省、邯郸市也排名靠后，其中人均GDP不到河北省的1/2。

（二）大名县的减贫进程

十八大以来减贫进程提速。1992年确定为国家级贫困县。随着扶贫机制瞄准到村，2013年识别出159个扶贫重点村。2014年贫困发生率还

高达17.1%，此后进入减贫快车道。至2017年底，贫困发生率已经降低到2.1%，剩余贫困人口15162人。年均退出8379户，25723人。2018年底即将摘帽出列（见表6-1、图6-1）。

表6-1 大名县2014~2017年的减贫数据

年份	贫困村数量（个）	贫困户（户）	贫困人口（人）	贫困发生率（%）	退出户（户）	退出人口（人）
2014	159	36244	118068	17.1	8106	26300
2015		33394	92900	13.4	9473	38000
2016	-37	28861	57275	8.2	7013	16136
2017	-91	14609	37618	5.1	8924	22456

注：上文2017年数据为年底统计数；表格中的2017年数据为9月份“回头看”后统计数据。

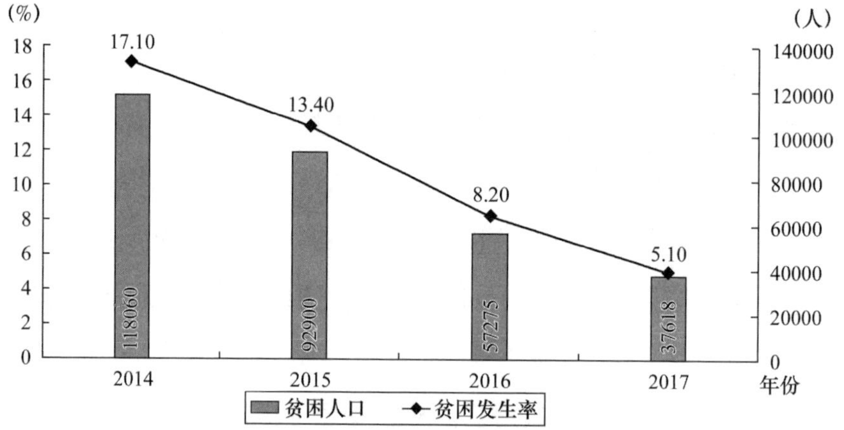

图6-1 2014~2017年大名县的贫困人口和贫困发生率变化

根据大名县智慧扶贫平台统计，2017年的贫困户中，因病致贫的达到55.94%，无劳动能力的贫困人口占到52.85%，初中以下文化程度的占到85%，60岁以上的占到34.44%。因此，健康扶贫针对当前、教育扶贫立足长远，通过减少贫困户的支出，产业扶贫尤其是资产收益扶贫，通过增加贫困户的收入，能够有效地提高贫困户的收入水平，达到“两不愁，三保障”（不愁吃、不愁穿，教育、医疗、住房有保障），是有效的扶贫途径。

带动县域经济发展。大名县扶贫取得显著成效，减贫、脱贫步伐加快的同时，县域经济的总体实力也实现长足进步。与2012年底相比，大名县全部财政收入、一般公共预算收入分别由3.18亿元、2.01亿元增长至8.01亿元、4.39亿元，年均增长20.3%、17%；固定资产投资完成190.6亿元，增长85亿元，年均增长12.6%；全县生产总值、规模上工业增加值、社会消费品零售总额分别由118.1亿元、36.7亿元、49.6亿元增长至157.1亿元、46.2亿元、86.5亿元，年均增长8.6%、10.3%、11.8%；农村、城镇居民人均可支配收入分别达到11935元、26499元，年均增长11.1%、9.7%。存款余额、贷款余额分别由89.2亿元、39.6亿元增长到201.56亿元、111.58亿元，年均增长11.71%、23.02%，存贷比由44.39%增长至55.36%。

二、脱贫攻坚战之前的财政扶贫：粗放管理、效益不佳

（一）大名县的到县财政扶贫资金状况

2008～2012年，平均每年到县财政扶贫资金1126万元，2014年资金规模出现大幅跃升，加之争取到彩票公益金1024万元，资金规模达到3269万元。2015～2017年财政扶贫资金4239万元，是前一级阶段资金量的4倍左右（见图6－2）。

（二）报账机制落后，资金滞留严重

至2015年底，2014年以前的滞留资金尚有1288万元。2015年资金4000万元尚未启动，2016年的2000万元已经拨付到县财政账户，全年财政扶贫资金同比翻番。资金滞留严重影响扶贫资金使用效率，影响脱贫进程。

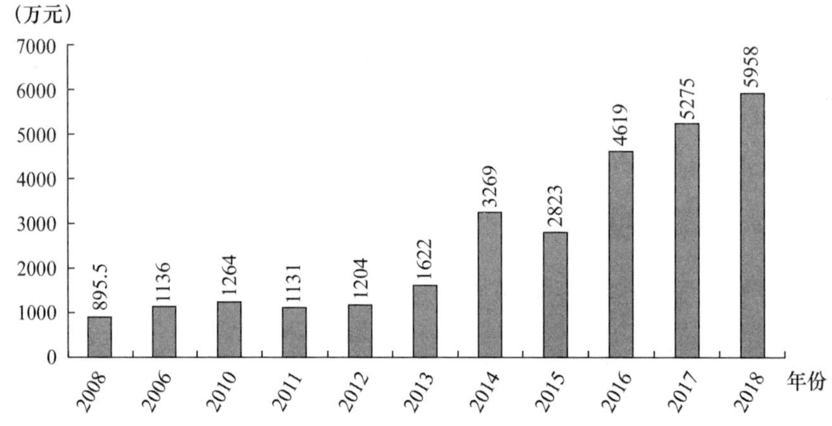

图 6－2　大名县各级到县财政扶贫资金（2008～2017 年）

（三）撬动机制运转不良，互助社式微，自立社壮大

扶贫互助金是国家从 2006 年开始，针对贫困地区金融发展滞后尤其是贫困农户脱贫致富突出矛盾而采取的一种特殊扶贫方式，旨在进一步提高财政扶贫资金使用效益，解决贫困群众发展生产缺资金的难题。大名县从 2008 年开始实施互助金试点项目。截至 2010 年底，参与试点的重点村达到 43 个，其中央试点村 25 个、省级试点 18 个，投入财政资金 675 万元，吸纳社员互助金 108 万元，资金规模和试点村数均居邯郸市重点县之首。2014 年之后基本不再推行。

遇到的问题包括：纪委、公安、监察部门频繁检查资金使用情况，业务承担乡镇、村级工作人员压力大；互助金业务手续多、设计复杂，推行有一定难度；后期上级不再重视该项业务，不再拨付相关款项；人员结构老化，年轻人不愿意从事相关业务，缺乏人力资源。另外，相关文件规定：互助社所有权属于集体拥有；村民享有使用权，民有、民管、民享；资金是扶贫资金，村民对扶贫部门配合度不高，扶贫部门积极性受到一定影响。

大名自立服务社（中和农信）成立于 2012 年，属于民办非企业，由中国扶贫基金会通过省扶贫办、县政府三家协商，县300万配套，省200万资金成立。自立服务社员工25人，每乡镇1个人，后台5人，累计放款20536万人。2017年房贷4880万元，8月底达到5000万元，有效客户4987个，18239名。根据测算，建档立卡贫困户占贷款户的10%。互助资金社的萎缩与自立服务社的壮大，从侧面说明扶贫要尊重规律，市场机制的作用不可小觑。

（四）部门之间的协调机制不畅，部门之间“打架”现象严重

财政、扶贫部门配合不力，领导、人员、部门矛盾较深。2016年之前扶贫部门处于弱势地位，没有固定的编制、办公地址，在部门协调中，话语权不强。因为项目选址、踩点、勘察、验收需要大量的人力物力，人员编制不够，导致扶贫项目的实施进度缓慢，项目进展慢，报账滞后，形成资金大面积滞留。精准扶贫开展的过程也是配齐、配强扶贫办编制的过程。2016年之后，大名县扶贫办扩编到33人。但是一段时间以来，许多人员处于借调状态，人员心态不稳定，工作积极性受到一定影响。

（五）资金监管不力，资金挪用、套用、贪污浪费现象频发

扶贫资金分配过程中，优亲厚友现象严重。每年县纪委处理的腐败案件，与扶贫相关的占到72%。究其原因是财政扶贫资金的综合管理体制粗放，此前扶贫方式不够精准，其投入力度不能和本轮精准扶贫同日而语。

三、本轮精准扶贫政策实施以来：财政资金管理体制机制嬗变

1. 重视程度空前

党委政府工作开始以脱贫为第一要务。从2016年开始，连续三年的县委大发一号文都是专题安排扶贫工作的专件，每年初第一个会的重点就是安排部署当年扶贫工作。综上，先后在4次中心组学习会，13次常委会，19次常委碰头会，22次脱贫攻坚工作会，以及50多次现场办公会、协调会、调度会上对扶贫工作进行研究安排、部署推进，平均每11天就研究一次扶贫工作。2017年成立脱贫攻坚指挥部，书记县长任指挥长，从常委办、政府办、统计局、宣传部等各部门加强力量，配齐班子，并且由政府办主任调任扶贫办主任。

2. 全县财政投入扶贫力度逐步加大

据统计，2015年12月份以来，出台23份财政扶贫资金管理文件。对上级财政涉农资金进行整合使用，2016年整合资金0.75亿元，2017年整合资金2.1亿元，2018年又整合资金1.8亿元用于扶贫开发。

3. 瞄准精度不断提高

瞄准建档立卡贫困户，建档立卡回头看。市级和县级工作队对159个扶贫重点村实现全覆盖后，2016年3月开始，实行建档立卡挤水分。2017年9月份，在全省部署下，动员全县力量实施大规模的建档立卡“回头看”，贫困识别精度空前提高。

4. 拨付机制有效改进

资金拨付分为三大板块。一是拨付到县扶贫办，主要用于全县范围的大项目开展，用于扶贫贷款贴息，建立风险补偿金。二是拨付到乡镇

财政所，用于支付到村到户项目，包括特色种植（大棚蔬菜）、特色养殖（养羊、牛、驴、蛋鸡等），手工艺（编制、缝纫）项目等。三是拨付到相关部门，包括承担易地扶贫搬迁任务的搬迁办，承担危房改造的住建局，承担以工代赈项目的发改局，承担民族发展的民宗局，承担贫困学生补助的教育局，承担扶贫培训的人社局。

5. 财政资金使用效益逐渐提高

一是投向扶贫产业项目。大项目带动，养殖（唐人神、小优鸡、肽牛）、种植（中璟云蔬菜）等项目相继落地。大园区与微工厂齐抓，构建县、乡、村、户四级扶贫产业体系。县级扶贫产业示范区，重点培育领军型扶贫龙头企业。总投资 35 亿元的中璟网络云蔬菜产业园，一期带动 5 万亩设施蔬菜种植。千万“小优鸡”项目，引入 3300 个贫困户扶贫资金 2000 万元入股，建立“公司 + 基地 + 贫困户”和“入股分红”利益联结机制。乡镇扶贫产业园区，依托股份合作企业发展设施蔬菜、畜禽养殖、林木瓜果等特色产业，贫困户通过入股分红、进企打工、收取租金等方式稳定增收，已建成 64 个种植类、133 个养殖类乡镇特色产业园区，带动 4700 个贫困户、1.4 万人增收。发展藤椅编织、箱包加工、传统草编等特色家庭手工业，让留守妇女等群体在家门口就业，已覆盖 210 个村，带动贫困户 3500 人，户年均增收 6000 元。

二是投向民生保障。聚焦解决贫困家庭患大病、慢性病和就学难等突出问题，完善了“两不愁、三保障”长效机制，构筑了全方位的政策兜底保障网。

①深入开展健康扶贫。创新建立了“五重保障线”健康扶贫机制：前“三重保障线”（基本医保、大病保险、民政救助）解决合规费用报销问题；“第四重保障线”重点解决贫困群众合规内自付费用和住院自费医疗费用，由承办第四重保障线的保险公司按一定比例予以报销；

“第五重保障线”，对四类特殊慢性疾病及25种疾病，在定点医院门诊检查医保报销后剩余部分予以全额救助，从根本上杜绝了因病返贫现象。

②全力抓好教育救助。对全县2231名建档立卡贫困家庭高中生、中等职业学校学生，全部落实“两免一补”“三免一助”政策，全县义务教育阶段无一名学生因贫辍学。成立县学生资助管理中心，为2877名贫困大学生发放生源地贷款2100余万元。通过实施教育扶贫计划，实现了全县各学段教育精准扶贫全覆盖。

③强化政策兜底保障。刚性落实农村低保线和扶贫线“两线合一”，将农村低保标准由原来的每人每年2900元调整为每人每年3660元，高于省贫困线。农村低保补差标准由原来的每人每月185元调整为每人每月205元，实现了应保尽保。

④实施危房改造扶贫。为从根本上解决贫困群众的基本住房安全需求，对全县农村危房进行逐户摸底，建立改造台账，坚持“边排查、边改造”，做到了应改尽改。

三是投向基础设施。树立城乡统筹理念，集中精力、倾斜财力弥补农村基建短板。出行通畅上，采用“六方投入”模式，仅2017年就累计投入1.1亿元，为贫困村修建道路332.3公里。安全饮水上，2017年整合资金1328万元，实施了农村贫困人口饮水安全巩固提升工程，所有贫困户全部通上自来水，保证了群众饮水安全。易地扶贫搬迁方面，根据省、市安排部署，对大名县漳河河道内32个村庄进行整体搬迁，涉及4个乡镇，共计8977户、31284人，其中建档立卡贫困户1301户、4063人，同步搬迁7676户、27221人。按照“就地安置、方便生活、两区共建”的原则，规划了4个安置点，目前首批安置点正在建设，第二批铺上镇、万堤镇安置点已进场施工，大名镇安置点正在如期推进。

四、大名县涉农财政资金整合试点：进展与成效

2016年是贫困县统筹整合涉农财政资金用于脱贫攻坚的开始之年，国务院办公厅4月12日发文开始试点，河北省出台实施意见已到7月11日，全省贫困县开始试点。大名县列入首批试点贫困县行列。

2016年度，大名县共计统筹整合中央、省、市、县财政涉农资金7480.82万元。按照项目实施类别，由扶贫办牵头实施的统筹整合资金共计2730万元；由国土局实施的统筹整合资金共计2253.18万元；由水利局实施的统筹整合资金824万元；由财政局实施的统筹整合资金1371.6万元；由农业局实施的统筹整合资金302.03万元。

2017年大名县共整合涉农资金20387.17万元，主要投向于贫困群众产业项目、村级光伏扶贫电站项目、贫困村基础设施项目、贫困村公益事业项目、贫困户技术技能培训、金融扶贫贴息、扶贫微工厂建设补贴、扶贫产业园区项目、美丽乡村建设项目、造林绿化建设等。

2018年大名县共整合涉农资金6970.63万元，主要投向于股份制项目、养殖项目、种植项目、贫困村基础设施项目、造林绿化项目、贫困人口饮水工程项目、贫困户危房改造项目、雨露计划补贴项目、技能培训项目、扶贫微工厂建设补贴项目等。

五、实现财政扶贫资金放大机制创新和技术创新

一是撬动机制生效，信贷、开放性金融、保险、期货合力脱贫攻坚。县财政拿出3600万元风险补偿金，与商业银行合作，创新推出金扶通、政银企户保、“双基共建”等金融扶贫产品6项，共计发放扶贫

表 6-2 大名县 2016 年统筹整合涉农财政资金情况

牵头实施部门	资金量	资金来源	资金用途
扶贫办	2730 万元	扶贫专项资金 1310 万元，现代农业发展资金 805 万元，县本级扶贫专项资金 615 万元	产业扶贫项目资金 1052.5 万元，股份制经济项目资金 240.6 万元，基础设施建设项目资金 436.9 万元，“政银企户保”合作贷款风险基金 1000 万元
国土局	2253.18 万元	整合高标准农田建设项目资金 2253.18 万元（冀财资环〔2015〕9、129 号）	邓台等 36 个村高标准农田项目建设
水利局	824 万元	2016 年现代农业生产发展中央补助资金 824 万元（冀财农〔2016〕74 号）	用于小寨等 14 个贫困村安全饮水项目建设
财政局	1371.6 万元	村级一事一议奖补项目资金 1371.6 万元（冀财农改〔2015〕12 号）	街道硬化项目 1134.9 万元，文化广场项目 158.1 万元，街道亮化项目 78.6 万元
农业局	302.03 万元	田间工程项目资金 302.03 万元	韩庄等 5 个村田间工程建设

表 6-3 大名县 2017 年统筹整合涉农财政资金情况

牵头实施部门	资金量	资金来源	资金用途
扶贫办	9575.28 万元	产业类项目资金 6608.4 万元，安排基础项目资金 1878.26 万元，其他项目资金 1088.62 万元	光伏项目资金 2841.8 万元，股份制项目资金 3042.1 万元，基础设施建设项目资金 1878.26 万元，家庭手工业项目 185.5 万元，吴未城扶贫农业园区育苗棚项目 539 万元，扶贫微工厂建设补贴项目 636.55 万元，金融扶贫贴息项目 393.2 万元，雨露计划项目 18.9 万元，项目管理费 39.97 万元

续表

牵头实施部门	资金量	资金来源	资金用途
住建局	423.73 万元	危房改造项目资金 423.73 万元	用于 20 个乡镇建档立卡贫困户危房改造
水利局	1328.28 万元	2017 年度贫困人口安全饮水项目资金 1328.28 万元	用于购买安装引水管道、打配机井、配套水泵、变压及计量设备等
林业局	109.8 万元	贫困村绿化项目 89.8 万元； 贫困户生态护林员培训和贫困户林果技术培训项目 20 万元	用于 159 个贫困村及贫困户庭院绿化，用于生态护林员培训和林果技术培训
妇联	18.68 万元	贫困户美丽庭院建设项目 18.68 万元	37 个深度贫困村的美丽庭院建设
发改局	181 万元	以工代赈项目 181 万元	安排基础设施—以工代赈
县委农工委	238.7 万元	贫困村环卫设施建设项目 238.7 万元	用于环卫设施建设
交运局	881 万元	贫困村道路及桥梁项目资金 881 万元	用于儒家寨桥、杨桥排水桥、刘辛庄等村镇道路桥梁建设
束馆镇	10 万元	贫困村环境提升项目 10 万元	用于束馆镇冢北、唐村环境提升
埝头乡	19 万元	便道硬化项目 19 万元	用于东马陵村街道两侧便道砖硬化
20 个乡镇	7601.7 万元	产业类项目资金 7601.7 万元	股份制项目 1664.2 万元，家庭手工业项目 92.4 万元，养殖项目 3460 万元，种植项目 2374.9 万元，光伏项目 10.2 万元

表 6-4　大名县 2018 年统筹整合涉农财政资金情况

牵头实施部门	资金量	资金来源	资金用途
扶贫办	1170.43 万元	产业类项目资金 610.8 万元，基础设施类项目资金 140 万元，其他项目资金 419.63 万元	股份制项目资金 100.8 万元，育苗棚项目资金 510 万元，质保期之外路灯维修项目资金 60 万元，扶贫养殖示范园区基础设施建设资金 80 万元，技能培训项目资金 360 万元，雨露计划项目资金 16.05 万元，项目管理费 43.58 万元
水利局	243 万元	贫困人口安全饮水项目资金 243 万元	用于 27 个贫困村村外、村内管网改造提升 7.03 万米
林业局	224.5 万元	绿化项目资金 224.5 万元	用于 159 个贫困村及贫困户庭院绿化，打造环村林带、街道及进村路、庭院、空闲地及沟渠坑塘
住建局	666.6 万元	贫困户危房改造项目资金 666.6 万元	用于 20 个乡镇建档立卡贫困户危房改造
交运局	1200 万元	贫困村出村路项目资金 1200 万元	用于贫困村出村路建设
20 个乡镇	3466.1 万元	产业类项目资金 607.1 万元，基础设施类项目资金 1809 万元，其他项目资金 1050 万元	用于扶贫微工厂项目 1050 万元，股份制项目资金 440 万元，养殖项目资金 5.4 万元，辣椒种植项目资金 161.7 万元，贫困村亮化（路灯）项目资金 561 万元，贫困村道路硬化项目资金 1118 万元，市场体系提升工程项目资金 130 万元

贷款320笔、8024万元。

二是撬动开发性金融和保险资金。大名县政府多方筹措扶贫资金，搭建融资平台。县政府成立了绿美城乡投资开发公司和兴大路桥建设公司，2016年通过两家公司向国开行分别申请了1.96亿元、3亿元中长期贷款，对159个贫困村的基础设施进行全面提升。撬动保险资金。建立民生保险、大病保险、防贫保险。在全面落实因病、因学、因灾致贫建档立卡贫困户保障政策的同时，坚持关口前移、先期扶持，瞄准“非高标准脱贫户”和“非贫低收入户”两类重点人群，以人均纯收入低于上年度国家贫困线的1.5倍为限设置“防贫保障线”，把低于“防贫保障线”、高于“贫困线”的人口全部纳入防贫范围。大名县财政出资，按每人每年50元保费标准，与保险公司合作，为“两非”人口购买精准防贫保障险，以因病、因学、因灾为重点，按照负担或损失额度设置预警线，对预警线以上部分按梯次比例予以报销或救助。

三是财政扶贫资金监管体制日趋严密。针对财政扶贫资金财政监督、审计、纪检监察、检查、各级督查、巡视等多道监管防线建立起来，编织了密不透风的监督网。

六、财政扶贫资金效益的发挥

一是以脱贫攻坚统领全县经济社会发展全面工作。要认清自身、摆正位置，全力投入脱贫攻坚。扶贫工作做得好的县都是高度重视扶贫工作，把扶贫工作视为全县工作的总抓手，纲举目张，用扶贫工作来统揽全局，用绣花的功夫做扶贫。扶贫工作做得差的县，都是认不清自己的位置，扶贫工作被边缘化，以所谓招商引资来促进发展，结果发展没跟上，扶贫没做好，顾此失彼，首鼠两端。大名县2016年来的扶贫形势改观，根本上还是扶贫工作得到党委政府上上下下的高度重视和全力投入。在上级考核指挥棒的重压下，人员到位、资金倾斜、制度保障都建立起来，财政扶贫资金效益得以充分发挥，全县脱贫减贫也就进入了快车道。

二是以技术手段创新保证扶贫资金的瞄准精度和动态调整。运用“互联网 + 扶贫”思维，开发建立了以政策解读、扶贫对象动态管理、贫困人口健康管理、扶贫项目库、收益分红管理、扶贫微工厂、举报中心等25个板块为核心功能的“智慧扶贫”服务平台，通过这一服务平台综合利用，顺利通过河北省第三方评估验收，建档立卡“回头看”工作漏评率、错评率、错退率均为零，经验做法在邯郸市推广。

目前，大名县已为每个贫困户发放了一台掌上服务终端。该服务平台能够实现三大功能：①识别准。通过APP软件系统全程监控、透明操作，确保该进的一户不漏，不该进的一户不入。②可追溯。对每户贫困群众的产业项目实施和资金使用情况及帮扶举措实行跟踪监督、动态管理，实现了全过程、留痕迹、可追溯。③监管严。对扶贫过程中出现的违法违纪行为，贫困群众发现后可通过掌上服务终端直接向系统中心举报。数据监控中心对产业扶贫项目运营、收益状况进行实时监控，保障贫困群众正常收益分红。

三是县域财力增强是扶贫的可靠保障。近五年来，随着县域经济的快速发展，县财政收入每年增长近亿元。造血能力增强是从长远角度稳定脱贫成果的可靠保障。事实证明，用脱贫攻坚总揽经济社会全局，统筹各方面工作，不但能够做好扶贫工作，同样能够大大促进县域经济发展。

第七章

促进脱贫攻坚的财政体制问题

虽然目前我们在脱贫攻坚领域取得了巨大成绩，但是要看到我们还需要在体制机制设计方面再优化、再突破，尤其是宏观财政体制要有效解决收入分配问题，即为解决城乡差距、区域发展差距、人群之间的收入差距找出解决方案。地区性贫困本质上还是发展问题，如何促进落后地区的发展，财政政策需要在转移支付制度、引导产业发展、提升贫困地区基础设施方面加大改革力度。县域财政困境是长期困扰中国财政体制的难题，应该借力脱贫攻坚，对县域财力保障机制有一个全盘谋划，为2020后的县域经济发展谋好篇布好局。农村贫困人口很大一部分人群是因病、因残致贫，相当一部分人群丧失了劳动能力，因此应该在社会保障制度、社会安全网构筑，构建完善的财政保障制度框架，目前低保制度如何与扶贫政策衔接就是一个突出问题。

进入新时代后，脱贫攻坚工作要要以促进贫困地区基本公共服务均等化为保障和基础，不断提高贫困地区和贫困人口自我发展能力，增加贫困人口收入，缩小贫困地区与其他地区发展差距，促使贫困地区经济、社会事业的全面发展，推进贫困群众和贫困地区自我发展、自我防贫能力的开发与提高。

一、合理划分贫困标准，厘清社会救助和扶贫机制的功能差异

社会救助和扶贫开发之间的政策体系的政策对象、运行机制以及政策属性有着差别（见表7－1），社会救助制度与扶贫制度之间需要形成一个相互配合、相互促进的机制。从两个制度的功能定位来看，按照中央关于打赢脱贫攻坚战的决定要求，扶贫是针对特定贫困群体为对象，以改善贫困人群生产生活条件、实现收入稳定增长为脱贫目标的一种制度安排，而社会救助则是对完全或部分丧失劳动能力且无法依靠产业扶持和就业帮助脱贫的家庭实行政策性保障兜底。

（一）社会救助和扶贫之间不衔接、不协调问题亟待解决

社会救助和扶贫在实际运行中一定程度上存在不衔接、不协调的问题，存在低保制度与扶贫开发政策衔接不够顺畅，两项政策标准、对象确定机制差异较大、自成体系等现象。以我国农村低保和扶贫开发制度为例，实际管理过程中的问题主要有4点。

一是贫困人口和社会救助对象的分类不衔接，需要民政与扶贫部门各自识别、认定。扶贫开发侧重于帮助有劳动能力或有劳动意愿的人口，全国实行统一标准，自上而下认定扶贫对象。而低保则以保障基本生活为功能目标，不以是否有劳动能力为必要条件，各地自行确定低保标准，按照属地管理原则来确定审核低保对象。在确定贫困线和低保标准时，各有一套认定部门和认定标准。

二是两者之间的功能配合作用较弱。扶贫的功能目标是培养贫困人口的自我发展能力（“造血”），而救助的功能目标是保护社会弱势

表 7－1　社会救助与扶贫开发的比较

项目	社会救助	扶贫开发	
政策对象	目标人群	城乡贫困家庭	贫困县＋农村贫困家庭
	贫困线	地方划定	国家统一划定
运行机制	政策手段	现金为主	多种资源
	实施形式	非项目制	项目制
	主导机构	民政部	扶贫办
	政策传递过程	属地	纵向
政策属性	政策目标	维持基本生活	区域经济发展＋农民增加收入
	政策弹性	稳定性	灵活性
	政策领域	社会政策	经济政策＋社会政策

资料来源：刘宝臣、韩克庆："中国反贫困政策的分裂与整合：对社会救助与扶贫开发的思考"，《广东社会科学》2016 年第 6 期。

群体的基本生存权（"输血"），因此，其覆盖对象有着明显差异。扶贫对象主要是有劳动能力的贫困人口，低保对象主要是由于老龄、重病、残疾或其他原因部分或全部丧失生存能力的困难群众。而现实中，低保对象中有一部分是劳动能力健全的贫困人口，而扶贫开发对象也包含了部分无劳动能力贫困人群，影响两方面工作的衔接。仍有很多具备劳动能力或劳动意愿的农村低保对象，无法通过扶贫开发政策实现脱贫。有些地方在脱贫攻坚工作的推进过程之中，仍还有一些地方为完成减贫任务，仅对建档立卡贫困户给予倾斜支持，不在其范围内的低保对象、特困人员等都被排除在外。甚至有些地方为了快速完成脱贫任务，误认为低保标准高于扶贫标准，就是简单让建档立卡贫困人口全部吃低保。这种"治标不治本"的帮扶方式很难从根本上解决贫困问题。

三是低保对象的福利叠加问题比较突出，导致部分群体保障水平不足，而部分群体保障过高形成福利依赖。很多专项救助制度如医疗救助、教育救助、住房救助、就业救助等，直接与“低保资格”进行叠加，一些公共服务优惠政策也与“低保证”直接关联，严重破坏了社会救助制度的公平性，导致形成“悬崖效应”。部分群体保障不足，而部分群体保障有福利化倾向，滋生了“福利依赖”。比如一些地方，与“低保资格”叠加的社会救助和福利政策高达几十项，几乎涵盖了所有类型的公共服务和公用事业。表7－2是某省附着于低保制度上的各项福利。

表7－2　　某地区最低生活保障制度的福利叠加情况

项　目	具体内容
教　育	学前教育予以资助；义务教育阶段免收杂费，免费提供教科书/农村义务教育阶段提供生活费补助，免收住宿费；普通高中教育发放国家助学金；中等职业教育免收学费；普通高等教育阶段分别给予减免学费、发放国家助学金、提供临时困难补助、提供国家助学贷款、安排勤工助学岗位等救助
医　疗	参加新型农村合作医疗的个人缴费部分给予补贴；患病住院的其医疗费用经基本医疗保险、大病保险和其他补充医疗保险支付后，个人及家庭难以承担的符合政策规定的医疗费用给予补助；特殊情况未能参加基本医疗保险、个人及其家庭难以承担的符合政策规定的医疗费用，也应当予以补助；等等
住　房	通过保障房的分配、易地扶贫搬迁、农村危房改造、移民和生态建设、提供建房技术服务等方式实施救助
殡葬救	免收基本丧葬服务费

四是扶贫对象的动态管理不足。扶贫制度的重要目标是确保纳入扶贫范围的群体的自我生存和发展能力得到有效保障，所以，相关部门需要对这些群体的脱贫情况做出动态评估。从现实状况来看，这个问题较为突出，引发了社会公众对于扶贫政策公平效率的担忧，一些政策出台多是只做“加法”不做“减法”，层层“打补丁”的“单向叠加”。在完善扶贫制度时，既有政策不能废止，既得待遇不能取消，既有标准不能降低。

简言之，现行社会救助制度和扶贫制度之间需要加强衔接、统筹。

从政策定位上，应该以社会救助保障群众基本生存为基础，来推进贫困地区的经济发展，应把社会救助作为解决贫困问题的兜底手段，让贫困人口解除后顾之忧。

（二）建立社会救助和扶贫之间相互配合、相互适应的制度体系

现实问题正是理清扶贫和社会救助制度的起点，处理好社会救助和扶贫之间的功能定位，在保障对象选择、标准制定方面力求衔接，既要有效解决有完全劳动能力群体的发展能力问题，又要解决好无劳动能力或弱劳动能力群体的生存发展问题。

第一，明晰社会救助和扶贫之间的功能定位，始终坚持“先扶贫、后救助”的原则。处理好社会救助、扶贫之间的功能分工关系。如果说扶贫是激发有完全劳动能力的贫困群体创造社会价值的积极性，那么社会救助制度就成为解决贫困问题的“最后安全网”，有效保证无劳动能力或弱劳动能力的贫困群体的基本生存、发展权利。厘清两者各自发挥政策效用的职能边界，使其各司其职、各负其责。同时注重两者在覆盖范围、保障水平、衔接转换等方面的平衡关系。树立适度扶贫理念，坚持“救穷不救懒”的原则，把“输血式”救助和“造血式”解困有机衔接。对有劳动能力和缺乏劳动能力的贫困人口，实施区别对待的救助政策，救助水平适度，鼓励自主就业创业、自力更生。合理确定当地低保标准，做好与扶贫标准的统筹衔接，确保符合条件的低保对象纳入建档立卡范围，享受扶贫优惠政策。

事实上，自2009年起，我国已经开始在农村低保和扶贫两项制度衔接工作方面做了尝试并进行了一系列试点。2014年、2015年各地民政和扶贫部门又开展了两项制度衔接的基础信息比对工作。为了充分发挥农村低保制度在打赢脱贫攻坚战中的兜底保障作用，2016年国务

院办公厅转发民政部、国务院扶贫办、中央农办、财政部、国家统计局、中国残联联合出台《关于做好农村最低生活保障制度与扶贫开发政策有效衔接的指导意见》，具体提出了政策衔接、对象衔接、标准衔接和管理衔接四项重点任务。因此，在未来两项之间的衔接中，需要从标准衔接、对象范围衔接、管理程序衔接方面做出全方位的统筹制度设计。在标准衔接方面，要推进低保标准与扶贫标准“合一”，从完善农村低保标准动态调整机制入手，使之与经济发展水平和物价水平相适应，在农村低保标准低于国家扶贫标准的地区适度提高救助标准。在对象范围衔接领域，要按照社会救助和扶贫的功能定位“各归其位”，把符合建档立卡条件的低保对象纳入建档立卡范围，把符合低保条件的建档立卡贫困人口纳入低保范围。在管理程序衔接方面，要加强扶贫和民政部门之间的数据信息共享和分析、比对，构建两者相互融合的机制。

第二，对功能相近、对象重合度高的扶贫政策进行归并，统一按困难类型进行分类扶贫，不断完善阶梯式扶贫体系，建立就业和创业援助为核心的扶贫政策体系。研究修订相关管理制度，使各类社会救助制度和扶贫制度真正实现脱钩。对不同类型群体、不同主体功能区制定差异化的扶贫政策和范围，不再简单叠加在社会救助之上，并为不同类型的救助对象提供差别化和有针对性的扶贫政策，使现有制度由“悬崖式”变为“斜坡式”。加大对扶贫对象的就业扶持力度，如有针对性地开展职业介绍和职业培训、设置公益性岗位等，促进其通过提升能力摆脱贫困。此外，针对扶贫对象，通过定期复核、规定期限、逐年减少金额、奖勤罚懒等措施，减少“福利依赖”，提高其就业积极性。

第三，教育是决定贫困群体发展能力的重要保障，也是截断贫困代际传递的重要基础，因此，想方设法提高贫困家庭的人力资本积累能力，成为从根源上解决问题的重要法宝。一些地方和金融机构在探索贫困家庭大学生助学贷款的机制创新，通过帮助贫困家庭的学生上大学、毕业、就业并反哺家庭，成为解决农户因学致贫问题的重要方式，有效阻断贫困的代际传递，取得了较为理想的效果。比如，某金融机构建立了贫困家庭大学生生源地助学贷款可持续发展的长效机制，仅西南三省受益贫困学生接近300万人次。因此，财政要积极鼓励、扶持金融机构实施贫困家庭大学生助学贷款。

第四，建立扶贫渐退的动态管理机制。建立健全扶贫对象就业创业后的渐退机制，科学设定渐退期，确保其获得就业机会后的生活水平相对稳定。

二、关于政府间事权和支出责任划分促进脱贫攻坚的思考

构建法治化、规范、稳定的政府间财政关系，是建立现代财政制度、发挥中央和地方两个积极性的重要基础，也是促进国家治理体系和治理能力现代化的重要手段。在目前全面深化改革的大背景下，理顺不同层级政府在脱贫攻坚中的事权和支出责任，显得尤为迫切。

（一）政府间扶贫事权和支出责任划分的现状与存在问题

一是中央与地方政府之间的扶贫事权没有具体、细化。现行中央和地方政府的事权划分的基本依据是1993年国务院发布的《关于实行分税制财政管理体制的决定》，但其中只给出了一些基本原则，在实际执行中没有细化。特别是，扶贫领域的政府间事权划分的法律法规缺失，尚没有一部统一的、完整的界定政府间扶贫责权利关系的法律

法规。由于事权划分没有明确的法律依据作为支撑，导致中央政府将大部分扶贫事权下放属地进行管理。

二是政府间扶贫的事权和支出责任划分不明晰，还导致了地方政府在扶贫方面的投入很大程度上依赖于中央政府的资金支持，难以完全正确地发挥出因地制宜的效率。由于地方政府要承担扶贫领域的大部分事权，而且对于地方政府来说，扶贫是“一票否决”的任务，地方政府空前重视。但是由于地方政府本身财力非常有限，导致地方对中央扶贫相关转移支付的依赖度不断提高，难以根据自身区域的社会经济特征来制定最优方案。而且，地方政府在争取上级财政资金时，甚至会出现多报扶贫对象数量或者不按照实际情况确定扶贫覆盖面的问题，影响了财政资金的整体效率。

三是现行各级政府在扶贫事权划分基本形成了“规划权上收、管理权下沉”的局面，扶贫标准需要更加体现地区发展特征。扶贫规划、扶贫标准主要由中央政府来制定，地方政府需要根据自身的特征来增加扶贫事权方面的灵活性，更加适应于本区域扶贫事业的开展。

（二）政府间扶贫事权和支出责任划分的思路和方向

在理清政府间事权和支出责任之前，需要明晰政府和市场的关系。在脱贫攻坚领域，应该遵循以农户和企业为主体，坚持政府引导、市场运作、社保兜底、政策支持的核心理念。在充分发挥市场配置资源的决定作用和政府推动、政策引导支持的作用的原则下，脱贫攻坚应区分不同层次、不同类型的服务对象和领域，具体进行市场作用与政府作用的合理搭配，以求二者组合效应的最大化。对完全没有劳动能力或者能力残缺的贫困户，应充分发挥政府和社保的“兜底”职能；对有一定劳动能力的低保贫困户，应以政府为主、市场为辅，并根据贫困户劳动能力的大小，决定政府和市场发挥作用的比重；对有完全劳动能力的贫困户，应充分发挥市场的主导功能，政府则起辅助作用。与此同时，政府应当充分借助市场化手段，通过国有企业、民营企业、公益性基础设施企业、政府融资平台、政府担保机构等渠道，打通财政、金融与贫困地区和贫困人口的对接障碍，使政府在脱贫攻坚工作中的职能最优化。

中央政府在脱贫攻坚的事权和支出责任方面应定位于制定规则和监督地方执行结果，加强脱贫攻坚宏观调控的职责和能力，加强发展战略、规划、政策、标准等制定和实施，并监督考核地方政府。中央应充分听取了解省级和市县政府脱贫攻坚基本情况的意见，赋予地方政府一定自主权，该事权需按受益范围确定由哪级政府承担。一旦市场秩序问题不断演变为全国性问题时，则应适时转给中央政府直接承担。中央政府应承担制定脱贫攻坚的基本或保底标准，并允许地方根据自身财力状况，适当提高标准、增加种类。这既能保证实现脱贫攻坚的统一实施，又能兼顾各地区的发展差异，保证一定水平的激励。但是，如果地方政府确实没有足够能力来承担脱贫攻坚基本标准的支出责任，那么中央政府应给予“兜底”，通过转移支付来为地方提供财力支持。此外，由中央政府来协调由于人的流动性带来的跨省跨区域事项。

省级政府应该根据中央政府的指导意见，统筹制定本省域内的脱贫攻坚标准，并协调不同市县的救助职责。当某些市县难以自行承担脱贫攻坚基本标准的支出责任时，省级政府应通过转移支付给予资金补助。构建覆盖全省的大数据信息平台，来对各个市县的脱贫攻坚情况进行核对、比对，发现脱贫攻坚对象所存在的风险线索，比如瞒报、漏报、盲目扩大扶贫范围等问题，并将风险线索移送给市县去分析、应对。

市县级政府应承担脱贫攻坚属地管理的第一责任主体。市级制定脱贫攻坚管理办法，县级来具体承担相关的管理职能，比如贫困居民家庭经济状况核对、核准并批准贫困资格，等等。在脱贫攻坚的支出责任中，市县政府是第一责任人，它应该负责为脱贫攻坚事权提供资金支持，主要落实辖区内基础设施建设和贫困乡村市政设施建设；支持辖区内特色主导产业的发展。对于上级政府（特别是中央和省级）移动过来的风险线索，由市县政府来核实、应对。

表7－3　各级政府在脱贫攻坚中的主要事权定位

政府层级	主要事权
中央政府	制定与脱贫攻坚相关的政策、方针，在准入、监管、财政、税收等方面给予金融机构政策支持；负责中央级脱贫攻坚资金的分配与管理；负责跨区域重大基础设施建设；协调、主办跨省域的脱贫攻坚相关事项
省级政府	落实国家脱贫攻坚工作的政策、方针；制定省级脱贫攻坚开发工作规划；协调本地脱贫攻坚资金的分配与管理；负责省级跨市域基础设施建设
市县级政府	制定本级脱贫攻坚开发规划，落实脱贫攻坚相关政策，落实辖区内基础设施建设和贫困乡村市政设施建设；支持辖区内特色主导产业的发展

三、不断完善转移支付制度，正确发挥各级政府积极性

（一）我国转移支付制度的现状和问题

表7－4给出了现行转移支付制度的主要内容。从现行转移支付来看，一般性转移支付是最具有均等化效果的转移支付形式。这种形式的计算基础是因素法，即将地区成本因素全部考虑在内。这种方法能够充分考虑到地区的标准财政支出规模，具有明显的弥补欠发达地区财力的效果。而税收返还的设计在确保改革顺利进行中起到了一定的作用，直至今天，仍然在转移支付中占有较大份额。专项转移支付的

目的是为了用于特殊国家政策、应付突发事件等一些具有特殊性项目而设置的，具有突发性、应急性、偶然性的特点，着眼于国家宏观调控、促进各地协调发展和调整产业结构、优化资源配置的政策目标。然而，我国现行专项转移支付的比重过大，影响了地方政府根据当地需求统筹使用资金以及资金的规模收益。省级政府以下转移支付十分不完善，因素法计算依据亟待改进。

表7－4　现行中央对地方转移支付的主要内容

税收返还	一般性转移支付	专项转移支付
1. 增值税、消费税“两税返还” 2. 所得税基数返还 3. 成品油价格和税费改革税收返还	1. 均衡性转移支付 2. 民族地区转移支付 3. 县乡基本财力保障机制奖补资金 4. 调整工资转移支付 5. 农村税费改革转移支付 6. 资源枯竭城市财力性转移支付 7. 定额补助（原体制补助） ……	各类专项

（二）扶贫领域转移支付制度的改进方向

在扶贫资金领域，优化转移支付结构。减少专项转移支付比重，提高一般性转移支付比重，建立以一般性转移支付为主、专项转移支付为辅的制度体系。

一是以重点扶贫县为抓手，建立基于扶贫绩效为导向的一般性转移支付制度。制定合理的转移支付考核办法，把扶贫重点县领导干部的扶贫政绩考核与转移支付挂钩，并采取一定的奖励措施。一方面，综合各地区经济、财力、人口、社会、支出责任等各方面因素，充分考虑贫困规模、贫困程度等因素，确定转移支付数额，以体现公平性。另一方面，考虑按照绩效考核情况分配，鼓励贫困县脱贫摘帽，进一步调动和发挥扶贫重点县的主动性和能动性。这部分资金可以实行

“以奖代补”，对扶贫开发工作实绩突出的多补，差的少补甚至不补。

二是规范并减少专项转移支付。对现有专项转移支付项目进行清理、整合，减少规模，最大限度地降低专项转移支付对地方政府的配套要求，主要用于地方重点公共基础设施补助以及重大灾害救助和突发事件、老少边穷特别补助等。

三是针对转移支付建立公开透明和严格的监督管理制度。一般性转移支付的计算方法和最终规模要确保公开透明，有利于转移支付的公平，有利于各级政府制定预算。在专项转移支付管理方面，采用公开透明和严格的监督管理制度，对专项转移支付的目标、数量、资金用途以及项目实施效果进行公示和严格的监督管理。

四、构筑加快城乡发展一体化的财政政策框架，有效减少制度协调成本

在中国现代化转型过程中，要避免社会板块化带来的社会协调成本过高的问题，促进社会资源的自由流动。加快推进城乡发展一体化，是党的十八大提出的战略任务，也是落实“四个全面”战略布局的必然要求。要在破解城乡二元结构、推进城乡要素平等交换和公共资源均衡配置上取得重大突破，给农村发展注入新的动力，让广大农民平等参与改革发展进程，共同享受改革发展成果。

（一）城乡二元的结构仍然需要彻底打破

从我国城镇化过程来看，虽然大量农村劳动力转移到了城市部门，但农业公共服务基础仍然较为薄弱，农业产业化水平仍然停留在较低水平。据中国科学院现代化研究中心于2012年5月13日发布的

《中国现代化报告2012：农业现代化研究》，2008 年，中国的农业劳动生产率却仅为发达国家的 2%；2008 年中国农业经济水平比英国、美国落后高达百年。城乡之间制度差异所导致各种社会经济问题，导致城乡不同板块之间的制度协调成本十分之高。不同类型户籍、不同地区户籍人员的享受公共服务权利的非均等化成为影响脱贫攻坚事业的障碍和掣肘。

一是城乡户籍制度仍然对城镇化带来显著影响。我国的户籍制度是国家对公民实施的以“户”为基本单位的人口管理制度，一些社会福利与户籍直接挂钩。这种制度造成农村居民虽然已经进入城市部门工作，但是由于户籍制度的限制，没有真正融入到城市之中，无法享受到与城市居民相同水平的公共服务。这导致城镇化具有一定的不稳定性。这种基于城乡的公共服务投入差距问题，显然对收入分配也带来了不利影响。

二是我国仍然存在先进的城市文明和落后的传统农业文明并存的局面，这成为城乡差距的具体表现。造成这个差距的问题仍然是体制机制，比如，在推进工业化和城镇化过程中的农村土地价格“剪刀差”，即农村土地在转为建设用地时的补偿标准和“招拍挂”的土地出让价之间存在着巨大的价格差距，地方政府从这个价格差中获取推动本地工业发展的资金。相当比例的资金用于了当地的基础设施建设，补贴给了工业资本。所以说，这种城乡差距必然要在未来全面推进改革时加以扭转，这也成为扶贫攻坚的一个重要抓手。

（二）加快推动城乡一体化的思路和方向

因此，要从现代化转型的全局来深刻认识加快城乡发展一体化这个重大命题。从这个角度来看，贯彻实施“乡村振兴”具有丰富的时代内涵。它不是简单地固守传统分散化的农业生产方式，而是产业、人、土地要素的重新组合，使农业不再是一个特殊领域，取而代之的是一个与工业、服务业部门“并肩齐行”的现代化部门。农业生产的规模化、技术化、分工化、标准化，让土地的功能发生巨大变化，土地不再是保障人们生活的唯一手段，其社会功能不断弱化。它的功能定位转变为以满足人民群众营养健康需要生产农产品的工具。农民也由传统农业文明下“自给自足”的自耕农，转变职业农民，成为社会化生产的一个重要组成部分。建立工业化、城镇化和农业现代化之间相互促进、相互融合的机制，用产业发展提供的创业、就业机会让农民从土地中解放出来，解决城乡人民群众生存、发展权利不均等问题，使职业农民成为独立、自由的市场主体。从这个角度来推动脱贫攻坚更加具有系统性。

第一，推动城镇化的最终目标是实现以人所接受的公共服务均等化为核心的城镇化。它体现了以人为本的理念，说到底，新型城镇化的目标在于保证人的权利处于一个公平线上。无论他处于城市还是农村，所享受的公共服务权利是无差别的。未来，要围绕公共服务均等化的城镇化这一核心，在产业结构升级、社会保障和就业、教育、医疗、生态环境建设等方面大力转变。合理引导农村人口向城市流动，有序推进农村转移人口的市民化，全面促进人的发展，实现社会公平正义，让全体人民都能够享受工业化和城镇化带来的成果。这是解决脱贫攻坚的制度性基础。值得指出的是，公共服务均等化并不意味着各个地区的公共服务标准都完全处于同一水平，考虑到地区实际情况允许有着一定的地区差别。在这种情况下，树立一个公共服务的基本标准至关重要。这个标准的制定，须考虑各地区的自然环境、人文环境、财力水平等。有足够财力的地区可以在基本标准之上，根据自身情况，酌情提高标准。

第二，推动城镇化需要将经济结构转型升级和优化城镇布局相结合，充分考虑到推动新型工业化、信息化、城镇化、农业现代化四化同步发展的需要。新型城镇化以规划先行为基本原则，按照东、中、西部地区依次递进的产业转型升级为支撑，大力发展服务业，将第二、第三产业的相互协同发展作为产业发展的方向，增加城市对人口的吸纳能力。根据各地区的资源禀赋和环境承载能力来确定产业布局，引导构建新型城镇体系。将信息化作为国家治理现代化的高度来对接工业化和新型城镇化。此外，要夯实农业基础，提高农村土地的集约化利用，提高农业生产率。这种情况下，要创新财政支出扶持产业结构升级和支持农业的机制，将社会信息网络建设作为重要的财政投入重点。事实上，大数据、云计算、物联网、智慧工程等技术的发展更加凸显了技术鸿沟，特别是更加对贫困群体运用新技术的能力带来了深远影响，因此，弥合这个领域的鸿沟，既可以成为重要的潜在增长点，又能够有着显著的脱贫攻坚效果。

第三，推动城镇化与改革农村土地管理制度相结合，构建一个农村土地市场，让农民得到应有的农村土地收益，也会助推脱贫攻坚目标的实现。明晰产权主体是农村土地制度改革的首要问题。属于村农民集体所有的农村土地，应由各村民行使各自承包土地的所有权，属于农村内部多个农民集体所有的土地，应由村民小组集体拥有土地所有权，即农村土地产权应该归属于农民。在此基础上，全面明晰农村集体土地所有权、农村土地承包经营权的权能体系，赋予农民对农村土地的农地处置权和收益权，在一定条件下允许农民将农地出售、抵押、出租、转包、入股等，并探索农村人口进城之后承包地和宅基地的流转机制，有效解决农村土地的剪刀差问题。此外，要创新农村土地经营组织形式，提高农民参与土地经营的热情，设立农村土地经营组织，将股份制理念融入其中，农民凭借自己的土地所有权入股，所获土地收益用于农民分红，发挥农民土地经营的规模化效益。实施这些制度的一个结果就是，政府减少对农村土地的干预，减少征收农村土地的数量，培育一个农村土地市场，让农民直接与各类市场主体进行农村土地经营权的交易，还原农村土地应有的市场价值，这样也能够通过市场机制来实现农村土地的最优配置。

总之，推进城镇化可以以城乡权利的同一化来推进。要赋予农村更多的财产权利，最终破除二元户籍制度带来的不利影响。这种权利均等化会为贫困群体提高发展能力带来非常显著的正面效果。随着地方政府的积极性得到正确发挥，地方政府职能重点将转向提供好本辖区的公共服务，它们对市场的干预逐渐降低，将由市场主体自主选择投资区位。地方政府的积极性将会提升，全国统一的市场体系将会形成，从而产生新的经济发展格局。

基于加快推动城乡发展一体化的考虑，从财政来看，要按照公共服务均等化的理念来安排财政支出，实现城乡间的协调发展。这种情形下，需要更加注重优化财政支出结构，按照轻重缓急的次序来将财政支出安排到急需投入的新型城镇化领域。目前，一个最急迫的领域就是在推进新型城镇化过程中，有序推进农业转移人口市民化，本质内容是城乡、不同地区间的公共服务均等化，在全国城乡、各地区建立一套公共服务标准。事实上，城乡二元经济结构仍然在财税领域有着深远影响。目前，我国部分财税制度的安排仍然有着较强的二元特点，主要体现在以户籍制度为核心的二元社会保障制度、二元公共服务投入等。这些制度的存在严重阻碍着新型城镇化战略的实施。特别是一些新生代农民工，目前已经进入了无法回乡但又无法充分融入城镇的境地，这或许会带来严重的社会问题。据 2010 年深圳市总工会和深圳大学劳动法和社会保障法研究所授权人民网发布的《深圳新生代农民工生存状况调查报告》，调查结果显示新生代农民工在户籍上依然是农民，面对着既不能融入城市社会又难以回归农村社会的现状，他们处在“农民”与“市民”之间的尴尬处境。有的新生代表示出了无奈的情绪：“城市的繁荣有我们的功劳，却没能留下我们的脚步，我们只是无奈的打工一族。”

所以进入经济新常态之后，政府要着力消除二元性，构建全国统一标准的公共服务标准。当然这种标准允许各地区根据自身情况有一定的差别。因此，在推动农村居民转变为城镇居民过程中，需要着力解决身份转变之后，这些新居民所享受公共服务需求的扩容问题。而这是需要财政支出来统筹考虑的，特别是要推动城乡社会保障制度和公共服务投入的一体化。

五、完善生态扶贫体制机制、实现生态保护脱贫攻坚双重红利

习总书记曾经指出“绿水青山就是金山银山”，注重规划引领，保护好、发展好生态环境建设，注重建立体制机制，重视顶层设计，强化主体功能区定位，将绿水青山转化为金山银山的过程就是实现生态保护和脱贫攻坚双重红利的过程。

（一）生态扶贫中存在的主要突出问题

从现实情况来看，有以下问题亟待解决。

第一，我国区域经济发展没有完全按照主体功能区的格局来布

局，产业发展和生态保护之间不能完全兼容。不同地区即使在不同主体功能区，也按照同一个考核指标体系来考核，产业发展的特色难以体现，导致一些具体生态功能的主体功能区中也发现地方政府在发展一些对生态环境有着较为负面影响作用的产业类型。然而，按照主体功能区战略的格局，不同主体功能区的资源环境承载能力、现有开发密度和发展潜力，应该决定产业发展如何布局，但当前产业体系与主体功能区的功能定位、开发方向存在一定程度的不适应问题。所以，也就会出现产业发展和生态保护之间不能完全兼容的情况。

第二，生态补偿机制不健全，亟待改进。十六届五中全会就提出按照“谁开发谁保护、谁受益谁补偿”原则，加快建立生态补偿机制。近些年来，国家也在生态补偿机制上做了很多文章，但是由于这个问十分复杂，且涉及不同级次政府、不同地区之间的财政分配关系，因此协调和实施难度十分大。主要表现在以下三个方面。

一是生态保护补偿仅仅在少数几个区域试行，实施范围有限。从国土资源开发的角度来看，我们已经制定了相关的主体功能规划，在此基础上，也制定了相关生态功能区规划，但是现行规划仍然没有将生态效益的补偿主体的权利义务关系界定清晰，导致各个不同主体功能区主体在维持生态效益方面的权益范围难以确定。这也导致了主体功能区之间以及内部各个区域的生态补偿机制难以真正落。事实上，近些年来，我国一直努力去突破这个问题。比如，早在 2011 年起，由财政部和环保部牵头组织，每年安排补偿资金 5 亿元的全国首个跨省流域生态补偿机制试点，在新安江启动实施。从近些年的运行来看，仍没有大规模进行推广。特别是一些生态地区本身就是扶贫发生率较高的区域，生态补偿范围影响了脱贫攻坚进程。

二是生态补偿标准设置依据不明确、不充分，补偿标准仍待提高。

在生态补偿制度的实际运行中，补偿标准的设定仍然缺乏公认的一套标准体系，尚未建立一套测量、分析生态环境全口径社会成本的机制。

三是尚未形成生态补偿各个主体之间自发、互动的体制机制，部分区域仍然将生态补偿作为一种“负担”来看，在一定程度上削弱了政府、企业、社会各方参与的积极性，影响了生态保护成效。

第三，生态补偿机制要与其他政策手段更加协同、融合。除了生态补偿制度之外，还有环境税、污染物总量控制、排污权许可证等规制手段，仅凭生态补偿单一手段难以有效发挥作用，亟待建立一套功能定位各异的环境规制体系。

（二）完善生态扶贫体制机制的主要内容

完善生态扶贫体制机制的核心是处理好保护与发展的关系，建立相互的制度来平衡不同主体功能区之间的发展格局。习近平总书记强调，要正确处理好经济发展同生态环境保护的关系，牢固树立保护生态环境就是保护生产力、改善生态环境就是发展生产力的理念。解决这个问题的关键，在于构建统筹推进生态环境保护和脱贫攻坚的制度体系。

第一，严格按照主体功能区的布局来设置差别化政绩考核体系，提出不同主体功能区的产业发展指导意见，以此来引导产业差异化布局。一是优化开发区的功能定位是提高产业集聚度，推动产业结构高度化，提高资源集约化利用水平，承载未来人口聚集和产业结构升级。严格控制建设用地的总量，提高单位土地的产出水平，推进存量土地改造，产业集约发展的评价和绩效考核制度。鼓励这个区域的耕地退出农业生产，发挥生态功能。二是重点开发区域的功能定位是加快人口聚集、推进工业化和城镇化进程，加快形成现代产业体系，适度扩大建设用地规模，完善重点开发区和限制开发区之间的产业协同，提高这个区域的人口和产业承载能力，用产业发展来吸引农业人口进城。三是农产品主产区的功能定位是保障国家粮食安全和重要农产品供给，推动自然村的归并，按照农业专业功能区的规划来规定土地用途，严格控制非农建设用地规模，实行耕地数量只增不减的总量指标控制，建立限制开发区和重点开发区、优化开发区之间非农建设土地指标的增减挂钩。四是重点生态功能区的功能定位是保护和修复生态环境，增强生态服务功能，不宜建设大规模的产业，应该统一将人口从生态功能区搬迁出来。五是禁止开发区域的功能则是对代表性的自然生态系统、珍稀濒危野生动植物物种、有特殊价值的自然遗迹和文化遗址等自然文化资源的保护，人类活动大部分应该退出这个区域，只保留少部分旅游观光产业。

第二，明确主体功能区之间以及内部各个区域间在生态补偿中的权利义务关系，以此作为构建“生态扶贫财政”的体制机制基础。我国在 2011 年制定发布的《全国主体功能区规划》仍然是奠定生态补偿的基础和前提。要综合考虑到不同主体功能区的生态环境特征，明确生态补偿受益和支出主体之间的要素对应关系，以此作为制定生态补偿的标准。科学、合理地识别并明确划分保护地区、保护主体与受益地区、受益主体，明确不同功能区之间、不同空间之间、不同主体之间的生态保护补偿权力义务关系，并用立法的形式将其确定下来。

第三，构建纵向和横向相结合的生态补偿体系，既要发挥中央政府的统筹协调功能，又要明确生态受益区域的支出责任。从现行生态补偿体制机制来看，我们主要是采取中央向省级政府及以下政府的纵向转移支付来实现的。然而，由中央政府来协调，往往其协调成本和效率受到一定程度的影响。建立横向生态补偿机制，是解决这个问题的一个重要内容。《国务院办公厅关于健全生态保护补偿机制的意见》（国办发〔2016〕31 号）明确提出，“推进横向生态保护补偿。研究制定以地方补偿为主、中央财政给予支持的横向生态保护补偿机制办法。鼓励受益地区与保护生态地区、流域下游与上游通过资金补偿、对口协作、产业转移、人才培训、共建园区等方式建立横向补偿关系”。

所以说，要建立纵向和横向生态补偿相结合的体制机制。在功能分工中，一些容易确定生态受益和补偿责任边界的事项，比如河道流域上下游的生态补偿，受益和补偿权利义务较为明晰，外部性相对局限在一个狭窄的范围内，这些适合用横向生态补偿的方法。而对于一些受益和补偿权利义务不太明晰，比如生态脆弱地区，既是自然保护区又是生态功能区的区域，它所在区域与其他受益区域的生态关系难以确定。这种情况下，可由中央协调各方，通过纵向生态补偿形式来解决，具体制度设计就是运用财政转移支付手段。

第四，立法扩大生态补偿范围，精确计量生态全口径成本。生态补偿行为基于生态损失来构建，而生态损失的范围是何时何地都有可能发生的。这里面既包含一次性的生态损失，比如偶发的重大生态环境污染事故，又包括经常性的生态环境污染行为，还包括生态环境的正外部性。所以说，用立法的手段来确定生态补偿的范围，无疑是一个必要手段。此外，要建立生态全口径社会成本的监测体系，科学性、有效性与合理性地设置生态补偿成本标准。按照生态环境的可再生成本来作为生态补偿的标准。不可再生资源或者再生周期较长、难度较大的生态资源、较为稀缺的再生生态资源、资源供给缺乏，不宜大量消耗的生态资源产品的生态补偿标准可以适当提高。综合生态补偿体系运行的需要，采取定额补偿和比例补偿相结合的办法。通过对各利益相关方进行支付意愿、补偿意愿调查分析，了解生态补偿各方对于生态保护所能接受的补偿金额或测算保护的机会成本，最大限度地达成共识。

第五，政府支持建立多种生态环境政策相融合的综合生态补偿制度，发挥制度政策合力。除了纵向和横向生态补偿体制机制之外，还有一些制度政策体系，比如政府的生态环境保护支出、生态环境损害赔偿制度、生态环境保护投资基金，甚至近期实务界和学术界讨论的国家公园体制等等。而从根本上解决生态补偿问题还是如何激励政府、市场主体和社会公众用创新驱动、技术变革的方法来减少生态环境损害，建立一套正面催化保护生态环境积极性的利益共享体制机制，推动产业环保化，让更多的市场主体主动去运用先进的减排技术从事生产。所以说，在生态环境保护的综合激励制度方面，政府要系统集成、顶层设计，这些制度政策要在生态补偿领域形成合力。比如，在国家公园体制试点中，可以将生态环境补偿制度融合进来，推动建立基于国家公园的生态补偿体系，实现国家公园的顺畅运行。

六、建立对贫困地区交通基础设施的长效投入机制，以互联互通促脱贫减贫

（一）交通基础设施互联互通在脱贫减贫中发挥至关重要作用

交通基础设施的投入和交通扶贫要从现代化转型的视角来布局。扶贫实际上要让贫困群体见到现代文明的阳光，提升他们的自我发展能力。从实地调研来看，交通基础设施建设对增加贫困群众收入的作用和效果十分明显，交通设施越好的地区，贫困人口的脱贫速度越快；越是靠近重大交通设施的地区，群众收入越高。

一方面，交通体系布局与脱贫之间有着非常深刻的相关关系。交通基础设施建设具有非常强烈的扶贫效果，修一段公路就能够为贫困群众打开一扇脱贫致富的大门，“要想富、先修路”仍然十分有效。调研组曾经在青海三江源地区调研时，深入公路沿线入户实地访问，结果显示，公路沿线群众收入要比非沿线群众收入高出50%以上。地处三江源地区的青海贵德县有着丰富多彩的丹霞地貌，由于地处贫困地区，这些丰富的旅游资源长期封闭在大山之中。但随着交通条件的不断好转，这些旅游资源慢慢被外界所了解，旅游人流量不断增加，正在改变当地贫穷的面貌。再例如，地处国家集中连片特困地区六盘山区西麓的甘肃省静宁县，由于地形影响，交通基础设施非常落后，加上生态环境脆弱，人民群众生存发展条件较为恶劣，贫困问题非常突出。调研的一户人家，2010年左右一年收入仅有3000～4000元，而到了2014年和2015年左右，年收入已经达到万元以上。引发如此之大变化的原因在于甘肃省开展的交通扶贫攻坚行动，在静宁县完成了数百公里的苹果产区畅通工程。再例如，贵州息烽县，近年来，以贵遵高速公路、210国道、川黔铁路为轴心线，利用各种筹资方式，先后建成了红岩乡村旅游、养龙司乡“半边天”文化、南望山秋淡蔬菜基地、鹿窝乡经果林基地等一批旅游路、产业路。依托公路和铁路等良好的交通体系布局，该县小寨坝镇，正在崛起一座集“磷、煤、氯碱、氟、硅”化工于为一体的磷煤化工城，未来5年，将开工建设20余个精细磷煤化工项目，投资超过100亿元。这有力印证了交通运输部杨传堂书记的提法，他曾经指出：“全面建成小康社会，最艰巨最繁重的任务在农村，最突出的短板在贫困地区，交通运输在脱贫攻坚中具有基础性和先导性作用。”按照规划要求，“十三五”期间，补齐贫困地区交通运输发展“短板”，确保到2020年全面建成贫困地区

"外通内联、通村畅乡、班车到村、安全便捷"的交通运输网络，为贫困地区与全国同步全面建成小康社会提供强有力的交通运输保障。

另一方面，交通基础设施的不断完善促进了社会融合，对可能出现的社会文化断裂形成了弥合作用，对贫困脆弱性问题的解决提供了一把钥匙。从实地调研来看，贫困的原因常见于两个方面：一是贫困人群由于自身条件导致无劳动能力或者缺乏劳动能力引起的，二是由公共服务起点不公平导致的。例如在一个长期封闭在大山深处的贫困户，很少接触现代文明和现代生活方式，显然无法融入现代社会，这会增强贫困的脆弱性。交通条件的改善，改变了这些局面。在青海三江源地区调研时，调研组得知，10 年前，这里的少数民族贫困人口即使贫困也很少会出去打工，而且孩子们中途辍学者非常多。而随着三江源一系列交通工程的实施，交通设施条件不断好转，这些少数民族群众渐渐接触到了外部世界，外出打工的人群也慢慢多了，逐渐融入了现代社会。现在，这些群众们渐渐接受了新的理念，纷纷意识到了教育的重要性，甚至想方设法把孩子送出大山，接受好的教育。再例如，甘肃一些贫困地区的很多人祖祖辈辈在"没路没水没电"的深山里面对贫困，基本与外界"隔绝"。然而，"道路的修通，更是人心的修复"，交通设施的改善，进一步增强贫困地区老百姓自我学习和发展的能力，促进了他们与外部市场的融合，让他们更有热情和信心创业、创收。

（二）交通扶贫攻坚中存在的主要突出问题

我们还要看到，现在的交通基础设施投入仍然有一些亟待解决的问题，对脱贫攻坚产生了影响，需要正本清源、立足全局、多方破解，找到现实问题症结，精准突破。

第一，人口分散和交通体系布局之间的矛盾较为突出，交通体系布局需更加适应于规模化、集中化、分工化的现代城市文明发展趋势。传统分散化、“一亩三分地”的小农经济一直是中国社会经济发展的基本模式。与农业生产模式相适应的是，社会经济生产生活的基本单位是自然村。分散化的农业生产方式使得农业与工业、服务业割裂开来，强化了城乡分割二元经济结构，农民的能动性和创造力被牢牢束缚在土地之中。特别是，贫困地区往往处于外部基础条件较为恶劣的地区，比如调研组到达的甘肃、四川、青海甚至内地省份一些山区，更是现代文明难以渗透到的地区。然而，随着工业文明等现代城市文明的崛起，人类生产生活的基本单位转向城市，以城市为载体实现人口聚集。从扶贫角度来看，很多贫困人口本身居住条件非常恶劣，从保障人民群众基本可持续生存和发展能力相关条件来看，这些群体应该迁移至区位环境、更加适合生产生活的环境。但从有些交通基础设施项目的布局来看，仍然适应于传统农业文明时代，仍然按照传统的分散化生产方式和自然村分布来布局，固化了传统生产方式的格局，不利于人、产业、土地之间的融合，与现代化的城市文明生产方式以及社会经济发展阶段升级不匹配、不衔接。

例如，调研组发现，有些地区个别行政村群众居住分散，部分交通扶贫项目仍按照自然村布局，固化传统“一亩三分地”的小农生产格局。甚至在部分偏远山区，一个仅有20户的自然村，仍按照“村村通硬化路率”来考核，通车后运行成本－效益极不理想。如果再按自然村去布局交通体系，再多投入也不够。而且如果按照“村村通硬化路率”来考核，虽然能够满足考核要求，但通车后运行成本高、效益差，客运经营者不愿经营，常出现经营期内停运、退出客运市场的问题。再例如，有些地区生态环境脆弱，自然灾害频发，农村公路遭受山洪泥石流、塌方、滑坡、水毁等现象较多。干线公路服务配套设施缺乏，农村公路养护经费严重短缺，工程性养护缺乏资金，部分道路得不到及时维护，水毁路段得不到及时修复，影响了公路的安全通行和正常使用，农村公路应急保障能力有限。如果再按照传统以自然村为基本生产生活单元的模式去布局交通体系，投入多少钱也是不够的，何况还会带来巨大的养护成本。比如，在这个仅有20户的自然村，按照村村通硬化路的方式来实现贫困人口与外界的联系，和通过人口迁移方式促进分散居住人口集聚的手段，两者的成本－效益比显然是不同的。所以说，现代文明以城市为载体实现人口聚集，如果能够帮助贫困人口聚集在城中就业、居住，比分散化投入的效益要高得多，成本也更低。交通扶贫投入亟待顺应文明发展趋势，催化人口向城市集聚，促进产业、人、土地有机融合。

第二，现行的交通基础设施布局难以适应主体功能区的发展格局，也对精准扶贫带来了一些影响。交通体系布局没有体现各主体功能区的差异化定位，不利于统筹布局“全国一盘棋”。不同功能区的资源环境承载力、开发密度和发展潜力有所差异，决定了交通体系布局也应有所不同，但是当前交通体系并没有体现这一点。例如，在禁止开发区建设交通设施，即使环保设施再完备，也无法避免对生态环境带来影响。

第三，随着大数据、云计算、物联网技术的不断兴起，基础设施的内涵和外延正在发生变化，实现数据信息连通的网络通基础设施正在成为重要的交通基础设施形势。但我们看到，这方面的投入还远远不够，很多贫困地区与发达地区的“数字鸿沟”仍然十分巨大。大数据新时代，数据信息将取代石油成为最重要的生产要素，人们可以通过对海量、动态、高增长、多元化、多样化数据的高速处理，快速获得有价值信息，提高公共决策能力，使得政府决策的基础从少量的“样本数据”转变为海量的“全体数据”。社会信息化进程进入大数据时代，海量数据的产生与流转成为常态。因此，数据信息设施的建设，仍然存在总量不够、结构失衡的问题。从数据信息交通基础设施的设计和整体布局来看，仍然是一个短板。这也导致发达地区的老百姓能够迅速运用数据信息交通基础设施降低社会协调与交易成本，而欠发达地区的贫困群众运用这些设施来创造社会价值的能力较弱，成本反而更高。比如，一些东部地区的贫困群众能够利用电子商务来将特色农产品销出，迅速摆脱贫困；而反观一些欠发达地区的贫困群众，运用电子商务的能力较弱，一个重要原因就是网络硬件设施的短缺。因此，交通基础设施均等化的未来在于数据信息交通基础设施。我们亟待将数据信息交通基础设施与传统物质型交通基础设施相融合，实现交通运输基础设施智能化和促进交通运输业可持续发展。这也成为未来下一轮的大规模交通基础设施投资的方向和空间。正如交通运输部杨传堂书记所指出的那样，“我国智能交通市场应用前景广阔”。

（三）有效发挥交通基础设施投入在扶贫攻坚中的功能和作用

优化交通基础设施投入，推动城乡之间交通网络一体化，是实现城乡一体化发展、有效解决脱贫攻坚问题的重要支撑，它既有利于拓展城市资源配置空间，增强城市聚散功能，又有利于带动乡村经济发展，提升区域整体竞争力，有效解决贫困问题。

第一，实施城乡一体化的交通基础设施投入战略，将互联互通、社会经济融合作为交通基础设施投入的核心绩效。在未来优化交通投入和交通基础设施建设时，不仅要立足于解决当前的贫困群众的出行需求问题，继续加大对农村交通公共服务的投入，确保脱贫攻坚目标如期实现，还要有足够的前瞻性，着眼于未来中国文明社会转型升级。要将效率和公平有机结合，服务于社会价值创造，让有能力创造价值的人群更好地利用交通体系创造更大社会价值，让贫困群众的自我发展能力得到显著提升，同时让广大人民群众能够享受较为均等化的公共服务有力发挥交通体系在引导产业布局和人口向城镇流动等方面的作用，这已经是一个破迫在眉睫的任务。如英国伦敦在郊区有3000多千米的轨道交通网，使其通勤范围达到近2万平方公里。日本东京由于高速交通网络的建设，使其通勤圈半径从100千米扩展到了300千米左右。又例如上海市在陆续改造市内交通网络系统的同时，在城乡一体化发展的新高度做出城市建设“由内而外”的重大战略调整，特别是郊区高速公路网、轨道交通网和信息网络的构建，将在扩大上海的对内对外吸引和辐射空间的同时，也推动着上海城乡一体化发展。

第二，交通基础设施均等化，不是要求各地追求同一的交通基础设施密度，而要立足于主体功能区格局，把握全局主动，用“分工化”理念融合解决脱贫攻坚问题。优化开发区应建设快速移动的高速交通系统，提高资本、资源配置效率。在这方面，上海虹桥枢纽成了一个非常成功的范例。在重点开发区应考虑运输的经济性和时间性，形成大运力、便于大宗要素移动的交通体系。农产品主产区应有助于增强农业综合生产能力，与农业功能区布局有机融合，确保营养安全。重点生态功能区，应保障国家生态安全。2010年玉树地震后，青海加大对三江源的交通投入，农牧区公路通畅程度稳步提升，生态保障条件不断改善。禁止开发区域要促进生态系统的恢复与可持续运行，尽量减少人类活动足迹。但从一些地区的交通投入来看，超标准、高标准投入成为一个突出问题。比如西部某省的一些地市，产业基础较为薄弱，但却提出了高标准的高速公路建设规划，如果完全按照他们的规划来实施，也许会让当地政府背负巨额债务负担。所以，交通基础设施的投入要循序渐进，且要和当地的产业发展潜能和主体功能区定位格局相挂钩。

第三，将数据信息交通基础设施投入作为交通基础设施均等化的重要内容来加以考虑。未来，要将社会信息网络建设作为重要的财政投入重点，用大数据、云计算、物联网等数据信息领域的技术鸿沟成为数据信息交通基础设施均等化的重要方向和内容。此领域有两个方面的内容：一是传统交通基础设施的智能化改造投入。紧紧把握下一代互联网技术、标准，大力加快布局智能交通体系，服务于出行安全、高效，服务于产业发展和城镇化。二是运用数据信息能力的起点公平。以互联网技术应用为中心的各类新经济业态，正在全面波及、渗透到各行各业，数据信息交通基础设施布局应紧紧把握这个机遇，既能提升贫困群众运用数据信息的能力，又要提升技术与传统社会经济渗透、融合的能力，降低整个社会交易成本。

第八章

政策建议

一、优化财政扶贫资金运行机制，实现扶贫资金效益最大化

（一）完善瞄准机制，财政投入更加聚焦

一是创新到户扶贫资金机制。目前的建档立卡贫困人口中，因病致贫人数占到50%以上，其中部分人丧失劳动能力，因而通过资金入股方式实现资产收益扶贫成为合理选项。贫困人口通过资金或者土地入股合作社或扶贫企业，可以获得土地租金、工资收入和收益分红，即所谓“三金”脱贫。

二是建立动态贫困识别机制，瞄准防贫返贫对象。贫困人口不是固定不变的，脱贫的有可能返贫，尚未列入贫困户范围的有可能因病、因灾、因学或者其他原因致贫。因此应该建立动态识别机制，对处于贫困户与非贫困户之间的边缘人群进行重点跟踪，予以一定扶持。如邯郸市把非贫低收入户和非高标准脱贫户定位为精准防贫对象，防贫范围为因病因学等五大类致贫返贫问题，确定1.5倍防贫保障线，政府购买服务由保险公司为之承保，取得了显著效果，2017年新识别贫

困户下降95.7%。因此为防贫返贫，瞄准机制应该盯紧底部低收入人群。

（二）完善资金分配机制，提升扶贫资金使用效率和效益

一是建立激励相容的资金分配机制。联系财政扶贫资金绩效评价结果，统筹考虑脱贫任务与脱贫成效，包括扶贫开发工作成效考核结果、财政专项扶贫资金绩效评价结果、贫困县开展统筹整合使用财政涉农资金试点工作成效等，加大激励力度。

二是加快财政扶贫资金拨付机制创新。2014年《关于改革财政专项扶贫资金管理机制的意见》提出，要加快资金拨付进度。各地要结合推进省直接管理县（市）财政管理体制改革，简化资金拨付流程，盘活用好结余结转资金，加快财政专项扶贫资金拨付进度和扶贫项目实施进度。中央财政上一年度提前下达的资金，省级财政应于每年3月底前下达完毕。其余资金，除少量须省级审批项目的以外，省级财政应于中央财政下达后两个月内下达完毕。县级政府要科学设计扶贫项目，做好扶贫项目可行性研究，加强扶贫项目库建设，及时把上级安排的资金落实到具体项目，项目原则上应在一年内实施完毕。在省级层面建立起规范、高效的省级财政扶贫资金预拨机制，与中央的制度设计相吻合，将中央预拨资金与省级资金一同拨付至县，提升省级资金拨付进程，进而提高扶贫资金使用效率。四川省规定，应进一步加快转移支付预算下达进度，省直有关部门接到中央转移支付后，应在30日内正式下达到市、县级政府。省级预算安排对下级政府的一般性转移支付和专项转移支付，应分别在省人民代表大会批准预算后的30日和60日内正式下达。

三是改进报账制度。报账问题是扶贫资金中使用的重要环节，过

于僵硬呆板的报账管理模式甚至成为造成资金滞留的重要原因。先施工再报账，涉及垫资问题，贫困户往往缺乏垫资能力，有的东挪西凑，甚至去借高利贷。扶贫项目尤其是基础设施项目，要经过立项、审批、招投标、实施、验收等环节，时间跨度过长，当年资金往往要结转下年度使用，项目不能及时发挥作用。扶贫项目验收自主权下沉，简化了农户补助报账程序，精简扶贫项目报账凭证材料，缩短了资金报账时间。扶贫项目启动资金预拨比例权力下沉。精简材料，有的地方实行新的报账制，将原扶贫项目报账所需提供的项目立项书、项目实施计划、工程概（预）算、竣工决算书等十几个大类报账凭证调减为项目实施合同、项目验收报告和相关税务发票几类。

四是探索项目资金预拨机制，提高资金使用效率。针对垫资问题以及扶贫项目前期施工资金需求，有的地区探索扶贫项目资金预付制。财政扶贫资金支付到报账人后，其中预拨资金部分按照“先预付、后核销”的方式管理，其余资金按照实施进度进行报账。关于预付的比重，有些地区规定预付启动资金的限额为：工程类项目，预付扶贫资金计划数的50%；种养业项目，预付扶贫资金计划数的80%。

（三）加快推动财政涉农资金改革，为脱贫攻坚提供资金保障

一是注重源头清理，加快制度配套。统筹协调相关部门资金分配管理职能，加大清理、整合、规范专项转移支付项目的力度，对政策目标接近、投入方向类同的专项予以整合，从源头解决专项资金过多、过散等问题。加快清理修订影响财政资金统筹使用的制度规定，鼓励在资金统筹使用中进行制度创新，给予基层政府更多资金统筹自主权。

二是建立长效机制，与整体财政改革方案衔接。应保持2020年后的政策稳定性，建立涉农资金整合的稳定预期。涉农资金整合应与事

权改革、预算体制改革、转移支付制度改革与县乡财政改革方案结合，全局谋划，纵深推动。

三是建立压力传导机制，健全责任追究机制。对推诿、阻碍盘活统筹资金，虚假统筹整合，借统筹使用之名违反中央八项规定精神使用资金等行为，严肃追究相关部门、单位和个人的责任。

四是加强资金使用主体的能力建设。提升基层党员干部驾驭经济工作的能力。加强中国特色社会主义经济理论的学习，提升理论素养。鼓励大胆实践，在实际工作中提升能力。加强基层财政项目使用单位的能力建设，切实管好、用好整合资金。

（四）完善资金使用机制，做好扶贫产业发展顶层设计

一是制定完善的规划，做好顶层设计。发展本地区特色产业要有针对性地制定实施方案。加强产业项目的顶层设计。国家层面出台的《关于完善县级脱贫攻坚项目库的指导意见》，要求未入库项目不得使用财政专项扶贫资金，入库项目要根据进度动态调整，实行村申报、乡审核、县审定的变薄程序。编好扶贫项目库，从项目库中选择项目，投入资金支持，一方面解决资金滞留问题，另一方面项目提前谋划，有备而来，准确度更高。精准扶贫项目在投入初期具有显著的政府主导和公益特征，因此需要政策发挥主力军和领头羊的作用。

二是因地制宜，制定详细的产业扶贫规划。制定产业扶贫项目计划应当科学合理，充分考虑当地资源条件和市场需求，调动贫困群众的积极性、主动性、创造性，防止盲目跟风上项目。制定产业扶贫目录，供贫困户选择，从而使扶贫信贷资金有的放矢，精准发力。建立产业联结机制。依托地方特色产业优势，以银政、银企合作为平台，推动建立“龙头企业＋订单农业＋基地”“专业合作社＋农户”等利

益联结机制，促进产业链、资金链带动贫困户脱贫致富，形成“农民得实惠、农信得市场”的双赢局面。

扶贫不是全兜底，扶贫资金投入基础设施是最受群众欢迎、最立竿见影的举措，也为产业发展奠定基础。“要想富、先修路”，贫困村的基础设施提升了，宜居宜业，脱贫致富就有了基础。进一步，扶贫根子上是扶持产业发展，资金投入扶贫产业，要实现收益，要可持续、符合市场需求，这往往是有难度也是最能产生扶贫效果的地方。

三是建立长效投入机制，防止财政扶贫政策悬崖。此次精准扶贫、精准脱贫，集中全党、全社会之力，动员的人、财、物力可谓空前。2020 年打赢脱贫攻坚战后，目前的投入势必相应减少，如果贫困地区的地方财政建立起有效的造血能力，则有可能避免政策悬崖，使脱贫攻坚的战果可以持久保存，巩固脱贫攻坚战的成果。

（五）完善撬动机制，催生脱贫内生动力

财政扶贫资金可以撬动金融资金和社会资本的进入。具体举措包括：完善风险补偿金制度，大力发展扶贫小额信贷；做好风险分担，建立健全扶贫保险制度；发挥资本优势，建立公益性扶贫产业基金，引导贫困地区产业发展。

（六）建立多方合作、协力攻坚的财政扶贫投入体制

为发挥扶贫资金合力，应健全各级政府、政府各部门的扶贫协作机制，完善东西部对口支援、中央单位定点扶贫考核激励机制，形成有中国特色的全社会投入脱贫攻坚的大格局。

（七）技术创新与制度创新相结合，不断完善资金监管机制

一是健全档案、台账管理，利用好信息技术手段。对所有扶贫项

目，从项目论证立项到工程竣工、验收各个环节的文件资料（包括项目规划及实施方案文件、计划批文、项目承包合同或责任书、项目负责人、项目工程建设图纸、工程图片、招投标文件、资金拨付、项目预决算、项目总结、审计结论、县级验收等），严格按照档案管理有关规定收集、整理、归档。利用好扶贫信息系统和大数据平台，实现资料动态更新，数据实时监管。

二是建立监督力量整合机制。多个龙头出水，一个龙头用水，厘清财政、扶贫、纪检、审计之间的监督职责。由纪检、监察机构常态化对接审计、财政、扶贫部门，根据审计、自审结果奖优罚劣，依法追责。财政扶贫资金监管可试行牵总分组制。省、市县各级政府有一个机构牵总成立扶贫监察检察组，根据职能分为财政组、项目组、部门组、纪检组等各个小组，各小组工作向牵总部门汇报。问题汇总统一，督导整改统一，督导检查节奏统一。

三是加强公众监督，加大问责力度。媒体监督，群众参与，利用信息技术，畅通群众举报渠道。在查处违纪当事人的同时，对扶贫工作失职、失责的党委、纪委“双问责”，促使党委主要领导切实履行第一责任人职责，有利于压实纪委的监督责任，发挥其扶贫领域监督执纪主力军作用。

（八）以绩效评价结果为核心建立财政扶贫资金使用激励机制

一是加强产业扶贫项目资金绩效管理。固定资产投资类的易地扶贫搬迁、基础设施建设、危房改造等有传统的建设管理、监理制度。健康扶贫、教育扶贫等软投入性质的效果立足于保障，成效容易监测，资金监管相对透明。

二是推动建立公众参与监督机制。积极推广群众民主议事决策机制，吸收贫困村、贫困户代表参与项目评选和建设管理。在严格履行民主程序、充分尊重农民意愿的前提下，采取农民自行建设、自主招标（比选）等方式实施项目，调动农民群众积极性。

三是实现扶贫资金绩效评价与扶贫信息系统衔接。国务院扶贫办开发了自上而下的全国扶贫开发信息系统，各级政府也纷纷利用信息技术手段建立扶贫大数据平台。信息技术为绩效评价带来强大便利性和信息可获得性。应加强系统对各数据初始设定与绩效评价各指标联系，扶贫资金绩效评价嵌入系统，实现财政活动在扶贫信息系统中全周期观测和监管，取代人工数据采集，可有效提高绩效评价效率。

二、从财政体制改革入手，建立防贫减贫长效机制

（一）厘清社会救助政策和扶贫机制的功能差异，社会救助支出与财政扶贫支出政策亟待衔接统一

第一，明晰社会救助和扶贫之间的功能定位，始终坚持“先扶贫、后救助”的原则。

第二，对功能相近、对象重合度高的扶贫政策进行归并，统一按困难类型进行分类扶贫，不断完善阶梯式扶贫体系，建立就业和创业援助为核心的扶贫政策体系。

第三，教育是决定贫困群体发展能力的重要保障，也是截断贫困代际传递的重要基础，因此，想方设法提高贫困家庭的人力资本积累能力，成为从根源上解决问题的重要法宝。

（二）科学划分政府间事权和支出责任促进脱贫攻坚

在理清政府间事权和支出责任之前，需要明晰政府和市场的关

系。中央政府在脱贫攻坚的事权和支出责任应定位于制定规则和监督地方执行结果，加强脱贫攻坚宏观调控的职责和能力，加强发展战略、规划、政策、标准等制定和实施，并监督考核地方政府。省级政府应该根据中央政府的指导意见，统筹制定本省域内的脱贫攻坚标准，并协调不同市、县的救助职责。市县级政府应为脱贫攻坚属地管理的第一责任主体。

（三）不断完善转移支付制度，正确发挥各级政府积极性

贫困地区一定是财政转移支付资金的重点关照对象，为促进脱贫攻坚，须重点关注：

第一，以重点扶贫县为抓手，建立基于扶贫绩效为导向的一般性转移支付制度。

第二，规范并减少专项转移支付。

第三，针对转移支付建立公开透明和严格的监督管理制度。

（四）构筑加快城乡发展一体化的财政政策框架，有效减少制度协调成本

基于加快推动城乡发展一体化的考虑，从财政来看，要按照公共服务均等化的理念来安排财政支出，实现城乡间的协调发展。这种情形下，需要更加注重优化财政支出结构，按照轻重缓急的次序来将财政支出安排到急需投入的新型城镇化领域。目前，一个最急迫的领域就是在推进新型城镇化过程中，有序推进农业转移人口市民化，本质内容是城乡、不同地区间的公共服务均等化，在全国城乡、各地区建立一套公共服务标准。

（五）完善生态扶贫体制机制、实现生态保护脱贫攻坚双重红利

第一，严格按照主体功能区的布局来设置差别化政绩考核体系，提出不同主体功能区的产业发展指导意见，以此来引导产业差异化布局。

第二，明确主体功能区之间以及内部各个区域间在生态补偿中的权力义务关系，以此作为构建“生态扶贫财政”的体制机制基础。

第三，构建纵向和横向相结合的生态补偿体系，既要发挥中央政府的统筹协调功能，又要明确生态受益区域的支出责任。

第四，立法扩大生态补偿范围，精确计量生态全口径成本。

第五，政府支持建立多种生态环境政策相融合的综合生态补偿制度，发挥制度政策合力。

（六）建立对贫困地区交通基础设施的长效投入机制，以互联互通促脱贫减贫

农村贫困地区普遍存在基础设施短板，为此，应重点关注：

第一，实施城乡一体化的交通基础设施投入战略，将互联互通、社会经济融合作为交通基础设施投入的核心绩效。

第二，交通基础设施均等化，不是各地追求同一的交通基础设施设施密度，而要立足于主体功能区格局，把握全局主动，用“分工化”理念融合解决脱贫攻坚问题。

第三，将数据信息交通基础设施投入作为交通基础设施均等化的重要内容来加以考虑。

附 录

1986~2017 年中央部门出台的财政扶贫资金管理文件

《支援经济不发达地区发展资金管理办法》

财政部〔1986〕226 号

第一条　为了管好、用好支援经济不发达地区的发展资金（以下简称发展资金），促进这些地区加快发展生产建设事业，发展农村商品经济，逐步改变贫困落后面貌，特制定本办法。

第二条　发展资金是国家财政设立的专项资金，用于经济不发达的革命老根据地、少数民族地区、边远地区以及贫困地区。在资金分配时，对于这些地区尚未解决温饱的要优先安排。

第三条　发展资金按省、自治区进行分配。省、自治区要根据国务院的有关规定，确定经济不发达地区的标准和支援对象，并有计划、有重点、集中连片地分配使用，不能按部门或按地区平均分配。

第四条　发展资金应当主要用于改变农牧业生产条件，发展多种经营，促进农村商品经济的发展。对修建农村道路、桥梁，对发展农村文化教育事业、进行技术培训、防治地方病等方面，可根据资金情况有重点地给予补助。支援的对象应当以集体经济和贫困户为主。对能带动群众脱贫致富的个体户、联体户，也可给予必要的支援。

第五条　改变经济不发达地区落后面貌，要坚持自力更生为主，国家支援为辅，国家、集体、个人一齐上的原则；要依靠党的政策，依靠科学技术，依靠人民群众艰苦奋斗的精神，加速改变贫困落后面貌，克服和消除“等、靠、要”思想。

第六条　发展资金的分配，既要考虑到地区年度之间的连续性、稳定性，也要根据这些地区经济发展和人民生活改善程度以及资金使用效益的好坏，对分配数额由上级发展资金管理部门在地区之间做必要的调整。受援地区要按照因地制宜、发挥优势、长期短期相结合的原则，制订可行的规划，有计划、有步骤地组织实施。

第七条　发展资金不列入地方财政支出包干范围，每年由财政部根据发展资金管理委员会确定的数额，专项拨款。当年使用不完的，可以结转下年继续使用。

第八条　受援地区要有重点地使用发展资金，把有限资金用到改变经济面貌急需的项目上。县要积极组织乡（镇）、村兴办那些投资少、见效快，有利于带动本地区经济发展，有利于改善群众生活、提高群众收入水平的生产建设项目。

第九条　发展资金不得用于行政事业机构开支和人员经费，不得用于提高各种开支标准和福利补助，不得用于弥补企业亏损，不得用于修建楼、堂、馆、所和城镇建设，不得用于弥补预算支出缺口。同时，发展资金也不得用于大中型基本建设投资，但对某些有条件的地区，可以允许结合其他资金搞一些周期短、见效快、与群众脱贫致富有关的小型基建项目。

第十条　发展资金的分配使用，要注意同各个渠道的扶贫资金统筹安排，结合起来使用，但也要有所区别，实行分别核算，分别报账。

各地区、各部门应当在财力可能的情况下，尽可能地增加对受援地区的资金支援。

第十一条　发展资金的年度分配计划，采取上下结合的办法制订。各省、自治区人民政府应按照批准的受援地区发展规划，提出当年发展资金的控制总额和使用方向，有计划地逐级分配下达。然后由受援地区结合当地实际情况，制订资金的使用计划（包括生产建设项目、建设规模、投资数额、投产时间、经济效益等），经发展资金管理委员会（或小组）审定，并报上级发展资金管理机构备案。

发展资金一般由县具体安排，个别跨县的工程项目，其资金可以由地（市）或省、自治区组织有关县统一安排。

第十二条　发展资金管理机构要组织各有关业务主管部门，对生产建设项目进行可行性研究，检查监督执行情况，对有关技术问题进行指导和培训科技人员，以及对建设项目进行验收等。各有关业务主管部门要密切配合，加强对受援单位的配套服务工作。

第十三条　发展资金的使用，实行有偿、无偿相结合，以有偿为主的原则。凡是有经济效益的项目或有偿还能力的受援对象，都应当实行有借有还、有偿使用的办法；对少数没有经济效益的项目或没有偿还能力的受援对象，也可实行无偿使用。

有偿支援项目到期收回的资金，原则上留给受援县建立一笔专项发展基金，按照发展资金的分配使用原则，周转使用。收回的资金，必须单独设账，按期结算，逐级上报。

第十四条　用发展资金安排的生产建设项目，不论是无偿支援还是有偿支援，都要实行经济责任制，并按项目、按目标进行管理，都要订立经济合同或承包合同，保证按期实现经济效益和社会效益。合同的主要内容应当包括：支援项目达到的数量和质量要求，完成的时间和效益，项目负责人的责任等。对于有偿支援的项目，还要规定还款时间。不能履行经济合同或承包合同的，要按规定罚款，并追究有关人员的责任。

第十五条　发展资金要在银行设立专户，由银行进行拨款监督。受援地区在安排发展资金使用计划时，要通知有关银行参加。正式下达的项目计划和用款计划，要抄送有关开户银行，据以监督拨款。

第十六条　发展资金的使用单位，要按时编报会计报表、年度决算，经有关银行审查签证后，报同级发展资金管理机构和财政部门，同时报送上级发展资金管理机构。各级财政部门在报送财政总决算时，要将发展资金的决算和主要的经济效果单独列表，汇总上报。

发展资金同其他方面的资金结合安排时，要根据不同的资金渠道分别管理，分别编报预算、决算。

第十七条　各级发展资金管理机构和有关部门，对发展资金的使用，要加强监督检查。如有挪用、损失浪费和不按规定办事等违犯财经纪律的，要严肃处理。对贪污、盗窃发展资金的，要依法惩处。

第十八条　为了管好用好发展资金，各受援地区要由政府负责同志领导，吸收有关部门参加，组成有财政部门参加的、精干的专门机构，办理日常工作。

第十九条　各省、自治区可根据本办法，结合当地的实际情况，制定补充规定。

第二十条　本办法自一九八七年一月一日起执行。过去的有关规定同本办法有抵触的，应按本办法执行。

《支援经济不发达地区发展资金管理办法》

财地〔1997〕21号

第一条　为了管好用好支援经济不发达地区发展资金（以下简称发展资金），促进不发达地区加快社会主义市场经济建设，特制定本办法。

第二条　发展资金是国家财政设立的专门用于经济不发达的革命老根据地、少数民族地区、边远地区以及贫困地区（以下简称老、少、边、穷地区）改变落后面貌，加快经济发展的专项资金。它不同于扶贫资金，主要用于老区和民族地区。

第三条　发展资金主要用于改变农牧业生产条件，发展农村多种经营，以及利用当地资源并能带动地区经济发展，有利于老、少、边、穷地区群众脱贫致富的项目。对修建农村道路、桥梁、发展农村文化教育卫生事业、进行技术培训等项目，可以有重点地给予补助。

第四条　发展资金按照老、少、边、穷地区面积、人口、经济基础、财力、自然环境等因素进行分配，对尚未解决温饱的地区要予以倾斜。

第五条　中央安排的发展资金每年由财政部根据国家方针政策，按省、自治区进行专项分配，地方各级财政部门要按照国家预算资金使用原则，逐级分配下达发展资金，不得按部门或地区平均分配下达。各级财政部门要把发展资金落实到实处，做到资金到项目，管理到项目，核算到项目，按项目进度核拨资金。当年使用不完的，可以结转下年使用。

第六条　发展资金的分配，既要考虑到地区年度之间的连续性、稳定性，也要根据这些地区经济发展和人民生活改善的程度以及资金使用效益好坏做必要的调整。

第七条 发展资金的使用，要注意同其他资金统筹安排。但要实行分别管理、分别核算、分别报帐。

第八条 各省、自治区财政部门可以从中央财政分配的发展资金总额中安排5%作为培训经费，专门用于提高老、少、边、穷地区群众劳动技能和管理水平，提高发展资金使用效益。

第九条 各省、自治区财政部门要按照因地制宜、发挥优势、长期短期相结合的原则，依据受援地区发展规划，制定切实可行的发展资金使用计划，报上级财政部门审定后，有步骤地组织实施。

第十条 发展资金不得用于下列各项支出：

(1) 行政事业机构开支和人员经费；

(2) 各种奖金、津贴和福利补助；

(3) 弥补企业亏损；

(4) 修建楼、堂、馆、所、住宅；

(5) 各种公司周转金；

(6) 弥补预算支出的缺口；

(7) 大中型基建项目；

(8) 购买小汽车等与发展资金使用宗旨相违背的支出。

第十一条 发展奖金使用实行有偿与无偿相结合，有条件的地方，可以逐步扩大有偿比例。对有经济效益的项目或者有偿还能力的支援对象，实行有偿使用；对只有社会效益没有经济效益的项目可以实行无偿使用。发展资金有偿使用部分，按照财政部有关周转金使用规定执行。

第十二条 各省、自治区财政部门要不断加强对发展资金的管理工作，做好受援项目的按规定、执行、监督、验收工作，要积极配合审计、大检查办、纪检等部门做好审计、检查工作。

第十三条 各省、自治区财政厅要结合本地区的实际情况，建立和完善发展资金会计核算办法和财务管理等规章制度，促进发展资金管理走向制度化和规范化。

第十四条 使用发展资金的项目单位，年度执行终了，要根据财政部门的要求，按时编报会计报表和年度决算，报同级财政部门审核汇总后上报上一级财政部门；各省、自治区财政部门要按照财政部关于财政总决算的编报要求，按时报送发展资金使用情况表。

第十五条 各省、自治区对挪用、损失浪费和不按规定使用发展资金等违反法纪的行为，要严肃处理，对贪污发展资金等触犯刑律者，要移交司法机关依法惩处。

第十六条 各省、自治区财政厅可根据本办法结合当地的实际情况，制定具体实施办法，并报财政部备案。

第十七条 本办法自颁布之日起执行。1987 年 1 月 1 日颁布的《支援经济不发达地区发展资金管理办法》同时废止。

《支援不发达地区发展资金管理办法》

财农字〔1999〕83 号

第一条 为了进一步加强和规范支援不发达地区发展资金（以下简称发展资金）管理，提高资金使用效益，加快不发达地区的经济和社会发展，根据中共中央、国务院《关于尽快解决农村贫困人口温饱问题的决定》和《中华人民共和国预算法》等有关规定，制定本办法。

第二条　发展资金是国家财政设立的专门用于经济不发达的革命老根据地、少数民族地区、边远地区以及贫困地区（以下简称老、少、边、穷地区）改变落后面貌，加快经济和社会发展的专项资金，实行无偿使用。它不等同于扶贫资金。

第三条　用于少数民族地区的发展资金，由财政部门会同民委部门共同管理，用于改善少数民族地区群众的生产、生活条件，促进少数民族地区经济和社会各项事业的发展。

第四条　用于贫困地区的发展资金，重点用于国定贫困县，也可根据实际情况安排一定比例用于非国定贫困县。

第五条　发展资金的使用范围是：改善老、少、边、穷地区农牧业基础设施建设；发展种植业、养殖业；利用当地资源带动地区经济发展，有利于老、少、边、穷地区群众脱贫致富的项目；修建乡村道路、桥梁；发展农村文化教育卫生事业；开展农民实用技术培训；防治地方病等。

第六条　发展资金不得用于下列各项支出：（1）行政事业单位开支和人员经费；（2）各种奖金、津贴和福利补助；（3）弥补企业亏损；（4）修建楼、堂、馆、所及住宅；（5）各部门经济实体的开支或经费；（6）弥补预算支出缺口；（7）修建大中型基建项目；（8）购置交通工具及通讯设备；（9）小额信贷；（10）其他与发展资金使用宗旨相违背的支出。

第七条　发展资金的分配依据是：老、少、边、穷地区的人口总数及其贫困人口数，贫困程度，自然条件，地方财力，资金使用效益以及地方配套资金落实比例等。

第八条　中央财政安排的发展资金，由财政部根据国家方针政策、发展资金的分配依据进行分配。地方财政部门应按中央财政安排资金额度的30%～50%落实配套资金，地方配备资金不能虚列预算，搞空配套和多头配套。地方各级财政部门要与有关部门密切配合，严格按国家财政资金使用原则，逐级分配下达发展资金，不得按部门或地区平均分配。

第九条　发展资金根据各级财政的实际情况，实行规模和项目管理相结合的办法，做到资金到项目，管理到项目，核算到项目，按项目进度核拨资金，确保资金及时足额到位。当年使用不完的，可结转下年继续使用。

第十条　发展资金要同其他扶贫资金统筹安排使用，同时也要单独设账，单独核算，单独报账。

第十一条　中央财政从中央预算安排的发展资金总额中提取5%作为培训经费，专项用于地方提高老、少、边、穷地区干部群众的劳动技能和管理水平。省以下（含省级）各部门不得再从中央财政安排的发展资金中提取任何费用。

第十二条　各级财政部门要严格加强对发展资金的管理工作，做好受援项目的选定、执行、监督、验收工作，要积极配合审计等有关部门做好审计、检查工作。

第十三条　发展资金项目的受援单位，年度执行终了，要根据财政部门的要求，按时编报会计报表和年度决算，报同级财政部门审核汇总后上报上一级财政部门；各省、自治区、直辖市财政部门要根据财政部关于财政总决算的编报要求，按时向财政部报送发展资金使用情况表。

第十四条　各级财政部门要结合本地区的实际情况，加强资金的会计核算，严格财务管理。对浪费、挪用、挤占、贪污发展资金的部门和个人要依法处理、处罚。构成犯罪的，移送司法部门依法追究刑事责任。

第十五条 本办法由财政部负责解释。各省、自治区、直辖市财政部门可根据本办法，结合当地的实际情况，制定具体实施办法，并报财政部备案。

第十六条 本办法自颁布之日起执行。1997 年 2 月 12 日修订颁布的《支援经济不发达地区发展资金管理办法》同时废止。

《财政扶贫资金管理办法》（试行）

财农字〔2000〕18 号

第一章 总 则

第一条 为了进一步加强和规范财政扶贫资金的使用和管理，提高资金使用效益，依据国家扶贫开发方针政策、《中华人民共和国预算法》和《国家扶贫资金管理办法》，特制定本办法。

第二条 财政扶贫资金是国家设立的用于贫困地区、经济不发达的革命老根据地、少数民族地区、边远地区改变落后面貌，改善贫困群众生产、生活条件，提高贫困农民收入水平，促进经济和社会全面发展的专项资金。

第三条 适用本办法的财政扶贫资金包括以工代赈资金、新增财政扶贫资金、发展资金。

第二章 资金来源

第四条 财政扶贫资金来源包括中央财政安排的资金和地方配套资金。

第五条　地方政府应按不低于中央财政安排资金额度30%的比例落实配套资金。地方配套资金包括财政和部门的配套资金。

第六条　地方财政应落实的配套资金由地方各级财政部门共同负担，负担比例由省人民政府确定，对市、县财政部门确实无力配套的，省级财政必须全部负担。地方各级财政应负担的部分，必须在年初预算中足额安排。

第七条　配套资金不能虚列预算，不能多头配套。对中央财政第四季度追加的资金，地方各级政府可视财力情况安排配套。

第三章　资金使用

第八条　以工代赈资金和新增财政扶贫资金全部用于国定贫困县。发展资金，重点用于国定贫困县，也可根据实际情况安排一定比例用于非国定贫困县。

第九条　中央财政从中央预算安排的发展资金中安排部分资金，专项用于少数民族地区的贫困县以及少数民族聚居地区。

第十条　财政扶贫资金使用范围：

（一）以工代赈资金，主要用于贫困地区基础设施建设，改善群众生产、生活条件和生态环境，重点修建县、乡、村道路（含桥、涵），建设基本农田，兴建小型、微型农田水利，解决人畜饮水及开展小流域综合治理（含造林、种果、畜牧草场建设）等；适当用于异地扶贫开发中的移民村基础设施建设；

（二）新增财政扶贫资金和发展资金，重点用于发展种植业、养殖业、科技扶贫（优良品种的引进、先进实用技术的推广及培训等）；适当用于修建乡村道路、桥梁，建设基本农田（含畜牧草场、果林地），兴建农田水利，解决人畜饮水问题，发展农村基础教育、医疗卫生、文化、广播、电视事业。

第十一条　中央财政扶贫资金不得用于下列各项支出：

（一）行政事业机构开支和人员经费；

（二）各种奖金、津贴和福利补助；

（三）弥补企业亏损；

（四）修建楼、堂、馆、所及住宅；

（五）各部门的经济实体；

（六）弥补预算支出缺口和偿还债务；

（七）大中型基建项目；

（八）交通工具及通讯设备（汽车、手机、传呼机等）；

（九）小额信贷及其他形式的有偿使用；

（十）城市基础设施建设和城市扶贫；

（十一）其他与财政扶贫资金使用范围不相符的支出。

第四章　资金分配与管理

第十二条　财政扶贫资金分配应依据：

（一）国家扶贫方针政策；

（二）贫困人口数；

（三）贫困县数；

（四）自然条件；

（五）基础设施状况；

（六）地方财力；

（七）贫困地区农民人均纯收入；

（八）资金使用效益；

（九）其他。

第十三条　中央财政扶贫资金的分配程序为：

（一）以工代赈资金由国家计委商财政部、国务院扶贫开发领导小组办公室提出初步分配方案；

（二）新增财政扶贫资金和发展资金由财政部商国务院扶贫开发领导小组办公室提出初步分配方案；

（三）由国务院扶贫开发领导小组办公室汇总平衡提出统一分配方案，上报国务院扶贫开发领导小组审定并于年初一次通知到各省、自治区、直辖市人民政府，同时抄送各省、自治区、直辖市财政厅（局）、计委、扶贫办；

（四）以工代赈计划由国家计委及时下达，财政部拨付资金。

第十四条　中央财政在全国人大批准通过预算后 1 个月内将资金下达到各省、自治区、直辖市财政厅（局），地方各级财政在收到上一级财政下达的财政扶贫资金后，应尽快与扶贫办、计委（以工代赈办）衔接项目计划，分批下达资金。首批下达时间不得超过 1 个月，比例不得低于 80%。

第十五条　中央财政每年从以工代赈资金、新增财政扶贫资金、发展资金中分别提取 1.5%，用于项目管理费，以工代赈项目管理费由国家计委商财政部、国务院扶贫开发领导小组办公室，新增财政扶贫资金、发展资金项目管理费由财政部商国务院扶贫开发领导小组办公室专项下达各地。地方各级、各部门不得以任何理由、任何方式再提取项目管理费和其他费用。

项目管理费使用管理，另行规定。

第十六条　省以下（含省本级）各级财政部门要设立财政扶贫资金专户，实行专项管理，封闭运行。当年结余，结转下年继续使用。

专户存储所得利息，全额转作扶贫资金，继续用于扶贫。

第十七条　财政扶贫资金安排的建设项目实行省级管理制度，省以下不能层层切块分配，要严格实施项目管理，做到资金到项目、管理到项目，核算到项目，按项目建设进度核拨资金，确保资金及时足额到位。

第十八条　扶贫项目在地方各级扶贫开发领导小组统一领导下组织实施，各部门要相互配合，相互协作，明确责任，各司其责，严格把关。提前落实项目计划、组织协调、指导项目实施，并对项目实施进行审核、监督、检查。

财政部门根据项目建设进度拨付资金，汇审财务决算，监督资金使用。计划部门会同财政、扶贫办等有关部门对以工代赈项目进行竣工验收，财政部门会同扶贫办等有关部门对发展资金、新增财政扶贫资金项目进行竣工验收。根据竣工验收结果，财政部门建立资产登记档案。

第十九条　财政扶贫资金推行报账制管理，具体管理办法由省人民政府制定；对扶贫开发项目发生的数额较大的购买性支出实行政府采购，具体额度由省人民政府确定。

第二十条　同一项目不得多头申报、多头申请资金。

第二十一条　使用财政扶贫资金的项目建设单位，年度执行终了，要根据财政部门的要求，按时编报会计报表和年度决算，报同级财政部门审核汇总后上报上一级财政部门；各省（自治区、直辖市）财政部门要根据财政部关于财政总决算的编报要求，按时向财政部报送财政扶贫资金使用情况表，并抄报有关部门。

第五章　资金监督与检查

第二十二条　各级财政部、计委（以工代赈办）、扶贫办要依法加强对财政扶贫资金的监督检查，配合审计等有关部门做好审计、检查、稽查工作。

第二十三条　有下列情形之一的，要如数调减下年度分配指标，并视情节对直接责任人员依法给予处罚。

（一）挥霍、浪费、截留、克扣、挤占财政扶贫资金的；

（二）配套资金不足的；

（三）同一项目多头申报、多头申请资金的。

第二十四条　对骗取、套取、挪用、贪污财政扶贫资金的行为，要如数抵减下年度拨款，并依法对单位和直接责任人员进行处罚。构成犯罪的，移交司法部门依法追究刑事责任。

第六章　附　则

第二十五条　用于边境贫困农场、国有贫困林场、“三北”防护林的财政扶贫资金，执行本办法。

第二十六条　“三西”农业建设专项补助资金执行财政部财农字〔1995〕10号文件规定，扶贫贷款贴息资金的管理办法执行财政部财农字〔2000〕1号文件规定。

第二十七条　各省、自治区、直辖市可根据本办法，结合当地的实际情况，制定具体实施细则，并报国务院扶贫开发领导小组、财政部、国家发展计划委员会备案。

第二十八条　本办法自颁布之日起执行。

《财政专项扶贫资金管理办法》

财农〔2011〕412号

第一章　总　则

第一条　为加强财政专项扶贫资金管理，提高资金使用效益，依据《中华人民共和国预算法》和国家有关扶贫开发方针政策等制定本办法。

第二条　财政专项扶贫资金是国家财政预算安排用于支持各省（自治区、直辖市）农村贫困地区、少数民族地区、边境地区、国有贫困农场、国有贫困林场、新疆生产建设兵团贫困团场（以下简称各地）加快经济社会发展，改善扶贫对象基本生产生活条件，增强其自我发展能力，帮助提高收入水平，促进消除农村贫困现象的专项资金。

本办法所指扶贫对象是指根据中央扶贫标准、地方扶贫标准识别认定的农村贫困家庭、贫困人口。

第三条　中央财政预算安排的财政专项扶贫资金按使用方向分为发展资金、以工代赈资金、少数民族发展资金、“三西”农业建设专项补助资金、国有贫困农场扶贫资金、国有贫困林场扶贫资金、扶贫贷款贴息资金。

第四条　财政专项扶贫资金中的以工代赈资金依照发展改革委制定的有关以工代赈管理办法进行管理。

“三西”农业建设专项补助资金依照财政部会同国务院扶贫办制定的有关“三西”农业建设专项补助资金使用管理办法进行管理。

少数民族发展资金、国有贫困农场扶贫资金和国有贫困林场扶贫资金的管理，由财政部分别会同国家民委、农业部、国家林业局，根据资金用途的特点，依据本办法另行规定。

扶贫贷款财政贴息资金的管理由财政部会同国务院扶贫办、中国残疾人联合会，根据资金用途的特点，依据本办法另行规定。

第二章　资金预算与分配

第五条　中央财政贯彻中国农村扶贫开发纲要精神，依据减贫工作需要和财力情况，在年度预算中安排财政专项扶贫资金。

地方各级财政根据各地减贫工作需要和财力情况，每年预算安排一定规模的财政专项扶贫资金，并逐年加大投入规模。省级财政安排的财政专项扶贫资金规模应达到中央补助各省（自治区、直辖市）财政专项扶贫资金规模的一定比例，有关资金投入情况作为绩效评价的重要因素。

第六条　中央财政专项扶贫资金主要投向国家确定的连片特困地区和扶贫开发工作重点县、贫困村，其中新增部分主要用于连片特困地区。

中央财政专项扶贫资金分配坚持向西部地区（包括比照适用西部大开发政策的贫困地区）、贫困少数民族地区、贫困边境地区和贫困革命老区倾斜。

第七条　中央财政专项扶贫资金主要按照因素法进行分配。资金分配的因素主要包括各地扶贫对象规模及比例、农民人均纯收入、地方人均财力、贫困深度等客观因素和政策性因素。客观因素指标取值主要采用国家统计局等有关部门提供的数据。政策性因素主要参考国家扶贫开发政策、中央对地方扶贫工作考核及财政专项扶贫资金使用管理绩效评价情况等。

地方各级财政安排的财政专项扶贫资金应主要采取因素法分配，资金分配的因素及指标取值由各地自行确定。

第三章　资金使用与拨付

第八条　各地应按照国家扶贫开发政策要求，结合当地扶贫开发工作实际情况，紧密围绕促进减贫的目标，因地制宜确定财政专项扶贫资金使用范围。各地确定的财政专项扶贫资金使用范围必须遵循如下基本方向：

（一）围绕培育和壮大特色优势产业，支持扶贫对象发展种植业、养殖业、民族手工业和乡村旅游业；承接来料加工订单；使用农业优良品种、采用先进实用农业生产技术等。

（二）围绕改善农村贫困地区基本生产生活条件，支持修建小型公益性生产设施、小型农村饮水安全配套设施、贫困村村组道路等，支持扶贫对象实施危房改造、易地扶贫搬迁等。

（三）围绕提高农村扶贫对象就业和生产能力，对其家庭劳动力接受职业教育、参加实用技术培训给予补助。

（四）围绕帮助农村扶贫对象缓解生产性资金短缺困难，支持贫困地区建立村级发展互助资金，对扶贫贷款实行贴息等。

（五）围绕编制、审核扶贫项目规划，实施和管理财政专项扶贫资金和项目而发生的项目管理费。

第九条　财政专项扶贫资金及中央财政专项扶贫资金项目管理费不得用于下列各项支出：

（一）行政事业单位基本支出。

（二）各种奖金、津贴和福利补助。

（三）弥补企业亏损。

（四）修建楼、堂、馆、所及贫困农场、林场棚户改造以外的职工住宅。

（五）弥补预算支出缺口和偿还债务。

（六）大中型基本建设项目。

（七）交通工具及通讯设备。

（八）城市基础设施建设和城市扶贫。

（九）企业担保金。

（十）其他与本办法第八条使用规定不相符的支出。

第十条　中央财政根据补助地方财政专项扶贫资金规模（不含扶

贫贷款贴息资金)，按照2%的比例提取项目管理费。各地不得再以任何理由、任何方式从中央财政补助地方财政专项扶贫资金中提取任何费用。

中央财政提取的财政专项扶贫资金项目管理费，依据补助地方的财政专项扶贫资金规模（不含扶贫贷款贴息资金）分配地方使用。其中安排到县级的比例不得低于90%。

中央财政专项扶贫资金项目管理费实行分账管理，专门用于扶贫规划编制、项目评估、检查验收、成果宣传、档案管理、项目公告公示、报账管理等方面的经费开支，不得用于机构、人员开支等。

第十一条 地方财政部门可以根据扶贫开发工作需要，预算安排一定规模的财政专项扶贫资金项目管理费，或者比照中央财政提取财政专项扶贫资金项目管理费的比例，从地方财政本级安排的财政专项扶贫资金中提取项目管理费。安排或提取项目管理费的规模及具体比例、分配和使用管理办法由各地自行确定。

第十二条 各地要充分发挥财政专项扶贫资金的引导作用，拓宽扶贫开发投入渠道，加大整合支持农村贫困地区各类资金的力度，统筹安排、集中使用，以提高资金使用效益。

第十三条 财政部在国务院扶贫开发领导小组批准年度资金分配方案后，及时将中央财政专项扶贫资金拨付到各省（自治区、直辖市）财政厅（局），上划新疆生产建设兵团财政专项扶贫资金预算指标。

财政部采取提前下达预算等方式，将中央财政专项扶贫资金按一定比例提前下达各省（自治区、直辖市）财政厅（局）。

第十四条 各省（自治区、直辖市）财政厅（局）要加快财政专项扶贫资金执行进度。收到中央财政专项扶贫资金拨款文件后，及时将资金下拨到县（市、旗、区），同时将拨款文件报送财政部。

第十五条　财政专项扶贫资金使用中属于政府采购范围的，应当按照政府采购有关规定执行。

第十六条　各级财政部门及新疆生产建设兵团要按照财政国库管理制度的有关规定，及时办理财政专项扶贫资金支付手续。

第四章　资金管理与监督

第十七条　与财政专项扶贫资金使用管理相关的各部门根据以下职责分工履行财政专项扶贫资金使用管理职责。

（一）财政部门负责财政专项扶贫资金的预算安排、拨付、管理和监督检查，会同相关部门拟定补助地方财政专项扶贫资金的分配方案。

（二）财政部商国务院扶贫办拟定补助地方财政专项扶贫资金（发展资金）的分配方案。

发展改革委商财政部、国务院扶贫办拟定以工代赈资金分配方案。

国务院扶贫办商财政部汇总平衡提出统一分配方案，上报国务院扶贫开发领导小组审定。由国务院扶贫开发领导小组通知各省（自治区、直辖市）人民政府，同时抄送各省（自治区、直辖市）财政厅（局）、发展改革委和扶贫办。发展改革委下达以工代赈计划，财政部拨付资金。

（三）财政部门要加强财政专项扶贫资金的日常管理和监督检查，扶贫、发展改革、民委、农业、林业、残疾人联合会等部门要加强相关财政扶贫项目的管理，确保项目实施进度，充分发挥财政专项扶贫资金使用效益。

（四）国务院扶贫办、发展改革委、国家民委、农业部、林业局、中国残疾人联合会等部门应及时将年度财政专项扶贫资金使用管理情况报送财政部，发展改革委、国家民委、农业部、林业局、中国残疾人联合会等部门的报告同时抄送国务院扶贫办。

（五）上划新疆生产建设兵团的财政专项扶贫资金规模由财政部确定，新疆生产建设兵团财务、扶贫部门负责使用管理与监督检查。

第十八条　各省（自治区、直辖市）扶贫、民委、农垦、林业、残联等部门分别会同财政部门，根据国家、本省（自治区、直辖市）扶贫开发政策和财政部的有关要求，制定年度财政专项扶贫资金使用计划。由财政部门负责汇总，并根据中央财政专项扶贫资金下达情况按规定时间上报财政部，同时抄送国务院扶贫办。

中央财政上年度提前下达预算的所有财政专项扶贫资金，须于本年度 1 月底前报送资金使用计划；本年度下达预算的有关财政专项扶贫资金，须于中央财政下达预算后六十个工作日内报送资金使用计划。

新疆生产建设兵团管理使用的财政专项扶贫资金，由兵团财务部门于中央财政下达预算后六十个工作日内将资金使用计划报送财政部。

第十九条　财政专项扶贫资金使用计划需要明确资金具体用途、投资补助标准、项目建设内容、资金用款计划等内容，并作为绩效评价等工作的参考依据。

第二十条　各地应根据扶贫开发工作的实际情况，逐步将项目审批权限下放到县级。

第二十一条　财政专项扶贫资金支持的项目实行项目管理制度，做到资金到项目、管理到项目、核算到项目。

第二十二条　财政专项扶贫资金年度使用计划、支持的项目和资金额度要进行公告、公示，接受社会监督。

财政专项扶贫资金对扶贫对象给予补助，在所在行政村进行公告、公示。

第二十三条 财政专项扶贫资金实行报账制管理，分账核算。负责报账的具体层级由各省（自治区、直辖市）自行确定。

新疆生产建设兵团使用的财政专项扶贫资金按照财政国库管理制度的有关规定执行。

第二十四条 财政专项扶贫资金使用管理实行绩效评价制度。绩效评价结果以适当形式公布，并作为分配财政专项扶贫资金的参考依据。绩效评价制度的具体实施方案由财政部门商相关部门确定。

第二十五条 中央财政在发展资金中每年安排部分资金，根据财政部和国务院扶贫办对发展资金使用管理的绩效评价结果对有关省份给予奖励补助。

奖励补助资金的使用管理参照本办法执行。

第二十六条 各级财政和相关部门要加强对财政专项扶贫资金和项目的监督检查，配合审计、纪检、监察部门做好资金和项目的审计、检查等工作。

第二十七条 乡镇财政部门要充分发挥监管职能作用，加强对扶贫项目的巡视、检查，发现违规问题及时制止并报告上级财政部门。

第二十八条 对违反本办法规定，虚报、冒领、截留、挤占、挪用财政专项扶贫资金的单位和个人，按照《财政违法行为处罚处分条例（国务院令第427号）》有关规定处理、处罚、处分。

第五章 附 则

第二十九条 各省（自治区、直辖市）根据本办法，结合各地的实际情况制定具体实施办法，并报财政部、国务院扶贫办、发展改革委备案。新疆生产建设兵团可根据本办法制定具体实施办法，并报财政部备案。

各省（自治区、直辖市）和新疆生产建设兵团制定的具体实施办法，须进一步明确财政专项扶贫资金的具体用途、资金申报资格和程序、资金补助方式、资金使用与拨付程序、监督管理规定等内容。

第三十条　本办法自 2012 年 1 月 1 日起执行。2000 年 5 月 30 日印发的《财政部、国务院扶贫开发领导小组、国家发展计划委员会关于印发〈财政扶贫资金管理办法〉（试行）和〈财政扶贫项目管理费管理办法〉（试行）的通知》（财农字〔2000〕18 号）同时废止。

第三十一条　本办法由财政部会同国务院扶贫办、发展改革委负责解释。

《关于改革财政专项扶贫资金管理机制的意见》

国开发〔2014〕9 号

各省、自治区、直辖市人民政府，新疆生产建设兵团：

根据《中共中央办公厅国务院办公厅印发〈关于创新机制扎实推进农村扶贫开发工作的意见〉的通知》（中办发〔2013〕25 号）要求，为进一步加强财政专项扶贫资金管理，充分发挥资金使用效益，经国务院同意，现就改革财政专项扶贫资金管理机制提出以下意见：

一、总体思路

以邓小平理论、“三个代表”重要思想、科学发展观为指导，认真贯彻党中央、国务院关于扶贫开发工作的决策部署，以充分发挥资金使用效益、提高扶贫对象发展能力为目标，以增强资金使用针对性、促进资金管理权责匹配为抓手，处理好政府和市场的关系，着力改革财政专项扶贫资金管理机制，更有效地支持贫困地区经济社会发展，更快地帮助扶贫对象增加收入，为促进共同富裕、实现全面建成小康社会宏伟目标作出更大贡献。

二、基本原则

精准扶持。在精准识别扶贫对象的基础上，进一步优化扶贫项目设计，确保财政专项扶贫资金精确用于扶贫对象，切实做到扶真贫、真扶贫。

突出重点。在综合扶贫政策框架下，加强扶贫攻坚规划与行业规划的衔接，处理好财政专项扶贫资金和其他涉农资金的关系，突出财政专项扶贫资金使用重点，充分发挥资金引导作用和放大效应。

权责匹配。强化地方在资金使用和监管中的责任。谁负责审批具体项目，谁就对资金使用、项目实施的具体程序和最终结果负主要责任。逐步建立分工明确、权责统一、管理到位的资金使用管理机制。

公开透明。坚持公平公正，依法推进财政专项扶贫资金信息公开，发挥扶贫对象的主体作用，引导村基层组织和扶贫对象自主参与资金使用管理，进一步发挥社会监督作用。

三、改革资金分配机制

（一）加大财政专项扶贫资金投入。地方各级政府要逐步增加财政专项扶贫资金投入。在中央财政持续加大投入力度的基础上，省级财政要建立与中央财政专项扶贫资金投入相适应的增长机制。地方政府要合理安排经费，为财政专项扶贫资金使用管理提供必要保障。

（二）建立资金竞争性分配机制。在兼顾公平的基础上，增强财政专项扶贫资金正向激励作用。强化以结果为导向的资金分配机制，资金分配与扶贫开发工作考核、资金绩效评价结果挂钩，中央财政大幅提高奖励资金规模。国务院有关部门指导地方开展竞争性分配资金试点，探索实行包干制等办法，把资金分配与扶贫目标、任务结合起来。省级政府要全面建立工作考核和资金绩效评价体系，把对市、县的考核和评价结果作为资金分配的重要因素。县级政府要将扶贫资金安排与减贫效果挂钩，积极推行以奖代补、先建后补、民办公助等办法，优先支持积极性高、脱贫愿望强、扶贫工作做得好、资金使用规范的贫困村和减贫效果好的项目。

（三）加快资金拨付进度。各地要结合推进省直接管理县（市）财政管理体制改革，简化资金拨付流程，盘活用好结余结转资金，加快财政专项扶贫资金拨付进度和扶贫项目实施进度。中央财政上一年度提前下达的资金，省级财政应于每年 3 月底前下达完毕。其余资金，除少量须省级审批项目的以外，省级财政应于中央财政下达后 2 个月内下达完毕（以发文时间为准，下同）。县级政府要科学设计扶贫项目，做好扶贫项目可行性研究，加强扶贫项目库建设，及时把上级安排的资金落实到具体项目，项目原则上应在一年内实施完毕。

四、改革资金使用机制

（四）下放项目审批权限。从 2015 年起，除个别不适合下放审批权限的外，绝大部分项目审批权限都要下放到县，由县级政府依据中央和省级资金管理办法规定的用途，自主确定扶持项目。不适合下放到县级政府审批的项目，各省、自治区、直辖市人民政府于 2015 年 6 月底前报国务院备案。县级政府应把年度项目安排计划及项目实施方案报上级资金使用管理相关部门备案，作为上级考核、检查的依据，备案层级及具体要求由各地自主确定。对项目审批权限下放到县的资金，中央、省、市相关部门要及时清理有关规定，不得以任何名义限制县级政府自主确定资金扶持项目。

（五）提高资金使用精准度。各地要把资金使用和建档立卡结果相衔接，以激发扶贫对象内生动力、增强扶贫对象自我发展能力为目标，逐村逐户制定帮扶措施，实行产业发展扶持到村到户、生产生活条件改善到村到户、致富能力提升到村到户，切实使资金直接惠及扶贫对象，让扶贫对象更多更公平地分享发展成果。

（六）集中解决突出贫困问题。各地要立足实际，以扶贫攻坚规划和重大扶贫项目为平台，整合扶贫和相关涉农资金，做到资金统筹安排，集中使用，发挥合力，使突出贫困问题得到有效解决。国务院有关部门指导地方制定资金整合实施方案，确保实现集中力量办大事的目标，并将实施情况纳入扶贫开发工作考核和资金绩效评价范围。

（七）探索政府购买社会服务。各地要根据政府向社会力量购买服务的指导性目录，积极探索使用财政专项扶贫资金购买社会服务，有序引导社会力量参与扶贫开发。凡适合采取市场化方式提供、社会力量能够承担的扶贫工作和扶贫项目，如规划编制、项目评估、项目实施、项目验收、第三方监督等，可采取委托、承包、采购等方式，通过公开、透明、规范的程序交给社会力量承担。国务院有关部门指导有条件的地方先行先试，总结经验后逐步推广。

（八）发挥资金放大效应。积极创新资金使用机制，充分发挥财政专项扶贫资金放大效应，引导金融资本、社会资金投入扶贫开发。继续做好扶贫贷款贴息工作，各地可视扶贫贴息贷款需求，自主扩大扶贫贷款贴息规模。在防范风险的前提下，稳步推进贫困村资金互助组织发展，支持开展扶贫小额信用贷款，努力满足扶贫对象发展生产的资金需求。

五、改革资金监管机制

（九）强化地方监管责任。各地要尽快建立与项目审批权限下放到县相适应的工作机制，切实承担起财政专项扶贫资金监管责任。省、市两级政府要将工作重心转变到强化资金和项目的监管上来，县级政府负责组织实施好扶贫项目，并对资金安全、规范、有效运行具体负责。对财政专项扶贫资金使用管理中出现的各类违法违规行为，要按照法律法规和相关规定严厉问责、严惩不贷。对涉及集体违规、性质恶劣、问题多发的地区和部门，除查处直接责任人之外，要严肃追究有关负责人的管理责任。

（十）健全公告公示制度。全面推进信息公开，中央、省、市财政专项扶贫资金使用管理相关部门应将政策规定、资金使用等情况向社会公开。县级政府要在本地政府门户网站或主要媒体公告公示资金安排和项目建设等情况，并继续坚持和完善行政村公告公示制度。公告公示内容应包括项目名称、资金来源、资金规模、实施地点、建设内容、实施期限、预期目标、项目实施结果、实施单位及责任人、举报电话等。各地应结合实际制定实施细则，明确不同层级公告公示的具体内容、组织形式、时间要求和工作程序。

（十一）构建全面监管体系。地方各级政府要把财政专项扶贫资金作为监管的重点，建立常态化、多元化的监督检查机制。财政部、审计署以及其他资金使用管理相关部门要加强对各地监管职责落实情况的追踪问效，适时组织开展财政专项扶贫资金绩效监督。各级政府相关部门要完善业务流程设计，实行全程监管。要进一步发挥社会监督作用，探索通过购买服务方式引入第三方监督，并通过加强制度设计保障第三方的独立性。要利用好乡镇财政、村基层组织就地就近监管优势，引导扶贫对象积极主动参与资金项目管理，建立健全举报受理、反馈机制，让扶贫对象成为维护自己权益、监督资金使用和项目建设的重要力量。

《中央财政专项扶贫资金管理办法》

财农〔2017〕8 号

第一章 总 则

第一条 为贯彻落实《中共中央 国务院关于打赢脱贫攻坚战的决定》（以下简称《决定》）和精准扶贫、精准脱贫基本方略，加强中央财政专项扶贫资金管理，提高资金使用效益，依据《中华人民共和国预算法》和国家有关扶贫开发方针政策等，制定本办法。

第二条 中央财政专项扶贫资金是中央财政通过一般公共预算安排的支持各省（自治区、直辖市，以下简称“各省”）以及新疆生产建设兵团（以下简称“新疆兵团”）主要用于精准扶贫、精准脱贫的资金。

第三条 中央财政专项扶贫资金应当围绕脱贫攻坚的总体目标和要求，统筹整合使用，形成合力，发挥整体效益。中央财政专项扶贫资金的支出方向包括：扶贫发展、以工代赈、少数民族发展、“三西”农业建设、国有贫困农场扶贫、国有贫困林场扶贫。

第四条 坚持资金使用精准，在精准识别贫困人口的基础上，把资金使用与建档立卡结果相衔接，与脱贫成效相挂钩，切实使资金惠及贫困人口。

第二章 预算安排与资金分配

第五条 中央财政依据脱贫攻坚任务需要和财力情况，在年度预算中安排财政专项扶贫资金。

地方各级财政根据本地脱贫攻坚需要和财力情况，每年预算安排一定规模的财政专项扶贫资金，并切实加大投入规模，省级资金投入情况纳入中央财政专项扶贫资金绩效评价内容。

第六条 中央财政专项扶贫资金分配向西部地区（包括比照适用西部大开发政策的贫困地区）、贫困革命老区、贫困民族地区、贫困边疆地区和连片特困地区倾斜，使资金向脱贫攻坚主战场聚焦。

第七条 中央财政专项扶贫资金主要按照因素法进行分配。资金分配的因素主要包括贫困状况、政策任务和脱贫成效等。贫困状况主要考虑各省贫困人口规模及比例、贫困深度、农民人均纯收入、地方人均财力等反映贫困的客观指标，政策任务主要考虑国家扶贫开发政策、年度脱贫攻坚任务及贫困少数民族发展等工作任务。脱贫成效主要考虑扶贫开发工作成效考核结果、财政专项扶贫资金绩效评价结果、贫困县开展统筹整合使用财政涉农资金试点工作成效等。每年分配资金选择的因素和权重，可根据当年扶贫开发工作重点适当调整。

第三章 资金支出范围与下达

第八条 各省应按照国家扶贫开发政策要求，结合当地扶贫开发工作实际情况，围绕培育和壮大贫困地区特色产业、改善小型公益性生产生活设施条件、增强贫困人口自我发展能力和抵御风险能力等方面，因户施策、因地制宜确定中央财政专项扶贫资金使用范围。教育、科学、文化、卫生、医疗、社保等社会事业支出原则上从现有资金渠道安排。各地原通过中央财政专项扶贫资金用于上述社会事业事项（“雨露计划”中农村贫困家庭子女初中、高中毕业后接受中高等职业教育，对家庭给予扶贫助学补助的事项除外）的不再继续支出。

开展统筹整合使用财政涉农资金试点的贫困县，由县级按照贫困县开展统筹整合使用财政涉农资金试点工作有关文件要求，根据脱贫攻坚需求统筹安排中央财政专项扶贫资金。

第九条　各省可根据扶贫资金项目管理工作需要，从中央财政专项扶贫资金中，按最高不超过1%的比例据实列支项目管理费，并由县级安排使用，不足部分由地方财政解决。

项目管理费专门用于项目前期准备和实施、资金管理相关的经费开支。

第十条　中央财政专项扶贫资金（含项目管理费）不得用于下列各项支出：

（一）行政事业单位基本支出；

（二）交通工具及通讯设备；

（三）各种奖金、津贴和福利补助；

（四）弥补企业亏损；

（五）修建楼堂馆所及贫困农场、林场棚户改造以外的职工住宅；

（六）弥补预算支出缺口和偿还债务；

（七）大中型基本建设项目；

（八）城市基础设施建设和城市扶贫；

（九）其他与脱贫攻坚无关的支出。

第十一条　中央财政专项扶贫资金项目审批权限下放到县级。强化地方对中央财政专项扶贫资金的管理责任。各省要充分发挥中央财政专项扶贫资金的引导作用，以脱贫成效为导向，以脱贫攻坚规划为引领，统筹整合使用相关财政涉农资金，提高资金使用精准度和效益。

第十二条　各省要创新资金使用机制。探索推广政府和社会资本合作、政府购买服务、资产收益扶贫等机制，撬动更多金融资本、社会帮扶资金参与脱贫攻坚。

第十三条　财政部在国务院扶贫开发领导小组批准年度资金分配方案后，及时将中央财政专项扶贫资金预算下达各省财政厅（局），并抄送财政部驻当地财政监察专员办事处（以下简称“专员办”）。

根据预算管理有关要求，财政部按当年预计执行数的一定比例，将下一年度中央财政专项扶贫资金预计数提前下达各省财政厅（局），并抄送当地专员办。

安排新疆兵团的财政专项扶贫资金，按照新疆兵团预算管理有关规定管理。

第十四条　各地应当加快预算执行，提高资金使用效益。结转结余的中央财政专项扶贫资金，按照财政部关于结转结余资金管理的相关规定管理。

第十五条　中央财政专项扶贫资金的支付管理，按照财政国库管理有关规定执行。属于政府采购、招投标管理范围的，执行相关法律、法规及制度规定。

第四章　资金管理与监督

第十六条　与中央财政专项扶贫资金使用管理相关的各部门根据以下职责分工履行中央财政专项扶贫资金使用管理职责。

（一）扶贫办、发展改革委、国家民委、农业部、林业局等部门分别商财政部拟定中央财政专项扶贫资金各支出方向资金的分配方案。扶贫办商财政部汇总平衡提出统一分配方案，上报国务院扶贫开发领导小组审定。由国务院扶贫开发领导小组通知各省人民政府。财政部根据审定的分配方案下达资金。

（二）各级财政部门负责预算安排和资金下达，加强资金监管。

（三）各级扶贫、发展改革、民族、农业（农垦管理）、林业等部门负责资金和项目具体使用管理、绩效评价、监督检查等工作，按照权责对等原则落实监管责任。

（四）安排新疆兵团的中央财政专项扶贫资金规模由财政部确定，新疆兵团财务、扶贫部门负责使用管理与监督检查。

第十七条　各地应当加强资金和项目管理，做到资金到项目、管理到项目、核算到项目、责任到项目，并落实绩效管理各项要求。

第十八条　全面推行公开公示制度。推进政务公开，资金政策文件、管理制度、资金分配结果等信息及时向社会公开，接受社会监督。

第十九条　中央财政专项扶贫资金使用管理实行绩效评价制度。绩效评价结果以适当形式公布，并作为中央财政专项扶贫资金分配的重要因素。绩效评价年度具体实施方案由财政部、扶贫办制定。

第二十条　各级财政、扶贫、发展改革、民族、农业（农垦管理）、林业等部门要配合审计、纪检监察、检察机关做好资金和项目的审计、检查等工作。各地专员办按照工作职责和财政部要求对中央财政专项扶贫资金进行全面监管，定期或不定期形成监管报告报送财政部，根据财政部计划安排开展监督检查。各级扶贫、发展改革、民族、农业（农垦管理）、林业等部门要配合专员办做好有关工作。

创新监管方式，探索建立协同监管机制，逐步实现监管口径和政策尺度的一致，建立信息共享和成果互认机制，提高监管效率。

第二十一条　各级财政、扶贫、发展改革、民族、农业（农垦管理）和林业等部门及其工作人员在中央财政专项扶贫资金分配、使用管理等工作中，存在违反本办法规定，以及滥用职权、玩忽职守、徇私舞弊等违法违纪行为的，按照《中华人民共和国预算法》《公务员法》《行政监察法》《财政违法行为处罚处分条例》等国家有关规定追究相应责任；涉嫌犯罪的，移送司法机关处理。

第五章　附　则

第二十二条　各省根据本办法，结合本省的实际情况制定具体实施办法，报送财政部、扶贫办备案，并抄送财政部驻本省专员办。

第二十三条　本办法自2017年3月31日起施行。《财政部 发展改革委 国务院扶贫办关于印发〈财政专项扶贫资金管理办法〉的通知》（财农〔2011〕412号）同时废止。《财政部 国家民委关于印发〈少数民族发展资金管理办法〉的通知》（财农〔2006〕18号）、《财政部 农业部关于印发〈国有贫困农场财政扶贫资金管理暂行办法〉的通知》（财农〔2007〕347号）、《财政部 国家林业局关于印发〈国有贫困林场扶贫资金管理办法〉的通知》（财农〔2005〕104号）、《财政部 国务院扶贫办关于印发〈“三西”农业建设专项补助资金使用管理办法（修订稿）〉的通知》（财农〔2006〕356号）中有关规定与本办法不符的，执行本办法。

第二十四条　本办法由财政部会同扶贫办负责解释。

参考文献

中文文献

[1] 蔡昉，陈凡，张车伟．政府开发式扶贫资金政策与投资效率．中国青年政治学院学报，2001（2）

[2] 财政部农业司扶贫处课题组．我国扶贫资金投向现状及建议．经济研究参考，2004（69）

[3] 程丹峰，宁旭初，叶康涛．中国财政扶贫政策分析．财贸经济，1998（4）

[4] 高培勇．财政减贫：金融风暴中农村民生的现实保障——评闫坤等著《中国农村减贫财税政策研究》．财政研究，2009（5）

[5] 葛志军，邢成举．精准扶贫：内涵、实践困境及其原因阐释——基于宁夏银川两个村庄的调查．贵州社会科学，2015（5）

[6] 宫留记．政府主导下市场化扶贫机制的构建与创新模式研究——基于精准扶贫视角．《中国软科学》，2016（5）

[7] 韩璐．探索财政扶贫新模式　聚集脱贫攻坚新动能．中国财政，2016（24）

[8] 黄承伟，王小林，徐丽萍．贫困脆弱性：概念框架和测量方法．农业技术经济，2010（8）

[9] 黄承伟，叶韬，赖力．扶贫模式创新——精准扶贫：理论研究与贵州实践．贵州社会科学，2016（10）

[10] 寇永红，吕博．财政扶贫资金绩效审计工作现状及改进措施．审计研究，2014

[11] 李含琳，韩坚．中国扶贫资金来源结构及使用方式研究．农业经济问题，1998（4）

[12] 李棉管．技术难题、政治过程与文化结果——“瞄准偏差”的三种研究视角及其对中国“精准扶贫”的启示．社会学研究，2017（1）

[13] 李小云，唐丽霞，张雪梅．我国财政扶贫资金投入机制分析．农业经济问题，2007（10）

[14] 李小云．我国中央财政扶贫资金的瞄准分析．中国农业大学学报（社会科学版），2005（3）

[15] 刘冬梅．中国政府开发式扶贫资金投放效果的实证研究．管理世界，2001（6）

[16] 刘冬梅．对中国二十一世纪反贫困目标瞄准机制的思考．农业技术经济，2001（5）

[17] 刘解龙．经济新常态中的精准扶贫理论与机制创新．湖南社会科学，2015（4）

[18] 刘娟，曾国平．财政扶贫组织的新探索——重庆市开县“村级发展互助资金”案例的启示．贵州社会科学，2010（12）

[19] 刘尚和，姜世龙．浅谈如何搞好财政扶贫帮带工作．吉林财税，1994（6）

[20] 陆汉文．中国精准扶贫发展报告（2017）．北京：社会科学文献出版社，2017

[21] 罗刚．中国财政扶贫问题研究．北京：中国财政经济出版社，2000
[22] 吕炜，刘畅．中国农村公共投资、社会性支出与贫困问题研究．财贸经济，2008（5）
[23] 欧阳煌，李思，祝鹏飞．关于新时期财政扶贫治理困境及破解的思考．财政研究，2015（12）
[24] 宋海．关于加大金融支持精准扶贫力度的研究．全球化，2017（2）
[25] 童星，林闽钢．我国农村贫困标准线研究．中国社会科学，1994（3）
[26] 汪三贵．反贫困与政府干预．管理世界，1994（3）
[27] 王亮，陆琦林．发达市场经济国家财政扶贫经验及借鉴．地方财政研究，2013（12）
[28] 王敏，方铸，江淑斌．精准扶贫视域下财政专项扶贫资金管——基于云贵高原4个贫困县的调研分析．贵州社会科学，2016（10）
[29] 王善平，金妍希．反贫能力导向的财政扶贫绩效审计研究．湘潭大学学报（哲学社会科学版），2013（3）
[30] 王朝阳，余玉苗，袁灵．财政扶贫与县域经济增长的实证研究．财政研究，2012（6）
[31] 王小琪．推进我国财政扶贫制度创新的思考．理论与改革，2007（2）
[32] 吴国宝．扶贫模式研究．北京：中国经济出版社，2001
[33] 肖鹏，张启春．中国的财政扶贫与区域均衡发展．学术界，2006（1）
[34] 邢成举，李小云．精英俘获与财政扶贫项目目标偏离的研究．中国行政管理，2013（9）
[35] 徐爱燕，沈坤荣．财政支出减贫的收入效应——基于中国农村地区的分析．财经科学，2017（1）
[36] 闫坤，于树一．中国模式反贫困的理论框架与核心要素．华中师范大学学报（人文社会科学版），2013（6）
[37] 闫坤．中国农村减贫财税政策研究．北京：中国财政经济出版社，2008
[38] 赵冬缓，兰徐民．我国测贫指标体系及其量化研究．中国农村经济，1994（3）
[39] 郑瑞强，王英．精准扶贫政策初探．财政研究，2016（2）
[40] 仲崇玉，邱孟根．财政项目助力薄弱村脱贫．农村经营管理，2016（3）
[41] 仲德涛．脱贫攻坚进程中的财政扶贫研究．金融实践，2017（6）
[42] 周冬梅．精准扶贫的资源配置逻辑与实践困境．西北农林科技大学学报（社会科学版），2018（2）
[43] 周双，刘鹏．我国贫困地区金融精准扶贫创新研究．上海金融，2017（1）
[44] 周宜强，张晓丽，邱峰．财政精准发力 助推扶贫攻坚．农村金融研究，2016
[45] 中国（海南）改革发展研究院．中国反贫困治理结构．北京：中国经济出版社，1998
[46] 杨颖．公共支出、经济增长与贫困，贵州财经学院学报，2011（1）
[47] 张伟宾，汪三贵．扶贫政策、收入分配与中国农村减贫．农业经济问题，2013（2）
[48] 胡祥勇，范永忠．中国农村扶贫资金使用效率实证分析．中南林业科技大学学报（社会科学版），2014（3）
[49] 刘林，陈作成．扶贫资金投入与减贫：来自新疆农村地区数据的分析．农业现代化研究，2016（1）
[50] 张全红．中国农村扶贫资金投入与贫困减少的经验分析．经济评论，2010（2）
[51] 邓维杰．精准扶贫的难点、对策与路径选择．农村经济，2014（6）
[52] 刘解龙．经济新常态中的精准扶贫理论与机制创新．湖南社会科学，2015（4）
[53] 汪三贵，郭子豪．论中国的精准扶贫．贵州社会科学，2015（5）
[54] 葛志军，邢成举．精准扶贫：内涵、实践困境及其原因阐释——基于宁夏银川两个村庄的调

查. 贵州社会科学, 2015 (5)
[55] 唐丽霞, 罗江月, 李小云. 精准扶贫机制实施的政策和实践困境. 贵州社会科学, 2015 (5)
[56] 左停, 杨雨鑫, 钟玲. 精准扶贫: 技术靶向、理论解析和现实挑战. 贵州社会科学, 2015 (8)
[57] 李盛基, 吕康银, 孙哗. 中国扶贫资金支出结构的动态减贫效果研究. 技术经济与管理研究, 2014 (8)
[58] 覃钰路. 我国政府精准扶贫资金使用绩效的评估与分析. 沿海企业与科技, 2017 (6)
[59] 于鸿洋, 崔琳琳, 杨明艳, 邓秀武. 财政扶贫资金综合绩效统计评价体系分析. 经济研究导刊, 2017 (5)
[60] 赖明, 成天柱. 财政扶贫的效率损失——基于财政激励视角的县级面板数据分析. 经济问题, 2014 (5)

英文文献

[1] Bourguignon F. The Poverty-Growth-Inequality Triangle. Indian Council for Research on International Economic Relations New Delhi Working Papers, 2004.
[2] Wan G. Poverty Reduction in China: Is High Growth Enough? . Working Paper, 2008: 33 ~ 56.
[3] Son H H. A note on pro-poor growth. Economics Letters, 2004, 82 (3): 307 ~ 314.
[4] Ravallion M, Datt G. How Important to India's Poor Is the Sectoral Composition of Economic Growth?. World Bank Economic Review, 1996, 10 (1): 1 ~ 25.
[5] Suryahadi A, Suryadarma D, Sumarto S. The effects of location and sectoral components of economic growth on poverty: Evidence from Indonesia. Journal of Development Economics, 2009, 89 (1): 109 ~ 117.
[6] Loayza N V, Raddatz C. The composition of growth matters for poverty alleviation ☆. Journal of Development Economics, 2010, 93 (1): 137 ~ 151.
[7] Dollar D, Kraay A. Growth is Good for the Poor. Journal of Economic Growth, 2002, 7 (3): 195 ~ 225.
[8] Ravallion, M. & Datt, G. (1992) Is targeting through a working requirement effcient? Manuscript Pre-sented at the World Bank Conference on Public Expenditure and the Poor: Incidence and Targeting, Washington, DC.
[9] David A. Robalino, Peter G. Warr. Poverty Reduction through Fiscal Restructuring: An Application to Thailand. Journal of the Asia Pacific Economy, 2006, 11 (3): 249 ~ 267.
[10] International Monetary Fund, 2013. Fiscal Monitor: Taxing Times. International Monetary Fund, Washington, D. C.
[11] Keen M, Lockwood B. The value added tax: Its causes and consequences. Journal of Development Economics, 2010, 92 (2): 138 ~ 151.
[12] Ghatak M. Theories of Poverty Traps and Anti-Poverty Policies. World Bank Economic Review, 2015, 29 (suppl 1) .
[13] Sean H, Nora L. Can a poverty-reducing and progressive tax and transfer system hurt the poor? . J Dev Econ, 2016, 122: 63 ~ 75.
[14] Lustig N. Fiscal Policy, Income Redistribution and Poverty Reduction in Low and Middle Income Countries. Commitment to Equity Working Paper, 2017.

[15] Rao M G, Bird R M, Litvack J I. Fiscal Decentralization and Poverty Alleviation in a Transitional Economy: The Case of Viet Nam. Asian Economic Journal, 1998, 12 (4): 353 ~ 378.

[16] Jütting J P, Kauffmann C, Mcdonnell I, et al. Decentralization and Poverty in Developing Countries: Exploring the Impact. Oecd Development Centre Working Papers, 2004.

[17] Galasso E, Ravallion M. Decentralized targeting of an antipoverty program. Journal of Public Economics, 2005, 89 (4): 705 ~ 727.

[18] Kenworthy L. Do Social-Welfare Policies Reduce Poverty? A Cross-National Assessment. Social Forces, 1999, 77 (3): 1119 ~ 1139.

[19] Fan S, Zhang X. Public Expenditure, Growth and Poverty Reduction in Rural Uganda. African Development Review, 2008, 20 (3): 466 ~ 496.

[20] Mosley P, Hudson J, Verschoor A. Aid, Poverty Reduction and the 'New Conditionality'. Economic Journal, 2004, 114 (496): F217 ~ F243.

[21] Paternostro, S., Rajaram, A., & Tiongson, E. (2007). How does the composition of public expenditure matter? Oxford Development Studies, 35 (1), 47 ~ 82.

[22] Cox D, Hansen B E, Jimenez E. How responsive are private transfers to income? Evidence from a laissez-faire economy. Journal of Public Economics, 2004, 88 (9 ~ 10): 2193 ~ 2219.

[23] Goñi E, López J H, Servén L. Fiscal Redistribution and Income Inequality in Latin America. World Development, 2011, 39 (9): 1558 ~ 1569.

[24] Easterly W, Fischer S. Inflation and the Poor. Social Science Electronic Publishing, 2001, 33 (2): 160 ~ 178.

[25] Fan S, Hazell P. Impact of Public Expenditure on Poverty in Rural India. Economic & Political Weekly, 2000, 35 (40): 3581 ~ 3588.

[26] Fan S G, Chankang C, Qian K M, et al. National and international agricultural research and rural poverty: the case of rice in India and China.. Agricultural Economics, 2005, 33 (Supplement s3): 369 ~ 379.

[27] Gomanee K, Morrissey O. Evaluating aid effectiveness against a poverty-reduction criterion [C] // 2002.

[28] Caminada K, Goudswaard K. Social Expenditure and Poverty Reduction in the Eu15 and Other OECD Countries. Mpra Paper, 2009.

[29] Hossein Jalilian, Colin Kirkpatrick. Does Financial Development Contribute to Poverty Reduction?. Journal of Development Studies, 2005, 41 (4): 636 ~ 656.

[30] Akhter S, Daly K J. Finance and poverty: Evidence from fixed effect vector decomposition. Emerging Markets Review, 2009, 10 (3): 191 ~ 206.

[31] Čihák, Martin, Demirgüçkunt A, Feyen E, et al. Financial Development in 205 Economies, 1960 to 2010. Journal of Financial Perspectives, 2013, 1 (2): 17 ~ 36.

[32] Johan Rewilak. The role of financial development in poverty reduction. Review of Development Finance 7 (2017) 169 ~ 176.

[33] Gulli H. Microfinance and Poverty: Questioning the Conventional Wisdom. Idb Publications, 1998.

[34] Barr M S. Microfinance and Financial Development. Social Science Electronic Publishing, 2005, 1 (1): 9 ~ 12.

[35] Bakhtiari S. Microfinance And Poverty Reduction: Some International Evidence. Oxford England Oxfam, 2011, 5 (12) .

[36] Ravallion M, Jalan J. Growth divergence due to spatial externalities. Economics Letters, 1996, 53 (2): 227 ~ 232.

[37] Gallup J L, Sachs J D. Geography and Economic Growth [C] // World Bank Conference on Development Economics, Washington, Dc, April. 1998.

[38] Ravallion M, Jalan J. China's Lagging Poor Areas. American Economic Review, 2001, 89 (2): 301 ~ 305.

[39] Squire L. Fighting Poverty. American Economic Review, 1993, 83 (2): 377 ~ 382.

[40] Park A, Wang S, Wu G. Regional poverty targeting in China. Journal of Public Economics, 2002, 86 (1): 123 ~ 153.

[41] Montalvo&Ravallion. The pattern of growth and poverty reduction in China Original Research. Journal of Comparative Economics, 2010, 38 (1): 2 ~ 16.